팀프젝트를 위한

쇼핑몰 구축과 운용

박 경 배 · 강 경 인 공저

오성 오성미디어

머리글

유난히도 무더웠던 여름 이었지만 인터넷 사회는 일각도 멈출 사이 없이 발전해가고 있다. 불과 수년전만 하여도 예상하지 못했던 인터넷은 현대인에게는 필수적인 사회가 되었으며 특히나 영리를 추구하는 사업에 있어서 매우 필수적인 요소가 되었다. 일상생활에서 하루가 시작됨을 알리는 것은 컴퓨터와 스마트폰의 전원이 켜짐을 의미하고 잠이 들기까지 계속된다. 하물며 기업의 하루가 다르게 변화하는 인터넷 사회를 보며 인터넷은 기업의 흥망성쇠를 같이한다 할 수 있다.

지난해 중소기업청의 산학맞춤 사업을 하면서 강의실에서만 이루어지던 이론과 실습은 현장의 업무와는 매우 동떨어짐을 느꼈다. 과거 상품 판매를 위해 동분서주하던 영업 사원들은 이제는 오픈마켓이라는 거대한 인터넷 망을 통해 컴퓨터 앞에 마주 앉아 영업활동을 하고 있으며 오픈마켓과 쇼핑몰은 회사 매출의 지대한 영향을 주고 있다. 이제는 영업적인 마인드와 오픈마켓/쇼핑몰 활용 기술은 산업체에서 없어서는 안 될 기술이 되었다. 이러한 오픈 마켓 시스템과 쇼핑몰 구축은 사회 진출을 앞둔 취업 예비생들에게는 너무나 필요한 기술임에 틀림없다.

쇼핑몰을 직접 개인이 프로그램으로서 구현한다는 것은 보안과 유지에 있어서 매우 비효율적이다. 이미 사회에는 많은 회사들이 쇼핑몰 구축 프로그램을 운영하고 있다. 처음 접할시 많은 혼란과 어려움이 있으리라 여겨지지만 이 책에 기술된 (주)가비아 회사의 퍼스트몰 프로그램을 통해 쇼핑몰 구축과 운영에 조금이라도 도움이 되길 바란다. 급한 저작으로 미흡한 점이 상당히 많지만 퍼스트몰의 매뉴얼과 책을 병행하여 학습하다 보면 쇼핑몰에 대해 어느 정도 익숙해지리라 믿는다.

이 책이 나오기까지 많은 도움을 준 엠디텍인터내셔널(주) 이창율 대표님, 신홍익 이사님 그리고 스카이웍스의 차원일 대표에게 감사드립니다. 또한 책의 출판에 도움을 주신 오성미디어 출판사와 관계자 여러분께 고마움을 표합니다. 끝으로 이 책을 통하여 독자 여러분이 조금이라도 쇼핑몰 운용과 구축에 한 발짝 다가설 수 있기를 바랍니다.

2016년 丙申年 무더운 여름

박 경배 gbpark@yit.ac.kr

이 책의 구성과 학습 방법

이 책을 접한 독자들은 아마도 인터넷의 쇼핑몰 구축과 운용에 조금이라도 관심과 흥미를 가진 진취적이고 매우 탐구적인 학생들일 것이다. 이 책의 근본 목적은 중소기업청의 산학맞춤 사업을 하면서 취업 예비생들이 조금이라도 쉽게 취업을 할 수 있도록 하기 위해서이다. 쇼핑몰 구축을 위해서는 HTML5와 포토샵에 대해 어느 정도 인지하고 있는 편이 좋으며 새로운 디자인을 위해서라면 일러스트레이션까지 학습하면 더욱 좋을 것이다.

이 책은 PART 1과 PART 2로 분류하였다. PART 1은 효율적인 쇼핑몰 구축을 위한 필요지식으로서 관련된 내용을 가급적 간단히 설명하였고 PART 2는 쇼핑몰 운용을 위해 관리자가 직접해야할 작업들을 매뉴얼을 참조하여 설명하였다.

PART 1에서는 온라인 쇼핑몰의 역사와 개념에 대해 설명하였으며 쇼핑몰 구축을 위해 필요 기술인 HTML5의 기본 문법, 쇼핑몰을 디자인하기 위한 CSS 그리고 상품을 등록하기 위해 포토샵을 통한 이미집 편집 기술에 대해 간략히 설명하였다.

PART 2에서는 쇼핑몰 구축을 위한 단계적 절차에서부터 관리자가 필수적으로 알아야 할 퍼스트몰의 설정 방법, 카테고리 분류, 상품의 등록, 주문 절차 그리고 회원의 관리 방법 등에 대해 설명하였다. 그러나 쇼핑몰을 직접 관리 운영해야 설명할 수 있는 부분들에 대해서는 책으로 기술하는데 있어 한계가 존재하였다. 이와 관련된 부분은 퍼스트몰의 동영상과 매뉴얼이 잘 제공 되어 있으므로 미흡한 부분은 (주)가비아에서 제공하는 매뉴얼과 책을 병행하여 학습하면 효율적일 것이다.

끝으로 이 책에 관한 의문사항이나 상담을 원하시는 분은 gbpark@yit.ac.kr로 E-mail을 보내주시기 바랍니다.

목 차

1. 온라인 쇼핑몰

1.1 온라인 쇼핑몰이란?

온라인 쇼핑몰이란 인터넷을 이용하여 제품이나 상품을 소비자에게 직접 판매할 수 있는 가상 상점이다. 온라인 쇼핑몰은 온라인의 반대 개념인 오프라인에서 이루어지는 시간적, 공간적 제약의 단점을 극복하여 언제 어디서나 원하는 시간에 상품을 판매하거나 구입할 수 있는 장점이 있다. 특히 온라인 쇼핑몰은 창업을 준비하는 사업자의 입장에서 운영비가 거의 들지 않아 큰 위험 부담이 없으며 다양한 정보를 소비자들에게 제공할 수 있는 잇점이 있다.

온라인 쇼핑몰의 효시라 할 수 있는 아마존닷컴(Amazon.com)은 1994년 제프 베조스(Jeff Vezos)에 의해 설립된 인터넷 기반 온라인 회사이다. 과거 대다수의 서점과 출판사가 문을 닫는 상황에서도 자사브랜드의 신뢰도를 통한 고객의 충성도를 향상시키고 이를 통한 수익배분 프로그램 도입 그리고 사업의 다각화를 통해 온라인 쇼핑몰의 대명사가 되었다.

국내에서도 2000년 초반의 인터넷 사용의 급증을 통해 기업의 영업은 오프라인의 영업에서 인터넷을 통한 영업으로 전환기에 있었다. 특히 중소기업의 온라인 쇼핑몰은 약 2,000개에 이르고 있으며 거래 규모 역시 점차 증가 추세에 있다. 최근 스마트폰 사용자의 급증으로 온라인 쇼핑몰의 중요성은 더욱 증대 되어 온라인 쇼핑몰을 통한 거래 규모는 3조 3532억원으로 대형마트의 거래 규모 3조 3034억원을 넘어서고 있다고 통계청은 추정하고 있다. 표 1-1에서 보는 바와 같이 통계청 자료에 의하면 주요 유통업태별 거래 규모는 온라인 쇼핑몰을 중심으로 고객의 이용이 크게 증가되고 있다.

<표 1-1> 유통업체의 거래 규모(자료:통계청 단위:100만)

구분	2013년	2012년	2011년	2010년
온라인쇼핑몰	38,497,861	34,068,139	29,072,463	25,202,988
대형마트	45,117,834	44,289,763	42,190,124	38,058,905
백화점	29,796,871	29,055,545	27,563,655	24,751,551
슈퍼마켓	35,803,511	34,006,079	32,462,514	29,909,718
편의점	11,728,402	10,884,095	9,202,853	7,808,550

고객의 입장에서 믿고 상품을 사기위해서 쇼핑몰 업체의 신뢰도가 매우 중요하다. 인터넷 쇼핑몰의 초기에서는 쇼핑몰을 구축하고 돈만 받고 폐쇄해 버리는 많은 유령 쇼핑몰 업체로 인해 많은 소비자가 피해를 받았다. 따라서 개인 위주의 쇼핑몰 보다는 대형 백화점 위주의 쇼핑몰이 발전하였다. 그러나 개인 사업자들의 인터넷 쇼핑몰에 대한 욕구도 점차 증대되어 이베이(e-bay) 중심의 오픈마켓(Open Market)을 중심으로 큰 시장을 형성하게 되었다. 옥션이나 G마켓과 같은 대형업체가 개인 사업자의 상품을 중개해주는 방식으로 소비자들은 상품의 신뢰성을 믿을 수 있으며 이를 통해 홍보된 상품들은 자사의 개인 쇼핑몰을 통해 판매 수익에 큰 기여를 할 수 있게 되었다. 온라인에서 오픈마켓의 시장 규모는 점차 증가추세에 있으며 이를 통해 개인 사업자들의 쇼핑몰의 관심도 점차 커지는 상호 윈-윈(win-win)하는 구조를 가지게 되었다.

1.2 오픈마켓(Open Market)

오픈마켓이란 개인 또는 소규모 업체가 온라인을 이용하여 직접 상품을 등록하여 판매를 할 수 있는 전자상거래 사이트이며 열린 시장이라 할 수 있다. 오픈마켓의 대표적인 국내 사이트로는 G마켓, 옥션, 11번가 등이 있으며 오픈마켓의 큰 장점은 온라인 쇼핑몰과 같이 제품 생산업체와 판매자간의 유통마진 없이 직접 소비자에게 판매할 수 있다. 따라서 소비자 입장에서는 신뢰성 있는 제품을 저렴한 가격으로 구입할 수 있다는 점에서 큰 장점이 있으며 이는 최근 스마트 폰의 발전으로 통계청 자료에 의한 거래 규모는 약 54조원에 이르고 있다.

이처럼 온라인 쇼핑몰은 아마존닷컴과 같은 생산자가 직접 판매하는 방식과 이베이(e-bay)처럼 다수의 판매자와 구매자가 경매방식으로 구입하는 오픈마켓으로 구분할 수 있다. 이베이는 2001년 옥션과 2009년 G마켓을 인수함으로서 국내 시장 점유율을 70% 이상 점유하고 있다. 이 밖의 오픈마켓 업체로서 11번가와 네이버 쇼핑의 엔-샵 등이 있다.

오픈마켓의 가장 큰 장점으로는 큰 투자 없이도 사업화할 수 있으며 초보자도 쉽게 도전할 수 있는 사업구조이다. 특히 유명 오픈마켓을 통한다면 기본적인 구매자가 존재하며 제품의 노출이 가능하다. 그러나 사업의 성공을 위해선 많은 홍보과 제품의 노출을 위한 추가 마케팅 비용이 필요하다. 특히 소비자 입장에선 얼굴을 보고 구매하는 것이 아니기 때문에 단골을 확보하기 어려우며 판매금액의 6~12%정도를 오픈마켓 중개비로 수수료를 내야한다. 또한 최근 오픈마켓을 이용한 사업자의 증대로 같은 제품을 판매하는 회사가 많아짐에 따라 동종 업체 간에 경쟁할 경우 판매자의 마진율을 점차 감소되는 단점이 있다.

온라인 쇼핑몰은 이처럼 오픈마켓, 종합쇼핑몰 그리고 개인 쇼핑몰로 분류할 수 있다. 대다수의 개인 사업자들은 적은 자본으로 인하여 개인 쇼핑몰을 선호하겠지만 개인 쇼핑몰의 경우 상품과 사이트의 인지도가 낮아 상품 판매의 어려움을 겪어 장기적으로 잘 운영하지 못하면 사업이 실패할 확률이 높다. 개인 쇼핑몰이 성공하기 위해선 자사 쇼핑몰의 홍보를 위하여 오픈마켓과 병행하여 상품을 판매함으로서 상품을 홍보하는 것이 좋다. 오픈마켓의 경우 개인이든 법인이든 사업자등록과 통신판매신고가 되어있으면 누구든지 가능하다. 따라서 개인 쇼핑몰을 구축하고 자사 쇼핑몰을 홍보하기 위하여 오픈마켓을 이용하는 것은 매출의 효율적 증대의 장점과 함께 적은 등록비용과 간단한 등록방법으로 많은 중소기업이 선택하고 있다.

오픈마켓의 구조는 간단한 판매방식으로 구성되어 있으며 판매자가 해당 사이트에 회원가입 후 등록절차만 거치면 오픈 마켓을 이용하기 위한 자격요건을 얻을 수 있다. 이후 가입한 오픈마켓 사이트에서 획득한 관리자 권한으로 미니샵을 개설해야 한다. 미니샵을 운영하기 위해선 약간의 전문지식이 필요하며 약간의 컴퓨터 전문지식이 필요하다. 상품 판매를 위해선 상품 개별 품목 상세페이지를 작성 후 판매 절차에 들어가면 된다. 상세페이지를 만들기 위해선 포토샵(PhotoShop)과 같은 이미지 편집 프로그램 사용법을 간단히 알고 있는 것이 좋다. 상품상세 페이지는 어떻게 만들어 졌느냐에 따라 광고효과를 달라진다. 상품판매 마켓의 결정은 소비자에게 노출 정도에 따라 결정되며 일반적으로 많이 노출된 상품이 판매실적이 높게 된다. 단점으로 오픈마켓의 경우 서버를 판매자가 관리할 수 없음으로 인해 회원에 대한 관리를 할 수 없다. 자사 쇼핑몰의 경우 회원에 대한 모든 정보를 수집하고 이를 이용할 수 있지만 오픈마켓을 통한 중개 판매의 경우 회원에 대한 정보는 옥션이나 G마켓 등이 갖게 됨으로서 판매자는 해당 소비자에 대한 정보의 수집과 이용에 제한이 따른다. 따라서 쇼핑몰 창업의 경우 이와 같은 문제를 반드시 이해하고 준비를 해야 한다.

1.3 쇼핑몰 사이트

온라인 쇼핑몰을 운영하기 위해선 도메인(Domain)/웹 호스팅(hosting)이 필요하다. 도메인/웹 호스팅이란 인터넷 제공업자가 다른 일반 사용자들에게 개인 홈페이지/쇼핑몰 등의 서버(Server) 기능을 대행해 주는 것을 말한다. 서버란 다양한 정보 등을 일반 사용자들에게 제공하는 컴퓨터 시스템을 의미하며 상대적으로 정보를 제공받는 컴퓨터 시스템을 클라이언트(Client)라 한다. 개인 쇼핑몰을 구축하기 위해서는 현실세계의 실제 상점과 같은 가상의 쇼핑몰의 위치가 인터넷에 실제 존재해야 한다. 클라이언트들이 서버를 찾기 위한 인터넷 서버의 위치는 인터넷 주소(IP:Internet Protocol)를 할당 받아야 하는데 이는 도메인 제공 업체에서 받아야한다. 도메인 업체는 IDC(Internet Data Center)를 통해 개별 사용자에게 인터넷 주소와 데이터를 제공하기 위한 호스팅 서비스를 한다. IDC는 호스팅 서버를 모아서 한꺼번에 관리해 주는 곳으로 지진이나 화재 등으로 부터 안전한 곳에서 운영되어지는데 일반적으로 KT, SK, LG 등 주로 네트워크 전문회사가 운영하고 있다. 도메인과 웹호스팅에 대해 자세히 알아보자.

도메인은 인터넷 주소로서 현실세계에서의 주소와 동일한 기능을 한다. 우리가 처음 가보는 장소를 방문하기 위해서는 주소가 반드시 필요하듯이 우체부나 택배기사 등은 정확한 배달을 위해서 고객의 주소가 반드시 필요하다. 이와 유사하게 인터넷 사용자들이 어떤 특정 사이트를 방문하기 위해서는 인터넷 주소가 반드시 필요한 것이다. 인터넷 주소는 0~255사이의 숫자가 A.B.C.D와 같이 4개의 세트로 이루어져 있다. 예를 들어 네이버의 인터넷 주소는 122.34.1.237로 설정되어 있다. 이처럼 사용자가 알고 있는 사이트는 모두 0~255사이의 숫자로 이루어진 주소를 갖고 있다. 그러나 이러한 숫자는 일반 사용자들이 모두 외우기 힘들뿐더러 숫자로 이루어진 주소만 보고 해당 사이트가 무엇을 하는 사이트인지 알기 어렵다. 이러한 문제점을 해결하기 위해 각 사이트는 도메인 네임 서버(Domain Name Server)를 통하여 숫자로 이루어진 IP 주소를 문자로 변환하는 서비스를 제공하며 사람 중심의 인터넷 주소를 사용한다. 예를 들어 여러분이 http://www.naver.com이란 주소를 입력하면 DNS는 이를 http://122.34.1.237로 변환하여 네이버 사이트로 연결하게 된다. 주소가 숫자로 이루어진 것보단 이처럼 문자로 이루어지면 사용자들은 문자만 보고도 해당 사이트에 대해 어느 정도 인지할 수 있으며 외우기도 훨씬 편한 장점이 있다. HTTP(HyperText Transper Protocol)란 인터넷 문서를 송수신하기 위한 통신규약으로 인터넷 문서는 모두 http를 사용하여 서버와 클라이언트 사이에서 전송된다. 과거 인터넷 주소를 할당하는 방식은 IPv4라 불리었으나 인터넷 주소를 사용하는 기기의 폭발적 증가로 인하여 인터넷 주소를 더 이상 할당하지 못하였다. 이러한 문제점을 해결한 방식은 IPv6라 하며 거의 무한대의 기기에 인터넷주소를 할당 할 수 있게 되었다.

호스팅이란 정보의 서비스라 할 수 있다. 인터넷 주소를 할당 받았다 하여도 해당 주소에 콘텐츠 내용이 없으면 사용자가 방문하여도 볼 수 있는 것은 아무것도 없다. IP 주소를 할당 받은 이후에는 이곳에 콘텐츠를 만들어 본인이 제공하고자 하는 콘텐츠를 만들어 서비스해야 하며 이를 웹호스팅이라 한다. 현실세계에 비유하여 도메인과 웹 호스팅을 다시 설명하면 다음과 같다. 만약 당신이 어느 지역에 토지를 획득하였다면 이는 인터넷 도메인을 획득한 것과 같다. 그러나 이 토지에 아무런 건물이 없다면 주소만 보고 찾아온 사람들은 아무것도 보지 못하고 돌아가야 할 것이다. 일반적으로 사람들은 토지를 획득한 후 해당 토지에 건물을 세우고 내부 공사를 통해 부가가치를 높이게 된다. 이제 누군가가 해당 토지의 주소를 보고 방문했다면 멋지게 지어진 건물을 볼 수 있으며 건물 안의 멋진 인테리어를 구경할 수 있을 것이다. 이처럼 해당 주소에 건물 등을 건축하는 과정은 인터넷에선 홈페이지 구축 혹은 웹호스팅이라 한다.

국내에서 도메인/호스팅 서비스를 하는 업체는 매우 많다. 일반적으로 많이 알려진 호스팅 업체로는 유플러스(uplus), cafe24, 고도몰 그리고 가비아 등이 있다. 해당 업체들은 도메인, 호스팅 서비스뿐만 아니라 웹사이트 구축과 쇼핑몰 구축 등 다양한 서비스를 제공하고 있으며 매월 지급되는 비용에 따라 서비스의 종류와 내용이 달라질 수 있다. 위 업체들이 일반적으로 제공되는 쇼핑몰은 독립형 쇼핑몰, 임대형 쇼핑몰 그리고 무료 쇼핑몰이 있다. 독립형 쇼핑몰과 임대형 쇼핑몰의 차이는 다음과 같다.

독립형 쇼핑몰

독립형 쇼핑몰은 공개된 쇼핑몰 관련 프로그램 솔루션만 해당 회사에서 서비스를 제공한다. 그러나 독립형 쇼핑몰을 운영하기 위해선 컴퓨터와 인터넷에 관련된 전문지식이 많이 필요하다. 예를 들어 쇼핑몰 유지 관리를 위한 웹 프로그램과 서버와 관련된 지식 그리고 DB관리를 직접 할 수 있을 경우 이용하는 것이 바람직하다. 특히 회원이 많고

판매 상품이 많다면 독립몰로 운영하는 것이 바람직하다. 가장 큰 장점으로는 DB관리를 직접할 수 있기 때문에 회원에 대한 정보 수집 및 관리에 효율적이다. 단점으로는 독립형 쇼핑몰 운영을 위해 1개당 라이센스 비용과 웹 호스팅 비용이 별도로 발생된다.

임대형 쇼핑몰

임대형 쇼핑몰은 웹 프로그램에 대한 지식이 없고 쇼핑몰을 처음 시작하는 사업자에게 적합한 쇼핑몰이다. 고가의 쇼핑몰 솔루션을 구입할 필요가 없으며 단순히 월 단위로 일정 금액의 사용료를 지불하며 적은 비용으로 쇼핑몰을 운영하는 방식이다. 그러나 직접 DB를 관리할 수 없기 때문에 회원에 대해 효율적으로 관리할 수 없으므로 또 다른 쇼핑몰을 구축했을 때 기존 회원들의 정보를 전혀 이용할 수 없다. 또한 쇼핑몰에 대해 관리가 정상적으로 이루어지지 않으면 소유권이 제공 업체로 귀속되어 쇼핑몰을 운영할 수 없게 되며 사업이 초기화 될 수 있는 단점이 있다. 쇼핑몰 프로그램 파일이 공개되지 않아 기본적인 화면 디자인 이외의 기능 추가가 되지 않는다.

무료 쇼핑몰

문자 그대로 회원 가입만 하면 무료로 쇼핑몰을 구축할 수 있다. 무료 쇼핑몰을 지원하는 이유는 회원의 확보에 있다. 쇼핑몰에 대해 자신감이 없고 체험형식으로 운영하고자 하는 사업자에게 알맞다. 무료 쇼핑몰은 기본 기능은 모두 제공되지만 디자인 변경, SNS 추가 등 쇼핑몰 운영을 효율적으로 하기 위해선 추가적인 비용이 요구된다. 정식적인 쇼핑몰을 운영하기 전에 무료 쇼핑몰로 쇼핑몰 사용법을 익혀두는 것이 좋다.

2. HTML5와 포토샵(PhotoShop)

2.1 HTML5(HyperText Markup Language 5)

쇼핑몰의 효율적 운영을 위해선 웹 문서를 표현하기 위한 HTML5의 기본 지식을 이해하면 많은 도움이 된다. HTML5는 많은 부분을 배워야하는 학문 분야이지만 이 책에서는 쇼핑몰을 운영하기 위한 기본 내용만 언급한다.

1) 쇼핑몰 문서의 기본 구조

```
<!Doctype Html>
<html>
<head>
<title>쇼핑몰 구축</title>
</head>
<body>
쇼핑몰 상품  내용  <!-- 쇼핑몰 내용-->
</body>
</html>
```

그림 2-1 HTML 문서의 구조

그림 2-1은 HTML5로 이루어진 문서의 기본 구조이며 쇼핑몰 사이트의 페이지들은 모두 위와 같은 구조를 갖는다. HTML 문서의 특징은 “<” 로 시작해서 “>”로 끝난다. <>를 태그라 하며 <body>의 태그와 쌍을 이루는 </body>가 존재한다. 따라서 HTML을 태그(<>)의 쌍으로 이루어진 문서라 한다.
<!Doctype HTML> 은 HTML5로 이루어진 문서임을 나타내는 헤더이다. HTML문서의 내용은 <html>로 시작해서 </html>로 끝나게 된다. HTML 언어의 특징은 대소문자를 구분하지 않는다. 따라서 Html, html 그리고 HTML 모두 맞는 형식이 된다.

<head> 태그는 문서의 머리글 내용으로 <title>태그를 포함한다. <title> </title> 태그 사이에 있는 “쇼핑몰 구축”은 웹브라우저의 상단에 표시되는 제목 글이 되며 이외에도 검색이나 스크립트(Script) 코드 혹은 CSS 코드 등이 <head> 태그 안에서 사용된다. <body> </body>태그 안의 내용이 그림 2-2와 같이 제목과 함께 브라우저의 창에 표시되는 내용이다.

```
<head>
<title>쇼핑몰 구축</title>
</head>
<body>
쇼핑몰 상품  내용  <!-- 쇼핑몰 내용-->
</body>
```

그림 2-2 태그와 브라우저

HTML은 웹 프로그래밍 언어 중 메모장에서도 작성할 수 있을 정도로 가장 쉬운 형태를 갖고 있다. 프로그래밍 언어라 하지만 사용되는 태그들만 알고 있다면 워드형식의 문서라 할 수 있다. 그러나 "<>"문자의 사용으로 단순히 메모장에서 작성한다면 너무 번거롭고 귀찮은 일이 된다. 일반적으로 HTML 문서를 편집할 수 있는 전용 편집기는 따로 존재한다. 그림 2-3은 HTML을 전문 편집할 수 있는 Notepad++를 나타내고 있으며 https://notepad-plus-plus.org/사이트에서 다운로드 받아 설치할 수 있다.

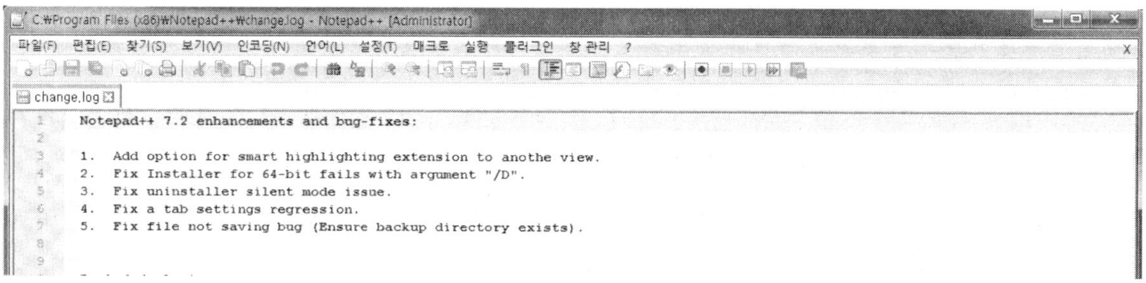

그림 2-3 Notepad++ 편집기

HTML 편집전용으로 사용하기 위해선 Notepad++ 의 메인 메뉴에서 설정(T)메뉴→환경설정→자동완성을 클릭하여 그림 2-4에서 같이 html/xml 닫기 태그를 자동완성으로 설정해야 한다. 메뉴가 설정되면 사용자가 <body>만 입력해도 </body>는 자동으로 입력된다. 따라서 사용자 입장에선 매번 닫기 태그를 입력할 필요 없이 html 문서를 효율적으로 작성할 수 있다. html 문서를 완성하고 작성하면 파일의 확장자는 .html로 저장되어야 한다. 자동으로 .html문서로 저장하기 위해선 그림 2-5와 같이 메인 메뉴에서 언어 탭을 설정하고 언어를 HTML로 선택해야 한다.

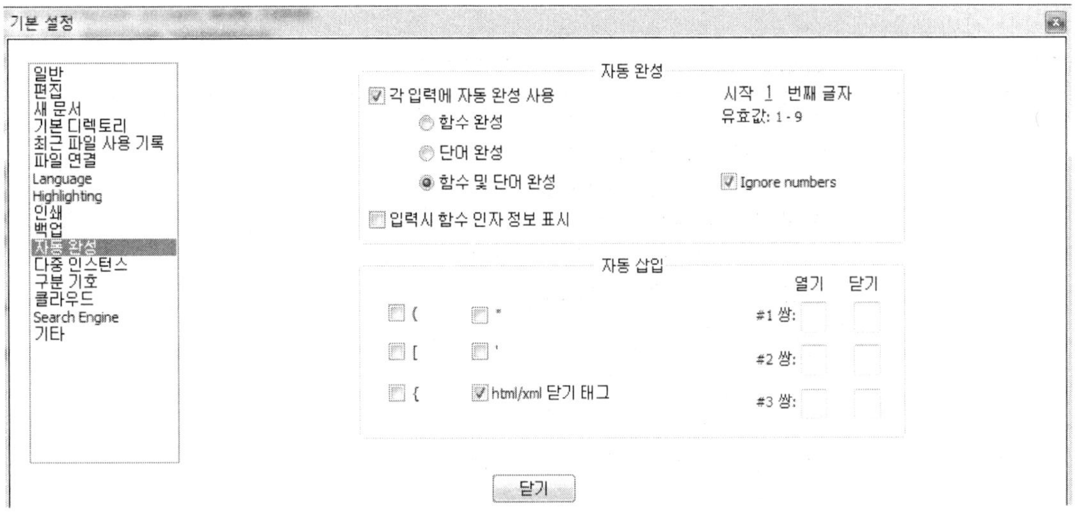

그림 2-4 html/xml 태그 자동완성

그림 2-5 HTML 언어 설정

2) 문자태그

HTML 문서가 탄생한 배경에는 과학자들 사이에서 정보의 효율적인 교환에 있다. 따라서 초기의 HTML문서는 문자로 이루어진 정보를 이용하는 것이 목적에 있었으며 가장 기본적인 내용이라 할 수 있다. 문자관련 태그로는 문자의 크기, 문단 바꾸기 그리고 위첨자 아래첨자 등 표 2-1과 같이 다양한 문자관련 태그가 존재하며 효율적인 웹 문서 작성에 반듯이 이해해야 하는 내용이다.

<H1>~~<H6>태그는 내용의 제목을 작성할 때 사용하며 H1은 굵고 큰 문자이며 H6는 pont 크기 8정도의 작은 문자이다. 문단관련 태그는 <p>,
 그리고 <pre>태그가 있다. 문자체 관련한 태그는 이탤릭체<i>, 강조체<b>,<strong> 그리고 윗첨자<sup> 그리고 아래첨자 <sub> 등이 있다.

표 2-1 문자 관련태그

태그	설명
<H1>~<H6>	제목의 문자 크기를 타나내는 태그. H1이 가장 크며 H6가 가장 작다.
<p>	문단(Pharagraph) 태그.
 	줄바꿈(break) 태그
<pre>	사용자가 입력한 그대로 나타난다.pre-formatted
<b>	굵은 문자체 태그. bold
<i>	이탤릭체 태그. italic
<em>	강조태그. emphasized
<small>	작은 문자체 태그.
<strong>	중요 문자체 태그
<sub>/<sup>	윗첨자/아래첨자 태그. Subscribe/Supscribe
<ins>	삽입태그. insert
<del>	삭제태그. delete
<mark>	표시태그.
<abbr>	약어태그. abbreviation
<address>	저작권 혹은 소유권 태그.
<cite>	작품 제목 태그
<q>	인용부호 삽입태그
<code>	컴퓨터 코드체 태그
<kbd>	키보드체 태그
<var>	변수 태그

그림 2-6은 <H1>~<H6>의 태그를 사용한 예제를 나타낸 것으로 H는 Heading의 약자로서 문서의 머리라 할 수 있다. 신문 등에서 사용하는 Headline으로 이해하면 된다.

```
<!DOCTYPE html>
<html>
<body>

<h1>This is heading 1</h1>
<h2>This is heading 2</h2>
<h3>This is heading 3</h3>
<h4>This is heading 4</h4>
<h5>This is heading 5</h5>
<h6>This is heading 6</h6>

</body>
</html>
```

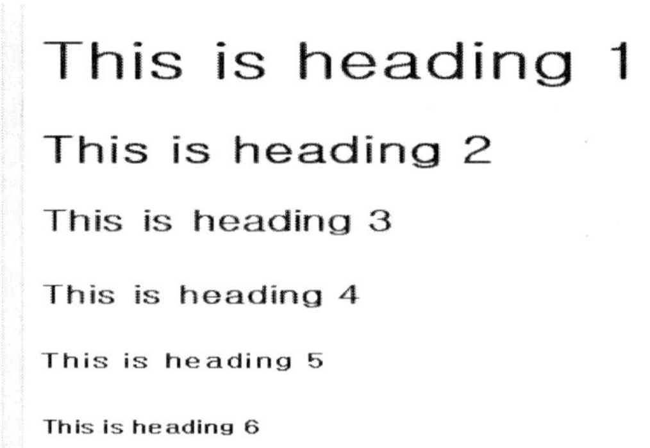

그림 2-6 <H1>~<H6> 태그 예제

그림 2-7은 문단관련 태그의 사용예제를 나타낸 것이다. 문단 나누기에서 가장 많이 사용되는 태그는 <p>태그로서 paragraph의 약자로서 <p>태그를 사용하면 다음 문장은 한줄 공백 뒤에 나타나게 된다.
태그는 break의 약자로서 줄 바꿈 태그이다. <p>태그와 다른점은 한줄 공백 없이 줄바꿈만 일어난다. <pre>태그는 사용자가 편집기에서 사용한 그대로 표현되는 태그이다.

```
<!DOCTYPE html>
<html>
<body>
<p>This is a paragraph.</p>
<br>This is a paragraph.</br>
<pre>

         This is a paragraph.</pre>
</body>
</html>
```

```
This is a paragraph.

This is a paragraph.

        This is a paragraph.
```

그림 2-7 <p>,
,<pre> 태그 예제

그림 2-8은 문자의 형식을 지정하는 예로서 <em>은 emphasized의 약자이며 일반적으로 문자를 강조하기 위해서 사용되는 태그들이다.

```
<!DOCTYPE html>
<html>
<body>
<p>This text is normal.</p>
<p><b>This text is bold.</b></p>
<p><i>This text is italic.</i></p>
<p><em>This text is
emphasis.</em></p>
<p><strong>This text is
strong.</strong></p>
<p><small>This text is
small.</small></p>
<p>This <sub>text sub</sub> is
<sup>supscribe</sup>.</p>
</body>
</html>
```

This text is normal.

This text is bold.

This text is italic.

This text is emphasis.

This text is strong.

This textis small.

This $_{\text{text sub}}$ is ^{supscribe}.

그림 2-8 문자체 형식 태그

그림 2-9는 문자를 다양하게 꾸미거나 사용하기 위해 사용되는 태그로서 문자에 밑줄을 넣기 위한 <ins>, 취소선<delete>, 색의 표시<mark>, 인용문<cite>등 다양한 형식이 있다.

```
<!DOCTYPE html>
<html>
<body>
<p>The kbd element represents keyboard input
<br><kbd>File | Open...</kbd>
 <br><ins> This Text insert tag.</ins>
<br><del> This Text delete tag.</delete>
<br><mark> This Text mark tag.</mark>>
<br><abbr> This Text abbreviation tag.</abbr>
<br><address> This Text address tag.</address>
<br><cite> This Text cite tag.</cite>
<br><q> This Text qutation tag.</q>
<br><code> This Text code tag.</code>
<br><var> This Text variable tag.</var>
</body>
</html>
```

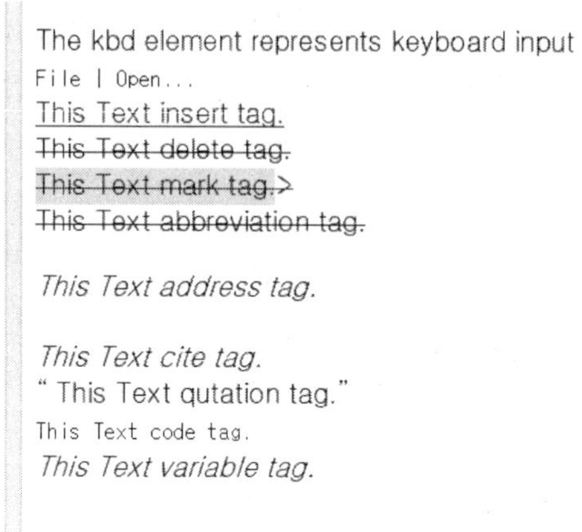

그림 2-9 다양한 문자 관련 태그

3) 이미지태그

대다수의 쇼핑몰 사이트는 이미지 위주로 이루어져 있다. 따라서 이미지 관련 태그에 대해서는 정확하게 이해하는 것이 필요하다. HTML 문서에서는 <img> 태그를 사용하여 jpg, gif 그리고 png 등 다양한 형태의 이미지를 사용할 수 있지만 비트맵(bitmap) 이미지는 인터넷에서 사용하기에 용량이 커서 사용하지 않는다. 비트맵 이미지 이외의 파일들은 일반적으로 압축된 형태로 제공된다.

문자는 웹 문서에서 바로 표현이 가능하지만 이미지나 동영상은 문서에 직접 표현하는 것이 아니라 이미지나 동영상의 위치를 링크 시켜야 한다. 따라서 <img> 태그 내에 이미지나 동영상의 위치를 표시하여야 한다. 만약 이미지의 경로가 잘못 지정된다면 해당 이미지는 인터넷에서 나타나지 않는다.

이미지의 기본 속성을 표 2-2에 나타내었다. src 속성은 이미지의 경로를 나타내며 만약 src의 경로가 잘못 지정되면 이미지는 표현되지 않으므로 정확히 설정해야 한다. width, height 속성은 src에 지정된 이미지의 폭과 높이로서 이미지의 크기를 지정할 수 있다. alt 속성은 해당 이미지의 설명을 표시하며 태그 내에 속성(attribute) 값을 포함시켜도 되고, 그렇지 않아도 된다.

표 2-2 이미지 기본속성

속성	값
src	이미지가 위치한 디렉토리. source
alt	이미지 설명 문자
width	이미지 폭
height	이미지 높이

그림 2-10은 웹문서에 이미지를 삽입한 예로서 html5.gif 이미지를 src에서 사용하였으며 이미지의 폭은 width="128px"이며 height="128px"로 설정하였다. px는 pixel의 약자로서 이미지의 단위로 사용된다. 이외에도 이미지의 테두리를 설정하는 border 속성이 있다.

<img src="html5.gif" alt="HTML5 Icon" width="128px" height="128">

```
<!DOCTYPE html>
<html>
<body>

<img src="html5.gif" alt="HTML5 Icon"
style="width:128px;height:128px;">

</body>
</html>
```

그림 2-10 이미지 태그

4) 하이퍼링크(Hyperlink) 태그

하이퍼링크는 HTML(HyperText Markup Language)의 문자에 내포되어 있는 것과 같이 HTML 문서를 구성하는 기본 태그이며 매우 중용한 태그이다. 초기 HTML문서는 문자에 하이퍼링크를 설정하여 문서간의 이동이 자유롭게 하여 사용자가 자신이 원하는 위치로 쉽게 이동할 수 있도록 하였다. 초기에는 문자에 하이퍼링크를 설정하여 문서간의 이동을 할 수 있었으나 현재 문자뿐만 아니라 이미지 동영상 등 다양한 형태의 하이퍼링크와 설정이 가능하다.

하이퍼링크의 기본 문법은 다음과 같다.
<a href="url"> link text </a>
<a> 태그는 anchor의 약자로서 닻을 의미한다. 아마도 배의 닻이 바다와 배를 연결해 주는 고리로 사용된 듯하다. href는 “hyper reference”의 약어로 이동하고자 하는 문서를 의미하고 “url"은 이동하고자 하는 사이트의 문서 혹은 내 디렉토리에 있는 문서의 위치를 나타낸다.

그림 2-11에서 보는 바와 같이 href 속성 값으로서 http://www.naver.com 사이트와 MyShop.html 문서를 지정하게 되면 Visit naver와 Visit our Shoppingmal 문자는 하이퍼링크된 문자로서 밑줄과 함께 파랑색 문자로 표시된다. 사용자가 해당 문자를 클릭하면 네이버 사이트나 내 디렉토리에 있는 Myshop.html로 이동하게 된다.

<a href="http://www.naver.com">Visit Naver</a>
<a href="MyShop.html">Visit our Shoppingmall</a>

```
<!DOCTYPE html>
<html>
<body>

<p><a href="http://www.naver.com">Visit
naver</a></p>
<p><a href="MyShop.html">Visit our
Shoppingmall</a></p>

</body>
</html>
```

그림 2-11 하이퍼링크 예제

하이퍼링크의 또 다른 속성으로 target이 있으며 표 2-3과 같이 target은 다섯 개의 값을 지정할 수 있다. "target=_blank"는 링크된 문자를 클릭하면 새로운 윈도우 창이 열리며 문서가 표시되며 "target=_self"인 경우 현재 보고 있는 창에 문서가 표시되어 기존 문서는 사라지게 된다.

표 2-3 target 속성

값	설명
_blank	새로운 브라우저 창에 문서를 표시한다.
_self	현재 브라우저 창에 문서를 표시한다.
_parent	부모 프레임에 문서를 표시한다.
_top	전체 윈도우 창으로 문서를 표시한다.
framename	프레임 이름이 설정되어 있을 경우 해당 프레임에 표시한다.

하이퍼링크는 문자뿐만 아니라 이미지도 가능하다. 이미지를 이용한 하이퍼링크는 그림 2-12와 같다. 문자 대신 이미지를 삽입하고 이미지를 클릭하면 문자의 하이퍼링크와 동일한 기능을 한다.

<a href="default.asp"><img src="smiley.gif"></a>

```
<!DOCTYPE html>
<html>
<body>
<p>스마일 이미지를 클릭하세요!</p>
<a href="default.asp">
  <img src="smiley.gif" alt="HTML tutorial"
style="width:42px;height:42px;border:0"></a>

</body>
</html>
```

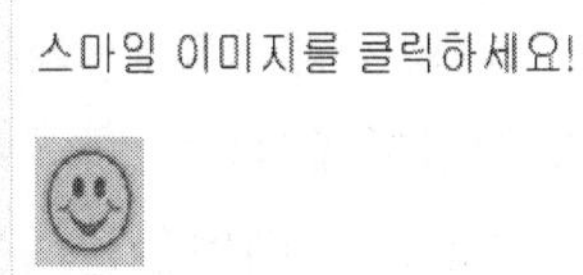

그림 2-12 이미지를 이용한 하이퍼링크

한 문서 내에서 하이퍼링크를 이용한 이동을 북마크(Bookmark)라 한다. 윈도우 창의 크기에 문서의 내용이 많을 경우 사용자는 스크롤바를 이용하여 문서를 읽어야 한다. 이처럼 한 문서의 양이 많을 경우 아이디(ID)와 “#”마크를 통해 문서 내에서 이동할 수 있다. 그림 2-10은 “10장으로 이동” 문서에 #C10을 이용하여 아이디(id)를 표시하였다. 한 문서내에 Chapter 10은 표시되지 않았지만 id를 C10으로 표시된 Chapter 10으로 바로 이동 할 수 있다.

<a href="#C10">10장으로 이동 </a>

<h2 id="C10">Chapter 10</h2>

```
<!DOCTYPE html>
<html>
<body>
<p> 목차 </p>
<p><a href="#C10">10장으로 이동</a></p>
<h2>Chapter 1</h2>
<h2>Chapter 2</h2>
<h2>Chapter 3</h2>
<h2>Chapter 4</h2>
<h2>Chapter 5</h2>
<h2>Chapter 6</h2>
<h2>Chapter 7</h2>
<h2>Chapter 8</h2>
<h2>Chapter 9</h2>
<h2 id="C10">Chapter 10</h2>
</body>
</html>
```

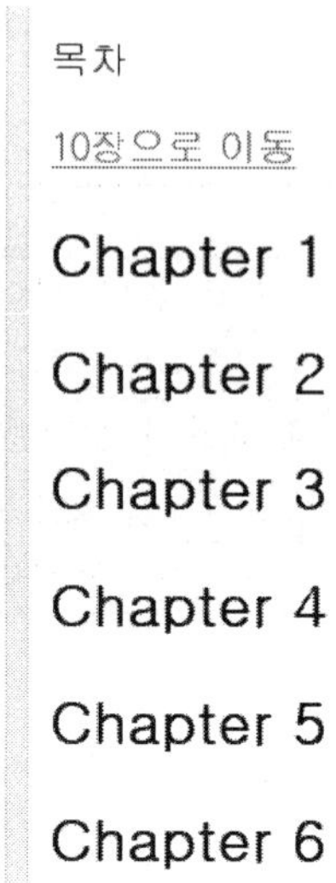

그림 2-13 아이디(id)를 이용한 문서 내의 하이퍼링크

6) 테이블(Table)

인터넷상에서 표 형태의 데이터를 표시하기 위해서는 <table> 태그를 사용한다. HTML5 이전의 웹페이지에서는 웹 페이지의 정렬을 위해서 표를 사용하였지만 HTML5에서 CSS의 사용으로 테이블은 원래의 기능 위주로 돌아갔다.

테이블은 행과 열로 이루어져 있으며 하나의 열은 <tr>..</tr>로 구성된다. 하나의 열은 다수의 행으로 이루어지는데 행은 <td>..</td> 태그로 구성된다. tr은 table row의 약자이며 td는 table data의 약어이다.
2열 2행의 테이블은 다음과 같은 코드를 갖는다.

```
<table>
<tr><td>홍길동</td><td>김철수</td></tr>
<tr><td>길  동</td><td>김  철 </td></tr>
</table>
```

테이블의 경계와 색상을 지정하기 위해서는 table 태그에 border와 color 속성을 이용해 설정한다.

테이블의 경계선을 붉은색과 두께 2로 하기 위해서 다음과 같이 속성을 설정한다. 만약 border="0"으로 설정한다면 테이블은 존재하되 육안으로는 보이지 않는 테이블을 만들 수 있다.

```
<table border="2" color="red">
<tr><td>홍길동</td><td>김철수</td></tr>
<tr><td>길  동</td><td>김  철 </td></tr>
</table>
```

만약 테이블안의 열을 병합하고자 한다면 rowspan 속성을 사용하고 행을 병합하고자 한다면 colspan을 사용하면 된다. rowspan을 사용하면 다음열에는 <td>가 병합한 수 만큼 줄어들게 된다.

```
<table border="2" color="red">
<tr rowspan="2"><td>홍길동</td><td>김철수</td></tr>
<tr>                                  <td>김  철 </td></tr>
<tr><td colspan="2">열 병합</td>                  </tr>
</table>
```

만약 테이블에 제목을 삽입하고자 한다면 <caption>...</caption>태그를 사용한다. 다음 예제는 “테이블 예제”란 제목을 삽입한 경우이다.

```
<table border="2" color="red">
<caption> 테이블 예제 </caption>
<tr rowspan="2"><td>홍길동</td><td>김철수</td></tr>
<tr>                                  <td>김  철 </td></tr>
<tr><td colspan="2">열 병합</td>                  </tr>
</table>
```

7) CSS(Cascading Style Sheet)

HTML 태그를 사용하여 웹 문서의 내용(Contents)를 만들었다면 이를 CSS를 사용하여 다양한 방법으로 디자인할 수 있다. HTML태그는 웹 문서의 내용을 만드는 것이고 CSS는 이 내용을 디자인하는 것이다. 즉 CSS는 HTML 태그로 이루어진 문서를 사용자가 원하는 형태의 레이아웃, 색상 그리고 크기 등을 변경할 수 있도록 해준다. CSS는 현재 CSS3까지 나와 있으며 다음과 같은 3가지 형태로 사용할 수 있다.

· 인라인(Inline) 스타일

HTML 태그 내에서 사용하는 방법으로 다음과 코드를 사용하면 <h1> 태그는 그림 2-14와 같은 형태로 나타난다.

<h1 style="color:blue;">This is a Blue heading</h1>

```
<!DOCTYPE html>
<html>
<body>

<h1 style="color:blue;">This is
a Blue Heading</h1>

</body>
</html>
```

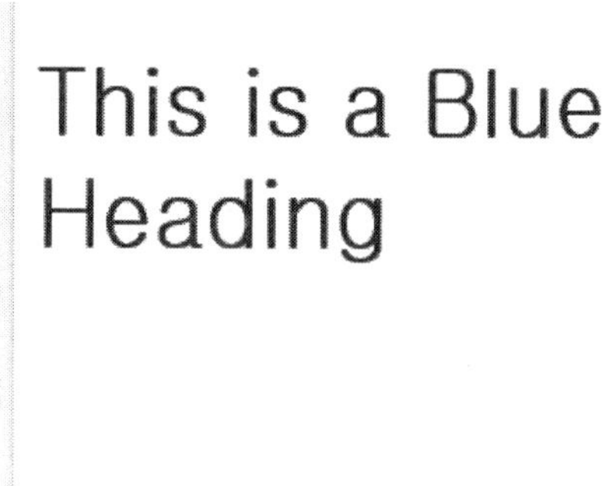

그림 2-14 인라인 스타일

인라인 스타일의 문법은 다음과 같다.

style = " 속성 : 값;"

HTML의 <body> 태그 사이에서 style 속성에 값을 부여하는 방법이다. 예제에서는 <h1>태그에서 사용된 문자의 색상을 파랑색으로 설정하였다. 태그안에 style을 사용하여 " " 사이에 속성과 값을 :으로 분리하여 적용한다. 주의해야 할 점은 한 개의 속성 값을 부여하였다면 반드시 ";" 표시를 함으로서 해당 속성이 끝났음을 선언해야 한다. style의 " "에는 다중 속성 값이 부여 가능하다.

· 내부(Internal) 스타일

내부 스타일은 그림 2-15와 같이 HTML의 <head> 태그 사이에 <style>태그를 사용하여 사용한다. 인라인 스타일에서는 style에 속성과 값을 부여하였지만 내부스타일에서는 <style> 태그 안에서 HTML 태그 중 스타일을 적용하려는 태그 이름을 선언하고 { } 사이에 속성과 값을 부여하면 된다.

태그명 { 속성 : 값 ;}
<style>
body { background-color: lightgrey ; }
h1 { color:blue; }
p {colr:green;}
</style>

예제에서는 body, h1 그리고 p태그에 대해 <style> </style>에서 속성과 값을 부여하였다. <body>태그의 속성으로 배경색(background-color)을 밝은 회색(lightgrey)으로 설정하였다. <h1>태그에 대해서는 문자의 색상(color)을 파랑색으로 설정하였다. <p>를 사용한 문자는 초록색(green)으로 설정하였다.

```
<!DOCTYPE html>
<html>
<head>
<style>
body {background-color: lightgrey;}
h1   {color: blue;}
p    {color: green;}
</style>
</head>
<body>
<h1>This is a heading</h1>
<p>This is a paragraph.</p>
</body>
</html>
```

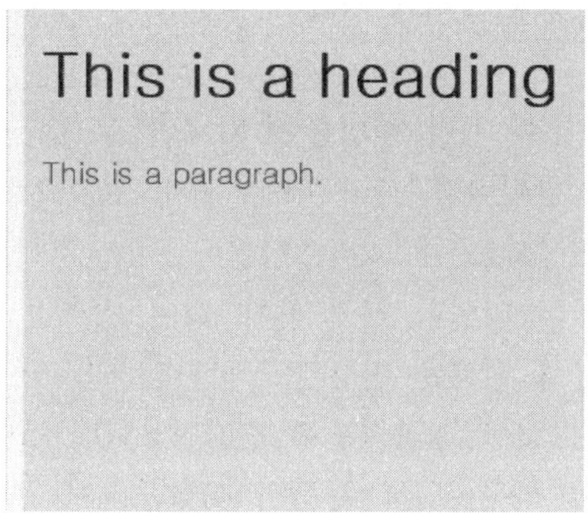

그림 2-15 내부 스타일

· 외부(External) 스타일

외부 스타일 적용은 본문에서 스타일을 적용하는 것이 아니라 외부 파일로서 그림 2-16과 같이 link를 통하여 외부 CSS 파일을 링크하여 사용한다. CSS 파일의 확장자는 .css 이다. css파일의 작성 역시 notepad++에서 작성가능하며 이때는 사용하는 언어는 CSS를 선택하면 된다.

<link rel="stylesheet" href="style.css">

```
<!DOCTYPE html>
<html>
<head>
  <link rel="stylesheet" href="styles.css">
</head>
<body>

<h1>This is a heading</h1>
<p>This is a paragraph.</p>

</body>
</html>
```

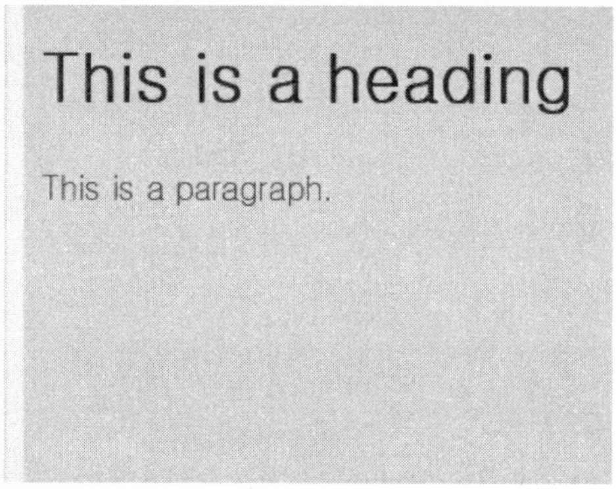

그림 2-16 외부 스타일

CSS를 사용하는 이유는 웹 문서의 구조를 정의한 HTML를 CSS를 이용하여 스타일을 디자인하는 것이다. 즉 스타일을 지정하지 않으면 웹 문서는 데이터만 나열된 평범한 문서로 밖에 안보이게 된다.

최근 웹 표준 개발 방법론에 따르면 문서의 구조, 스타일 그리고 동작 방식은 서로 분리되어 개발되어야 하며 이는 국제 표준으로 권고하고 있다. 예전에는 HTML 문서의 구조를 지정하는 태그와 스타일이 서로 혼합되어 유지 보수하기가 매우 어려웠다. 문서의 구조와 스타일이 서로 혼재 되어 있으며 추후 디자인의 변경이나 유지 보수의 측면에서 웹문서 전체를 변경해야 하지만 CSS와 같이 구조와 디자인을 분리하게 되면 콘텐츠의 변경 없이 효율적으로 변경가능하다. 왜냐하면 HTML의 태그는 문자 그대로 나타내는 것이 목적이었고 문자의 색상, 크기 그리고 다양한 형식은 스타일을 통해서 나타내는 것이 효율적이기 때문이다.

· CSS 필요성

앞서 설명한 CSS의 필요성을 간단한 예로 설명해 보자. 다음은 HTML5 이전의 기존 HTML 태그로 스타일을 지정한 방법이다.

```
<body>
<font size="5" color="blue" face="돋음">
기존 방식의 스타일 지정 </font>
</body>
```

위와 같이 html 문서내의 태그에 스타일을 분리하지 않고 작성한 문서가 100페이지가 있다고 가정하자. 일정기간 사용하다 홈페이지 개정에 의해 문서의 모든 문자의 크기를 10으로 변경하고 색상을 초록색으로 바꾸고자 한다면 100페이지의 모든 문서를 일일이 수정해 가며 변경해야 한다. 이것은 매우 번거로운 일이 되며 완벽히 적용하기 전까지 꽤 번잡한 일이 된다. 그러나 HTML의 문서구조와 별도로 앞서 설명한 외부 스타일 CSS파일로 외부 스타일 정보를 저장하였고 모든 문서에 이 파일을 연결해 두었다면 스타일 정보는 해당 파일에서 한번만 변경하면 된다. 모든 페이지는 동일한 CSS파일을 참조하기 때문에 CSS파일의 내용을 바꿀 때 마다 새로운 스타일이 적용되기 때문에 유지 보수가 매우 편리하게 된다.

이것은 웹 개발자에 있어서 다양한 디자인으로 웹을 쉽게 적용할 수 있는 편리성을 제공한다. 또한 다른 사용자 환경에서 동일한 형태의 문서를 제공하는 장점도 있다. CSS를 사용하게 되면 사용자의 브라우저 환경에 따라 웹 문서가 다르게 나타나는 일이 없으며 개발자의 의도한 디자인이 적용된다.

만약 HTML 문서의 작성자가 인라인 스타일, 내부 스타일 그리고 외부 스타일에 같은 태그에 모두 같은 내용의 스타일을 적용하였다면 우선순위는 다음과 같다. 웹브라우저는 먼저 외부 스타일을 적용하고 내부 스타일에 같은 내용이 있으면 내부스타일 값으로 변경한다. 이 후 <body>안의 태그에서 인라인 스타일을 발견하게 되면 최종적으로 인라인 스타일을 적용한다. 즉 우선순위는 외부스타일→내부스타일→인라인 스타일 순으로 적용된다.

- **선택자(Selector)**

CSS에서 가장 중요한 부분 중의 하나가 선택자이다. 선택자란 HTML 요소를 선택한다는 의미로서 특정한 요소를 선택하여 원하는 스타일을 적용한다는 의미이다.
다음과 같은 CSS가 있다면 p 태그에 대한 선택으로 문서 내에 <p>태그로 이루어진 모든 문자는 색상을 빨강색으로 표시된다.

```
p { color : red ;}
```

CSS에서는 다음과 같이 6개의 선택자가 있으며 이중 타입 선택자(Type), 아이디(ID) 선택자, 클래스(Class) 선택자가 가장 많이 사용되며 이들의 사용법에 대해 간단히 알아보자.

- *타입 선택자(type selector)*
- *전체 선택자(universal selector)*
- *클래스 선택자(class selector)*
- *아이디 선택자(id selector)*
- *속성 선택자(attribute selector)*
- *의사 선택자(pseudo-class selector)*

- 타입 선택자

가장 간단한 선택자로 기존 방식에서 HTML 태그 이름을 사용한 것이다. 예를 들어 <p>,<h1> 태그 요소에 스타일을 적용하기 위해서 다음과 같이 p라고 이름만 붙이면 된다.

```
p { color : red ;}
h1 { background-color:#00ff00;}
```

- 클래스 선택자

클래스 선택자는 .을 이용하여 선택자를 정의한다. 앞서 설명한 타입 선택자에서는 모든 <p>의 문자들은 빨강색으로 나타나게 된다. 그러나 <p> 태그 중에서도 특정 <p> 태그를 파랑색으로 표시하고 싶다면 .을 이용하여 이름을 붙여주면 된다. 클래스는 이름을 이용하여 선택하므로 몇 개의 요소를 하나의 클래스로 묶어서 스타일을 지정할 수 있다. 일반적으로 다음에 설명하는 ID 선택자는 하나의 요소에만 사용하지만 클래스 선택자는 여러개의 요소를 한꺼번에 지정할 수 있는 특징이 있다.

```
<p class="type"> p 태그에 대한 type 클래스 </p>
<H1 class="type"> H1 태그에 대한 type 클래스 </H1>
```

이에 대한 클래스 선택자는 다음과 같다. 만약 <p>태그와 <H1> 태그에 대해 하나만 선택하려면 다음과 같이 클래스 앞에 태그 이름을 붙이면 된다.

```
.type { color : blue ;} or
p.type{ color : blue; }
h1.type { color : green; }
```

- ID 선택자

아이디 선택자는 클래스 선택자와 사용법이 매우 유사하며 .대신 #으로 ID를 부여하여 특정요소를 쉽게 선택할 수 있다. 다음은 아이디 선택자의 예이다.

```
#tag { color : red ; }
<p id="tag"> id가 tag로서 붉은색으로 나타남 </p>
```

클래스 선택자와 마찬가지로 특정 태그에서만 사용하려면 태그 이름을 다음과 같이 사용하면 된다. 일반적으로 id 선택자는 CSS에서 가장 많이 사용하는 방법이다. id 선택자의 사용법에 대해 숙지하기 바란다.

```
H2#tag { color : greed ; }
```

2.2 포토샵(PhotoShop)

쇼핑몰을 구축하고 운영하기 위해서는 제품의 사진 촬영과 이미지 편집은 소비자에게 관심을 갖게 하는 필수적인 요소이다. 일반적으로 단순한 이미지의 편집은 포토샵을 많이 사용하고 새로운 아이템의 디자인 등 자체 디자인에는 일러스트레이션(illustration)이 많이 사용된다. 현재까지의 포토샵 버전은 CS6까지 나와 있으나 그 이전 버전의 포토샵으로도 충분히 이미지를 편지할 수 있다. 포토샵의 간단한 이미지 편집 사용법만 알면 충분히 매력적인 상품을 디자인 할 수 있다. 포토샵의 메뉴에 대한 기능을 살펴보고 간단한 상품이미지를 제작하는 방법에 대해 알아보자.

1) 메인 메뉴

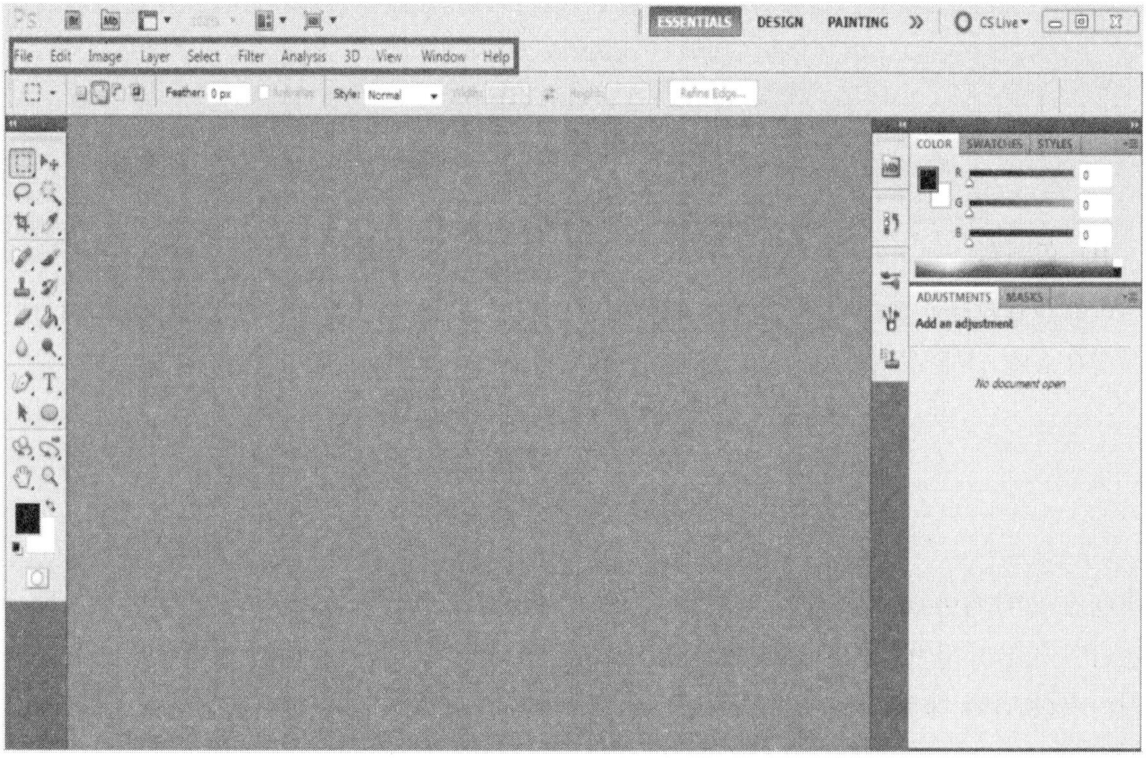

그림 2-17 포토샵 화면과 메인 메뉴

포토샵을 실행시키면 그림 2-17과 같은 메인화면을 볼 수 있으며 화면 상단의 붉은

박스안에 메인 메뉴를 볼 수 있다. 각 메뉴에 대해 간단히 기능을 알아보자.

File - 이미지 편집을 위한 새로운 파일 만들기, 이미지 불러오기, 저장하기 그리고 인쇄하기 등의 파일 관리를 위한 메뉴이다.

Edit - 이미지 편집과 관련된 기능으로서 이미지의 복사, 삭제 그리고 삭제 등 편집하기 위해 사용되는 명령으로 구성되어 잇다. 특히 이미지의 변형과 색상 등 작업환경을 설정하기 위한 명령어로서 이미지 뒤틀어 변형하기(Puppet Warp), 원근 변형하기(Perspective Warp), 자유변형(Free Transform), 레이어 자동정렬, 레이어 자동혼합 그리고 패턴의 정의 등으로 구성되어 있다.

Image - 이미지의 색상과 형태를 변경시키는 기능으로 색상모드, 색상 보정 그리고 캔버스나 이미지의 크기와 같은 속성 등을 조절하는 명령어로 구성되어 있다. 이미지의 색상모드는 흑백, 칼라, 그레이스케일, 인덱스 색상 등으로 구성된다.

Layer - 포토샵의 가장 큰 특징으로 이미지들을 각 계층으로 분리하여 수정 편집할 수 있으며 레이어 스타일을 이용하여 다양한 효과를 부여할 수 있다. 레이어 스타일을 이용하면 이미지의 그림자 효과, 색상에 대한 그라디언트(gradient), 획(Stroke), 엠보싱 효과 등을 줄 수 있다.

Select - 이미지의 특정영역을 선택하거나 해제와 관련된 명령어로 구성되어 있다. 선택영역의 외각 등을 부드럽게 만들어 주기위한 Feather, 선택영역에 대한 Border, Smooth, expand 그리고 Contract 등의 기능이 있다.

Filter - 이미지의 영역에 특수 효과 등을 적용하여 독특한 효과를 제공하기 위해 사용되는 명령어이다. 이미지의 왜곡(Liquify), 패턴메이커(Pattern Maker), 회화느낌(Artistic) 그리고 이미지를 흐리거나 또렷하게 보이는 패턴 등이 있다.

Analysis - 이미지의 측정 척도를 설정하는 명령어로 이미지 내부의 길이 각도 등을 측정하는 명령어로 구성되어 있다.

3D - 3D 관련 레이어의 생성, 관리, 채색, 랜더링 등의 다양한 명령어 구성되어 있다.

View - 이미지를 정교하게 편집하기 위해 이미지의 크기를 조절하는 보기 배율, 눈금자, 가이드 그리고 분할선 등의 명령어 구성되어 있다.

Window - 포토샵의 이미지 창과 팔레트, 툴 등의 패널 등을 화면에 표시하거나 숨기는 기능이다. 일반적으로 자주 사용하는 패널들을 미리 설정하여 자신이 좋아하는 작업 형태를 만들어 설정하는 것이 좋다.

2) 도구 메뉴

그림 2-18은 현재 편집 중인 이미지를 편집하기 위한 도구 메뉴이다. 앞서 살펴보았던 메인 메뉴에서 자주 사용되는 명령어이기도 하다.

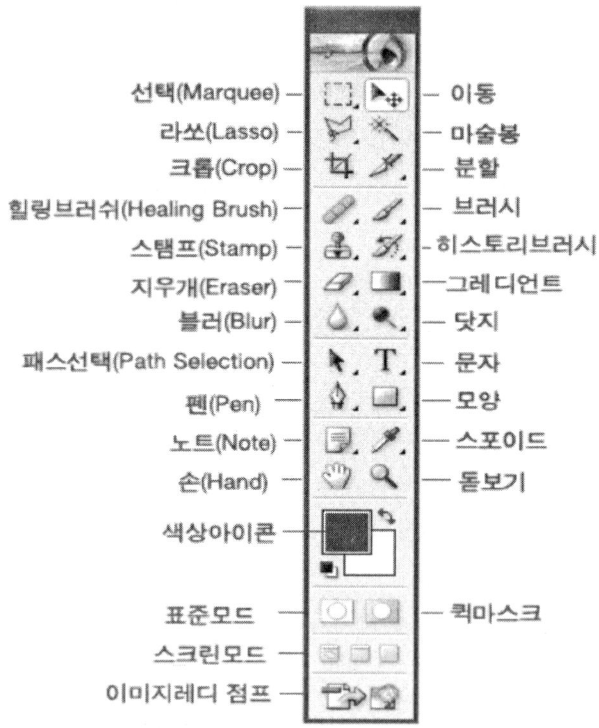

그림 2-18 포토샵 도구 상자

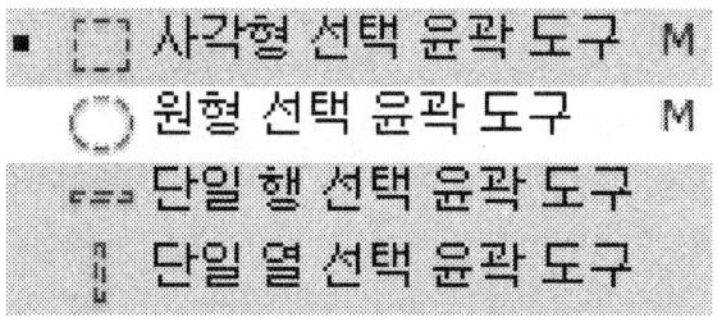

1. 선택도구 : 기본적으로 가장 많이 쓰이는 중요한 툴로써 이미지의 원하는 영역을 선택할 때 사용한다. 자르고, 복사하거나 색상을 바꿀 때 등 거의 모든 작업에서 자주 사용한다. 오른쪽 하단의 작은 삼각형을 클릭하면 사각형, 원형, 가로/세로 한줄 선택 도구가 나타난다.
2. 이동도구 : 선택된 영역이나 텍스트, 레이어를 지정한 후, 클릭하여 원하는 위치에 이미지를 이동할 수 있다.

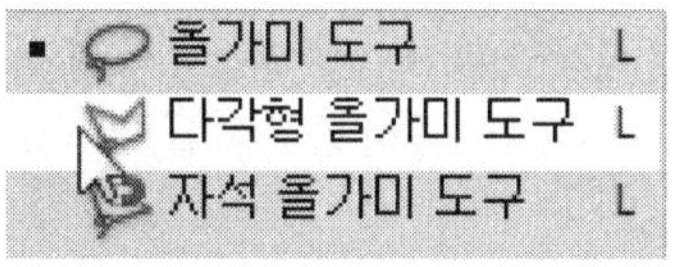

3. 올가미도구(Lasso) : 마우스를 자유롭게 움직여 원하는 모양대로 선택영역을 만듬. 불규칙한 모양의 이미지를 빠르게 선택할 때 유용하다. 작은 삼각형을 클릭하면 세부 도구로서 다각형 올가미 도구와 자석 올가미 도구가 있다. 다각형 올가미 도구는 기본 올가미 도구처럼 곡선이 아니라 다각형 형태로 이미지를 선택할 수 있으며 자석 올가미 도구는 비슷한 색의 외곽선을 자동으로 선택해 준다.
4. 마술 봉: 마우스로 클릭한 영역과 비슷한 색상의 범위를 계산하여 자동으로 선택할 수 있다. 옵션바에서 여러 가지 선택영역을 동시에 선택하거나 자동으로 선택하는 영역을 조절할 수 있다.

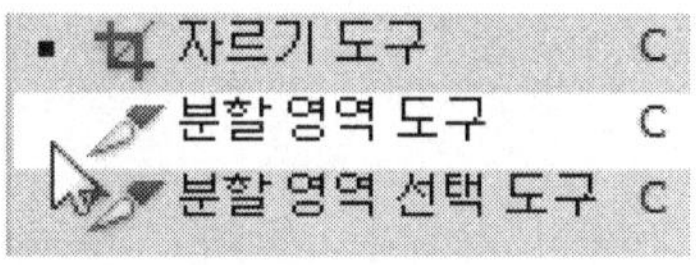

5. 자르기도구 : 이미지의 필요한 부분만 남기고, 나머지 부분을 자를 수 있다. 옵션 도구로는 분할 영역으로 이미지를 여러 조각으로 자를 수 있으며 분할 영역 선택 도구에서는 분할한 조각의 크기를 변경할 수 있다.

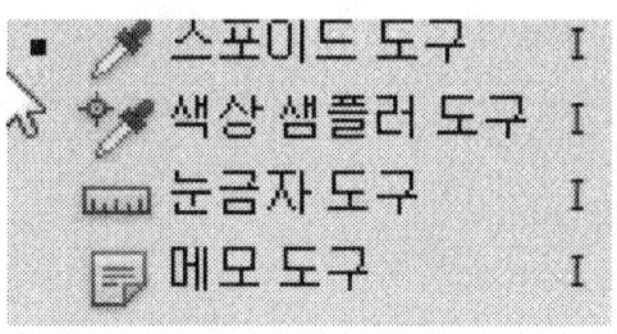

6. 스포이드도구 : 특정부분의 색상값을 추출하여 전경색이나 배경색으로 지정할 수 있다. 세부 메뉴로는 색상 샘플러를 통해 선택한 색상의 색상코드를 보여주고 눈금자는 선택한 길이를 잴 수 있다. 메모는 이미지에 영향을 주지않고 캔버스에 메모를 할 수 있다.

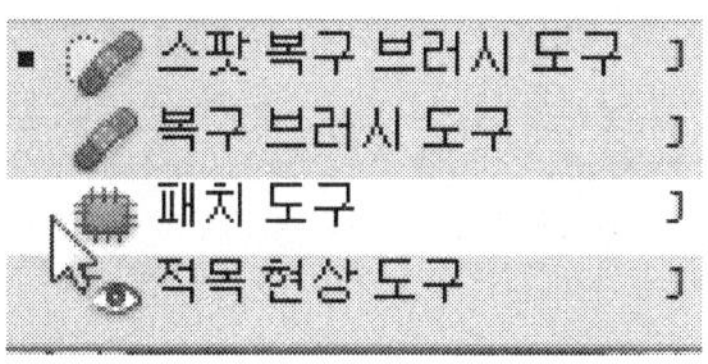

7. 힐링브러시도구 : 이미지의 질감을 복제하여 자연스럽게 합성하거나 사진의 적목 현상을 제거할 때 사용한다. 영역을 선택해주면 자동으로 주변 색상과 자동으로 어우러지게 보여준다.

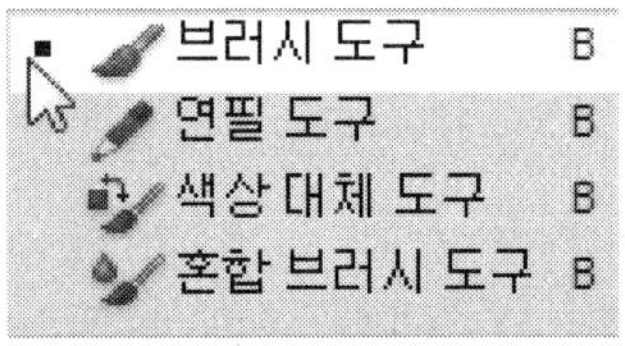

8. 브러시도구 : 붓과 같은 기능으로 마우스 드래그를 이용하여 그림을 그리거나 채색을 하는 도구이다. 붓, 연필, 색상대체 그리고 혼합브러시가 있다. 색상대체 브러시는 팔레트에 선택한 색상을 입혀주며 혼합브러시는 수채화 붓으로 그린 것처럼 여러 색상을 혼합한다.

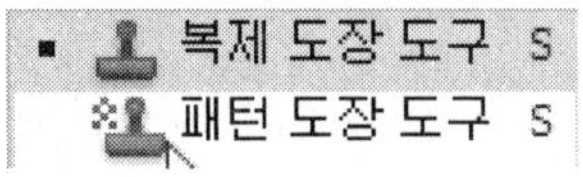

9. 스탬프도구 : 특정 부분의 이미지를 복제하여 원하는 부분에 자연스럽게 붙여넣을 수 있다. 사진의 배경을 보정할 때 주로 사용되며 Alt키를 누른채 영역을 선택한다.

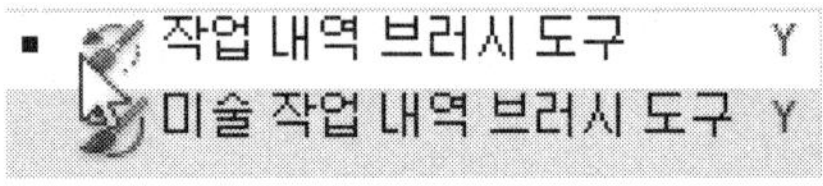

10. 히스토리브러시도구 : 원본이 훼손되었을 경우 브러쉬로 문질러 이미지를 복구하거나 붓터치를 적용할 때 사용된다. 붓의 크기 모양 등을 선택하여 사용한다.

11. 지우개도구 : 이미지의 일부분 지움

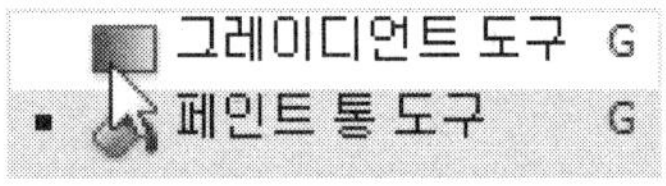

12. 그레디언트/페인트 : 두 가지 이상의 색을 자연스럽게 혼합하여 그라데이션을 만들때 사용하며 페인트 통 도구는 선택한 영역 등에 색을 채울 때 사용한다.

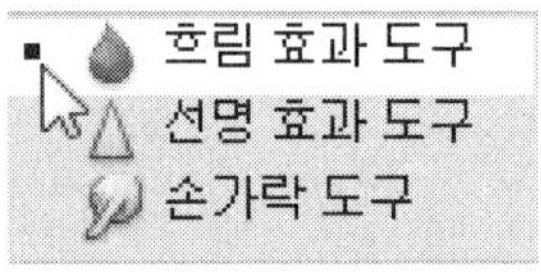

13. 블러도구 : 이미지를 뿌옇게하여 번지는 듯한 흐린 효과나 선명하게 만드는 도구이다. 이미지를 혼합하거나 아웃 포커싱 보정할 때 사용한다. 손가락도구는 이미지를 손가락으로 문지른 것처럼 섞어준다.

14. 닷지도구 : 이미지의 채도를 변경한다. 닷지 도구는 선택 부분을 밝게 변경하며 번 도구는 어둡게 변경한다. 스폰지 도구는 채도를 높이거나 낮게 만들 수 있다.

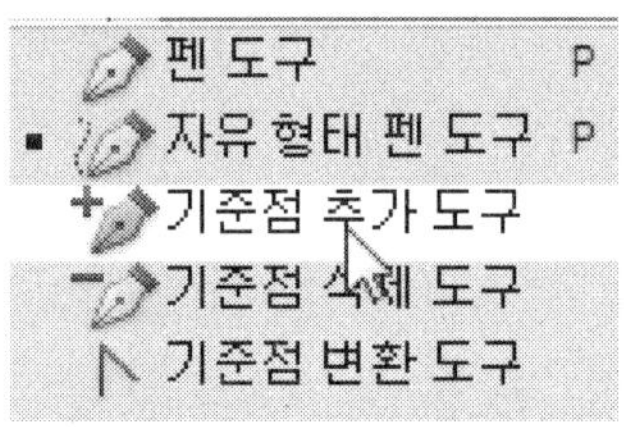

15. 펜도구 : 사용자가 자유롭게 새로운 형태의 모양을 만들때 매우 유용한 도구이다. 펜 도구는 점과 점을 연결하여 세밀하게 원하는 영역을 지정할 때 사용되며 패스로 작성된다. 자유형태 펜 도구는 자유로운 모양으로 패스를 만든다. 기준점 추가 도구는 완성된 패스에 기준점을 추가하고 삭제 도구는 기준점을 제거한다. 또한 기준점의 속성을 변경할 수 도 있다.

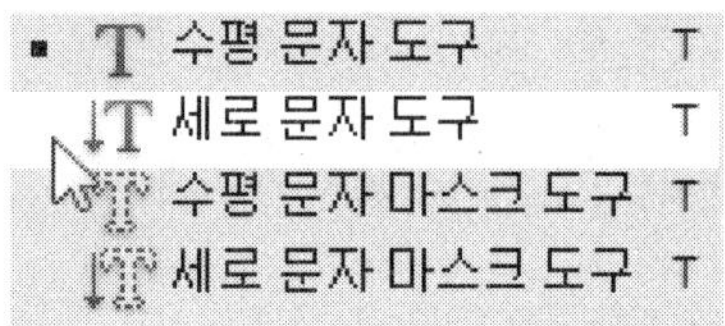

16. 문자도구 : 가로 또는 세로 방향으로 원하는 문자를 입력하거나 편집할 수 있다.

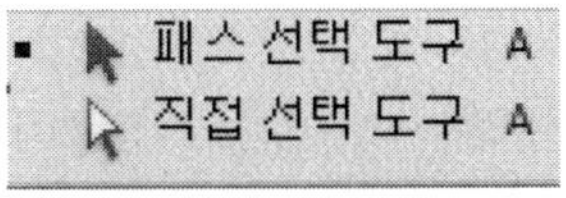

17. 패스선택도구 : 패스로 만들어진 모양은 이동툴을 이용하여 편집할 수 없다. 패스를 이동하거나 변형하기 위해 사용된다. 직접 선택 도구는 패스의 모양을 변경할 수 있다.

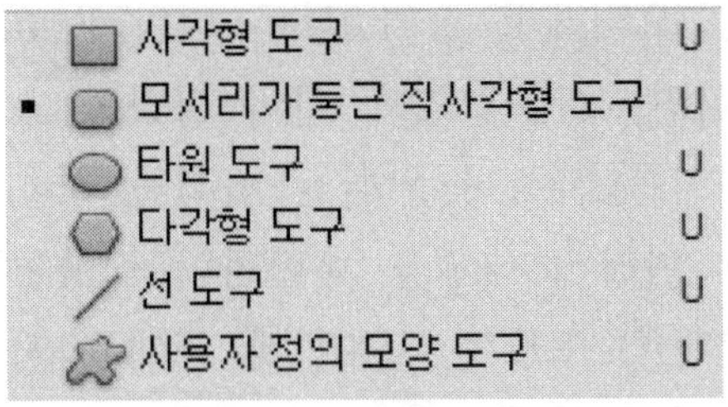

18. 모양도구 : 다양한 벡터 형식의 도형을 생성할 수 있다. 모양 도구에서 만든 다각형들은 패스로 만든 도형과 성질이 같다. 사용자 정의 도구를 클릭하면 이미 만들어진 다양한 형태의 자연스러운 모양들을 선택하여 적용할 수 있다.

19. 손도구 : 이미지 작업창 보다 이미지가 클 경우 화면을 이동시킴

20. 돋보기도구 : 화면의 특정 부분을 확대하거나 축소

21. 색상아이콘 : 전경색/ 배경색의 색상 변경과 전환

22. 퀵마스크도구 : 브러시와 선택도구 툴을 이용하여 선택영역을 추출

23. 스크린도구 : 작업창의 공간을 조절

3) 레이어(Layer)

레이어란 투명필름과 같은 의미로 여러 이미지를 계층별로 쌓는 기능을 한다. 레이어를 통한 작업의 가장 큰 장점은 나중에 이미지의 편집/수정을 매우 유용하게 할 수 있는 장점이 있다. 레이어 작업 패널은 창(W) 메뉴를 클릭해서 레이어(F7)을 클릭하면 아래 그림과 같이 레이어 패널이 화면에 나타난다.

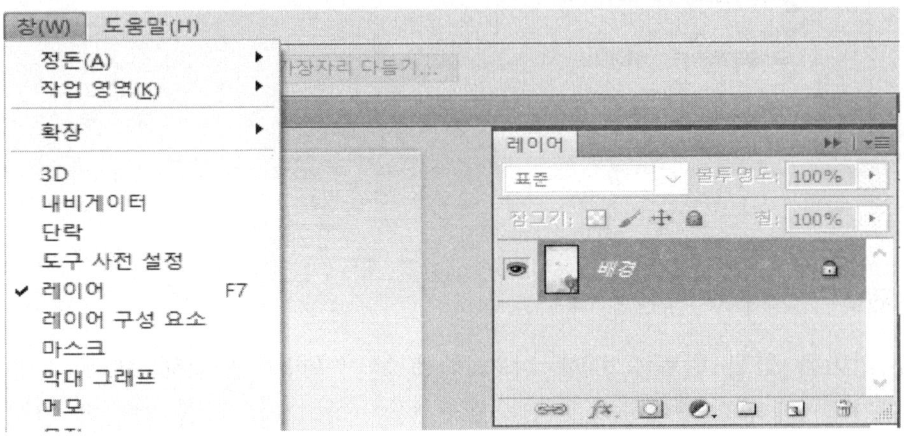

그림 2-19 레이어 패널

레이어 메뉴는 레이어 묶기 , 레이어 스타일, 새로운 그룹만들기, 새레이어 만들기 그리고 휴지통 등이 있다. 레이어에서 매우 유용한 기능은 레이어스타일(Layer Style)이다. 레이어스타일은 해당 레이어에 그림자효과, 입체, 색상 오버레이 등과 같은 다양한 효과를 주기 위해 사용된다. 레이어 패널에서 *fx*를 클릭하면 아래 그림과 같이 다양한 스타일 메뉴를 볼 수 있다. 각 스타일 항목에 대해 옵션이 존재하며 원하는 옵션을 사용하여 적용할 수 있다. 또한 하나의 스타일뿐만 아니라 여러 스타일을 혼합하여 적용할 수 있다. 레이어스타일을 이미지 편집에 있어서 필수적인 요소로서 사용법에 대해 숙지하고 있어야 한다. 다음 예제를 통하여 포토샵 사용법에 대해 알아보자.

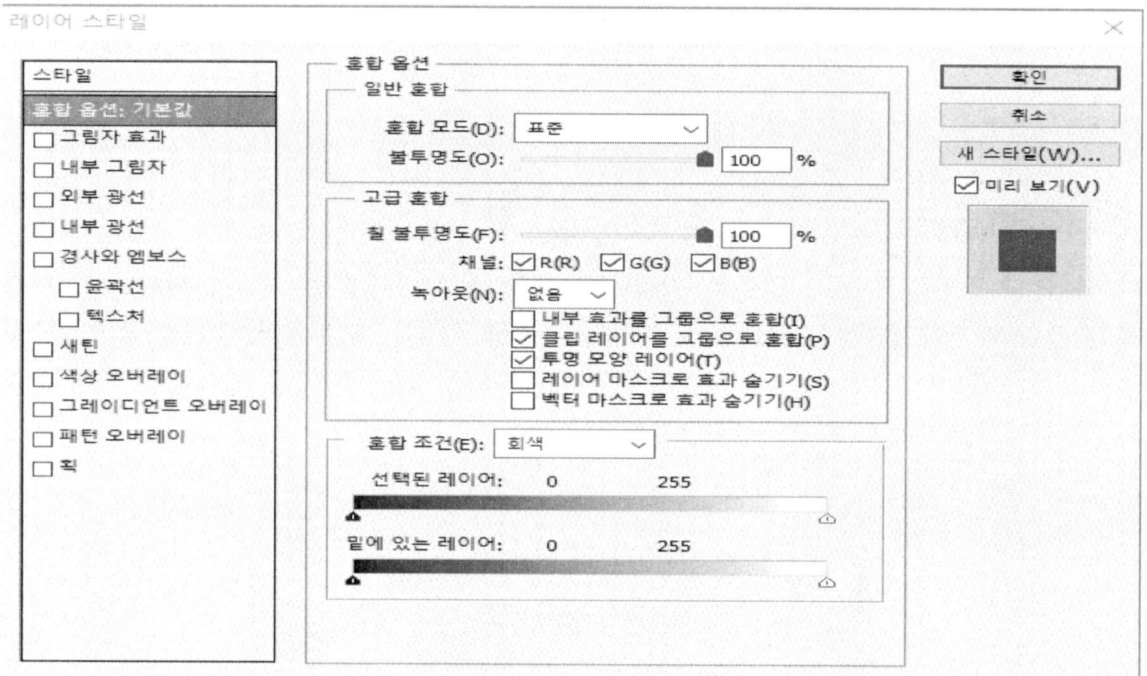

그림 2-20 레이어 스타일

4) 이미지 편집 예제

쇼핑몰을 위한 상품 이미지 편집 방법에 대해 상품 예제를 이용하여 편집해 보자. 상품 이미지를 파일(F)→열기(O) 메뉴를 클릭하여 편집하고자 하는 이미지를 다음 그림과 같이 불러들인다.

그림 2-21 파일 열기

상품이미지의 원본에 설명을 넣기 위해서는 이미지를 확대하는 것이 아니라 캔버스의 크기를 크게 하여야 한다. 캔버스의 크기를 변경하기 위해서 이미지(I)→캔버스 크기(S)를 클릭해보자. 현재 캔버스의 폭(width)과 높이(height) 값이 나타난다. 단위는 센티미터, 포인트(point), 픽셀(pixel) 등 다양한 단위를 설정할 수 있다. 이미지의 단위는 일반적으로 픽셀을 사용하므로 여러분도 단위는 항상 픽셀로 설정하기 바란다. 새로운 크기로 변경하기 위해 키보드로 직접 폭과 높이값을 입력한다. 아래와 같이 폭은 11cm, 높이를 15cm 로 설정한다. 상품에 대한 설명을 이미지의 하단에 넣기 위해서는 상품이미지 하단에 여백을 주어야 하므로 확장되는 방향기준을 상단 중앙으로 클릭하고 확인을 누르면 다음 그림과 같이 원본 상품이미지의 하단에 여백이 생김을 알 수 있다.

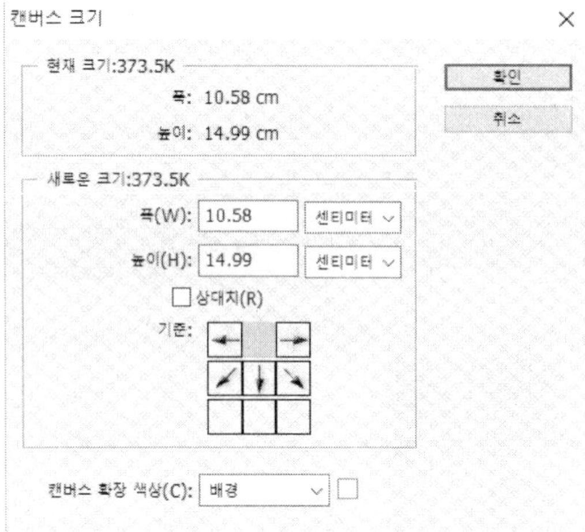

그림 2-22 캔버스 크기

그림 2-23 캔버스 조정

다음으로 이미지에 설명을 넣기 위해서 도구 상자에서 T를 클릭한다. T 도구의 세부 옵션으로는 아래 그림과 같이 가로/세로쓰기, 글씨체, 크기 그리고 정렬 등 다양한 옵션이 있다. 상품 제목과 같은 문자는 49포인트 이상으로 하며 상세 설명과 같은 문자는 18pt이하의 문자로 입력하는 것이 바람직하다. 문자를 입력하기 위하여 상품이미지의 하단 여백에 상품설명 문구를 넣어 보자.

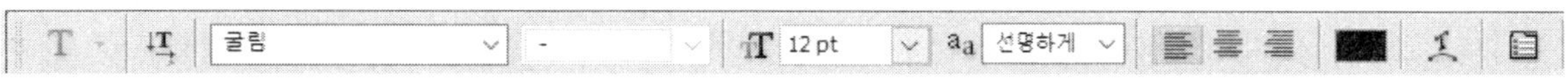

그림 2-24 문자 옵션 도구

문자를 입력하는 방법은 간단하다. 도구 상자에서 T를 선택한 후 입력하고자 하는 이미지의 위치에 마우스를 클릭하여 문구를 입력하면 된다. 아래 그림에서와 같이 "스카이웍스 스피커"란 문구를 입력하면 레이어 패널에 새로운 레이어가 생기면서 문구가 입력된 것을 알 수 있다. 또 다른 문자를 다른 색상으로 입력해 보자. 그림 2-24의 문자옵션에서 색상 도구를 클릭하면 다양한 색상을 선택할 수 있는 색상 팔레트가 팝업 된다. 색상 팔레트에서 파랑색 색상을 선택하면 현재 선택 색상이 검정색에서 파랑색으로 변경된다. 다음 그림과 같이 상품 설명에 1. 입체 음향 2. PC용 스피커 등의 문자를 입력하면 파랑색 문자로 입력된 상품 설명을 볼 수 있다.

그림 2-25 문자 색상 변경

그림 2-26 이미지에 문자 삽입 결과

새로운 문자를 입력할 때 마다 레이어 패널에서는 다음 그림과 같이 새로운 레이어가 생성된다. 만약 레이어 패널이 화면에 보이지 않는 다면 윈도우 메뉴를 클릭하고 중간의 레이어 메뉴(F7)를 클릭하면 레이어 패널이 나타난다. 맨 하단의 레이어에서 배경은 원본 상품이미지를 나타내며 그 위의 T 레이어는 모두 문자 레이어이다. 만약 세 번째 레이어 '레이어1'을 삭제하고 싶다면 해당 레이어를 클릭하여 선택하여 오른쪽 마우스를 클릭하면 나타나는 '레이어 삭제' 메뉴를 선택하거나 레이어를 클릭한 상태에서 하단의 쓰레기통에 드래그하여 버리면 된다. 만약 문자를 이미 입력한 뒤에 해당 문자를 편집하고 싶다면 레이어 패널에서 T문자를 더블클릭하면 해당 문자를 편집할 수 있는 화면으로 전환된다.

맨하단의 배경 레이어의 자물쇠 표시는 편집할 수 없는 상태를 나타낸다. 자물쇠로 표시된 레이어를 편집하기 위해선 잠금을 해제해야 한다. 배경 레이어의 잠금 상태를 해제하기 위해선 배경레이어를 클릭하여 다른 이름으로 저장하면 된다. 패널에서 앞쪽의 눈의 모양은 해당 레이어를 볼 수 있는 상태를 나타내며 만약 숨기고 싶다면 마우스로 눈을 클릭하면 편집 상태화면에서 보이지 않게 된다. 불투명도는 0~100% 값으로 레이어의 투명도를 나타낸다. 불투명도가 0%가 된다면 해당 레이어는 보이지 않게 된다. 또한 링크 표시를 통하여 각 레이어는 연결시키거나 해제할 수 있으며 각 레이어에 블렌딩 메뉴를 통하여 혼합하거나 스타일을 적용시킬 수 있다.

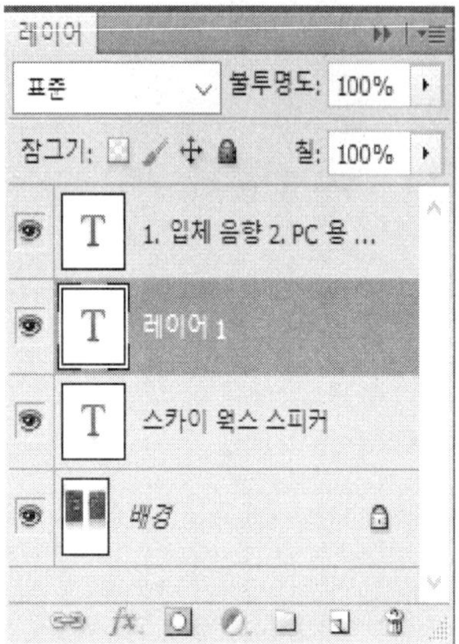

그림 2-27 레이어 삽입

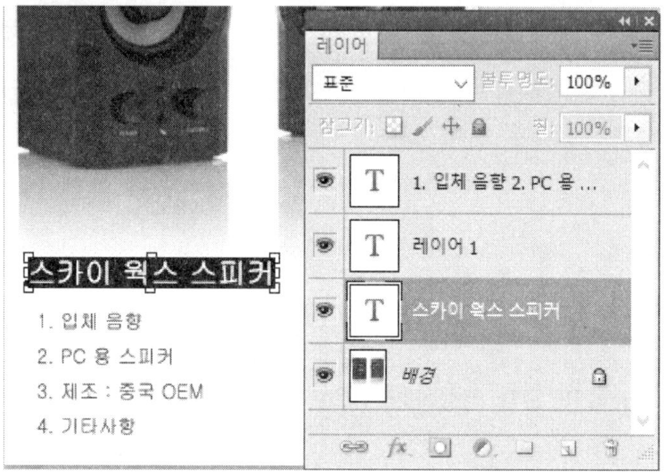

그림 2-28 문자 수정하기

상품 이미지에 다른 이미지를 혼합하는 방법에 대해 알아보자.
새로운 이미지를 열기(O)를 통하여 불러오면 포토샵의 편집 창에는 두 개의 이미지 창이 열린다. 불러온 이미지를 이전에 열려진 상품 이미지에 혼합하기 위해서 새로운 이미지를 전체선택(Ctrl+A)을 한 후 복사(Ctr+C)를 선택한다. 작업창에서 상품이지로 전환하기 위해서 다음 그림과 같이 작업창 상단의 탭을 클릭하면 상품이미지로 전환된다.

그림 2-29 문서 작업창 전환

복사된 이미지를 상품이미지에 붙여넣기 위하여 상품 이미지 창에서 Ctrl+V를 입력하면 복사된 이미지가 상품이미지에 삽입된다. 복사된 이미지의 크기를 조절하기 위해서는 편집(E)메뉴에서 자유변형(Ctrl+T) 메뉴를 클릭한다. 자유변형 툴을 선택하면 이미지의 모서리에 조절점이 생기게 되며 각 조절점을 마우스로 드래그하면 이미지의 크기나 방향을 변경할 수 있다. 상품이미지에 복사된 이미지를 원하는 크기로 변형을 하기 위해서 마우스로 조절점을 클릭한 채로 드래그하여 원하는 형태로 이미지 크기를 변형한다. 다음 그림과 같이 원하는 위치로 옮기기 위해서 변형된 이미지를 클릭한 채로 드래그하여 적당한 위치로 이동한다. 크기조절과 위치가 완성이 되었으면 반드시 엔터(Enter) 키를 눌러 종료해야 편집이 종료된다.

그림 2-30 이미지 합성하기

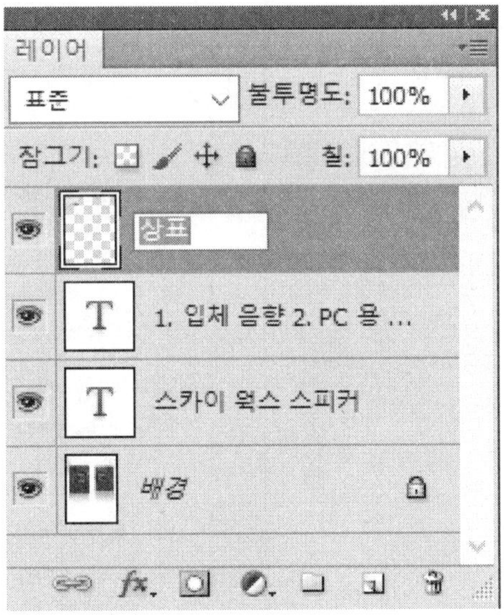

그림 2-31 이름 변경하기

앞서 두 이미지를 합성한 것은 특별한 점이 없는 단순한 이미지이다. 합성된 이미지에 스타일을 적용하여 광고 효과를 높일 수 있는 이미지로 편집해보자. 앞의 그림에서와 같이 현재 복사된 이미지의 이름을 '상표'로 변경해 보자. 해당 레이어의 이름을 변경하는 방법은 레이어의 레이블을 더블클릭하면 새로운 이름으로 변경할 수 있다. 레이어의 이름을 변경한 후에 해당 레이어에 스타일을 적용하기 위해서 레이어 패널 하단의 *fx*를 클릭하면 다음 그림과 같은 레이어 스타일 창이 생성된다. 각 스타일에 대한 내용은 차후 살펴보기로 하고 현재 레이어의 이미지를 다소 돌출된 효과를 주기 위해서 경사와 엠보스를 클릭한다. 경사와 엠보스는 윤곽선과 텍스쳐를 통해 이미지에 입체 스타일을 적용하는 것으로 경사와 구조 그리고 음영처리의 세부 옵션이 있다. 경사와 엠보스에서 구조의 스타일 기법 그리고 크기 등을 적절하게 선택한다. 음영 처리는 미리보기에 나타난 것처럼 그림자의 각도와 위치 그리고 음영정도를 표현한다.

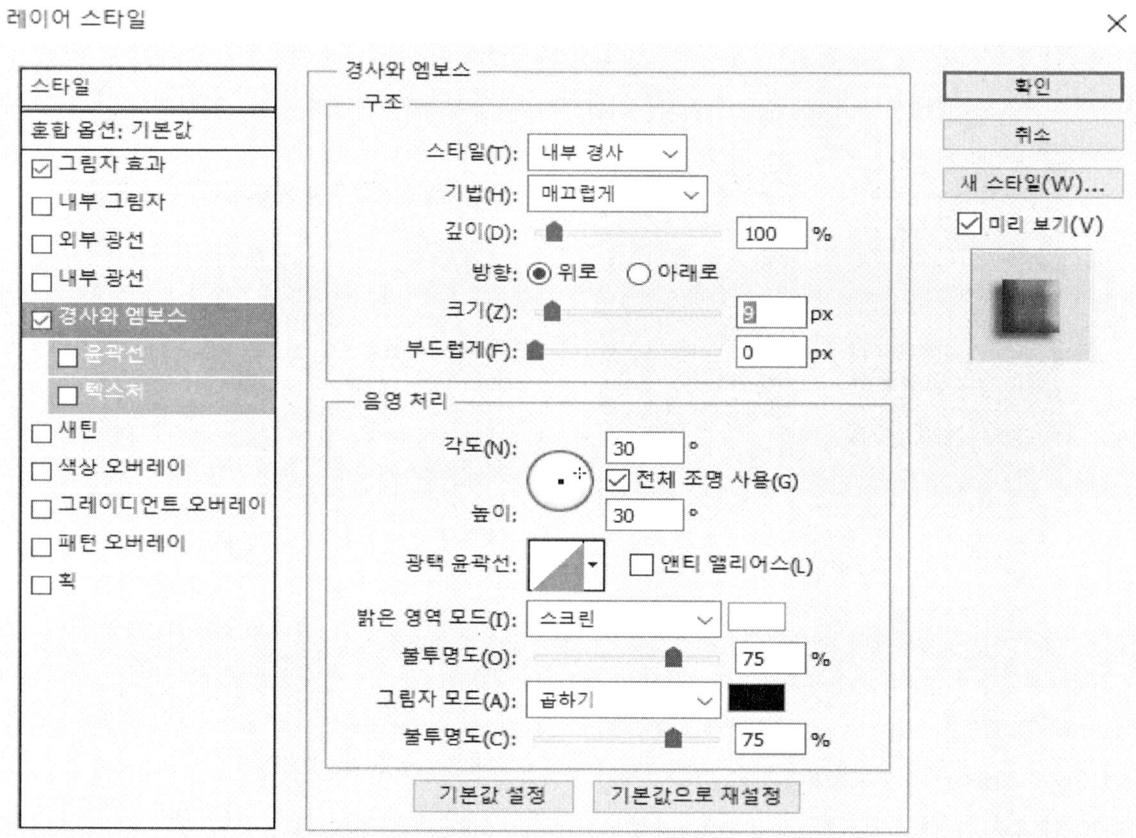

그림 2-32 스타일적용하기

경사와 엠보스를 설정하였다면 이미지에 테두리 스타일을 적용해보자. 스타일 맨 하단의 획을 클릭하면 하단의 그림과 같이 경사와 엠보스 옵션에서 이미지의 테두리를 적용할 수 있는 옵션 화면으로 변경된다.

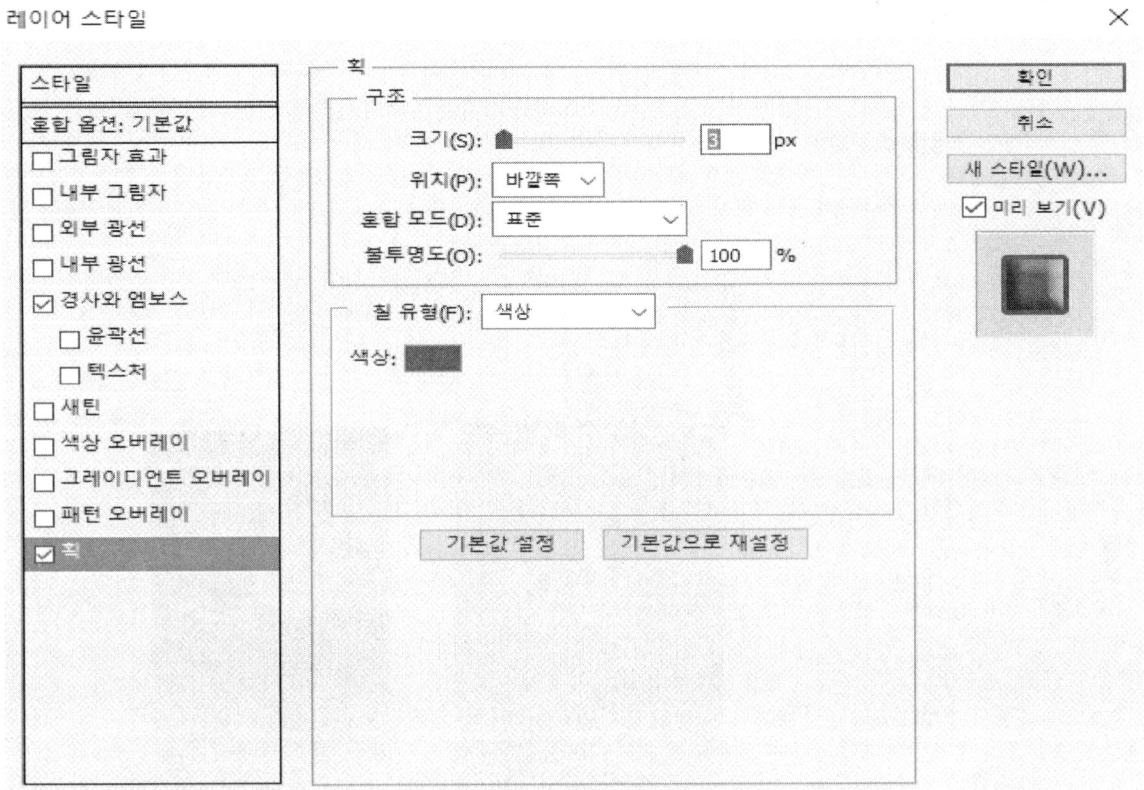

그림 2-33 획 스타일 적용하기

획의 옵션으로는 구조와 칠 유형이 있으며 구조의 옵션으로는 크기, 위치, 혼합 모드와 불투명도 그리고 칠 유형으로는 색상이 있다. 크기는 테두리의 굵기를 나타내며 위치는 테두리를 바깥쪽, 내부 혹은 중앙으로 나타낼 것인지를 선택한다. 혼합 모드는 현재 이미지와 혼합되는 방법을 나타내는 것으로 드롭다운 메뉴를 클릭하면 20여가지의 세부 메뉴가 나타난다. 일단 표준으로 선택한 후 마지막으로 불투명도 테두리의 투명도를 나타내는 것으로 불투명도 0%면 테두리는 투명하게 처리되어 보이지 않는다. 불투명도 값이 커질수록 테두리는 선명하게 나타난다.

두 번째 옵션으로는 칠 유형과 색상이 있다. 칠 유형으로는 색상, 그라디언트 그리고 패턴이 있다. 그라디언트는 단색이 아니라 혼합색상으로 표현하는 것을 말하며 패턴은 저장된 형태의 특정형태로 표현하는 것을 의미한다. 마지막으로 색상은 테두리의 색상을 지정한다. 아래 화면과 같이 옵션을 선택하고 확인을 클릭하게 되면 아래 그림과 같이 스타일 적용되어 상품이미지에 표현된 것을 볼 수 있다.

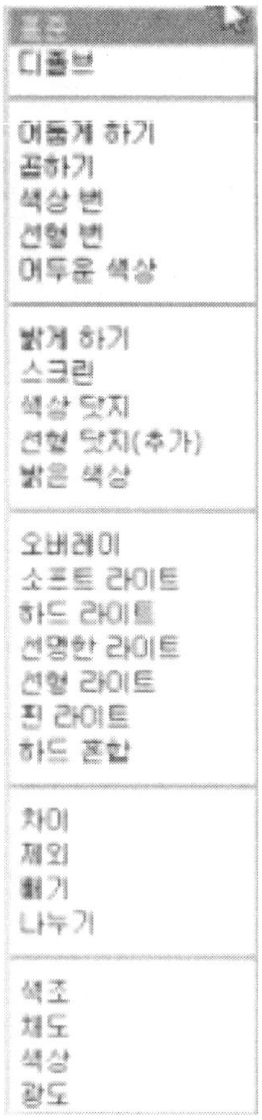

그림 2-34 스타일 적용 결과

다음으로 "히트상품" 이란 문자를 상품이미지에 삽입하고 스타일을 적용하여 이미지를 편집해 보자.

문자를 입력하기 위하여 도구상자에서 T를 선택한 후 "돋움체", 글씨 크기 30pt, 붉은 색상으로 선택한 후 "히트 상품" 문자를 입력하여 이미지의 상단에 배치한다.

그림 2-35 문자 뒤틀기

문자에 휨 효과를 주기 위하여 문자 옵션에서 색상옵션 옆의 텍스트 뒤틀기를 선택하면 다음 그림과 같이 다양한 문자 뒤틀기 옵션 창이 나타난다.
텍스트 뒤틀기는 문자 스타일, 구부리기, 가로왜곡 그리고 세로 왜곡의 세부 옵션이 있다. 문자의 세부 스타일 옵션으로는 부채꼴, 아래부채꼴, 위 부채꼴, 아칠, 돌출, 아래가 낮은 조개, 위가 낮은 조개. 갯벌, 하강, 물고기, 상승, 어안 부풀리가 양쪽누르기 비틀기가 있다.

우선 부채꼴 모양으로 문자를 뒤틀기 위하여 스타일을 부채꼴을 선택한다. 구부리기 옵션에서는 가로(H)방향의 부채꼴, 세로(V) 부채꼴이 있다. 여기서 가로 방향을 선택한다. 다음으로 문자의 휨 정도를 나타내는 구부리기(B) 조절창을 마우스로 클릭하여 30%를 선택한다. 구부리기는 - 값에서 +값의 영역으로 되어 있는데 -가 되면 오목한 모양으로 변화되고 + 값을 부여하면 그림과 같이 볼록한 "히트상품" 문자가 뒤틀려서 나타난다.

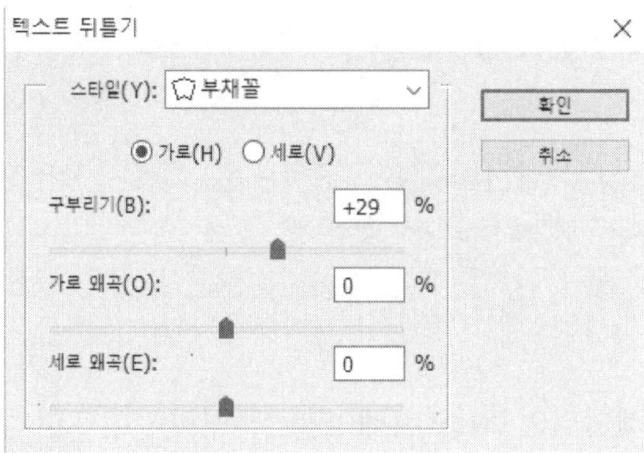

그림 2-36 텍스트 뒤틀기 옵션

그림 2-37 문자 뒤틀기 적용 결과

다음으로 부채꼴 모양의 "히트 상품" 문자에 레이어 스타일을 적용해 보자. 해당 레이어를 선택한 후 f*x*를 클릭한다. 먼저 그림자 효과 레이어스타일을 적용해 보자. 그림자 효과를 선택하면 다음 그림에서와 같이 그림자 효과와 관련된 구조와 품질 옵션이 나타난다. 먼저 혼합 모드로서 두 이미지의 픽셀을 곱하는 효과를 선택하자. 불투명도는 이미지의 투명정도로서 75%를 선택하고 각도는 그림자가 생기는 방향으로 30도를 선택한다. 만약 다른 방향으로 그림자가 생기도록 하기 위해선 마우스를 클릭한 채로 원안의 막대를 드래그하거나 키보드로 값을 입력하면 된다. 거리와 스프레드 그리고 크기는 각각 그림자의 위치와 퍼짐정도를 의미한다.

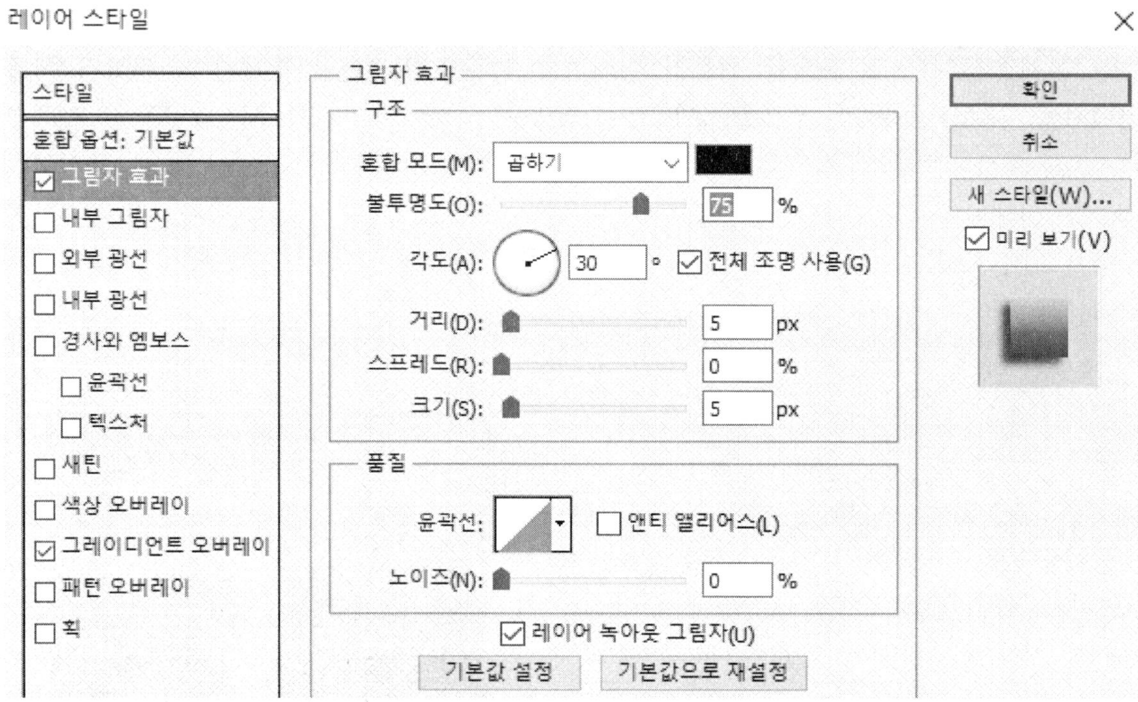

그림 2-38 그림자 효과

그림자 스타일을 적용하였다면 하단의 그레이디언트 오버레이를 클릭하자. 그라디언트 오버레이란 두가지 이상의 색상으로 표현되는 것을 의미한다. 옵션에서 혼합모드를 표준으로 선택한 후 불투명도를 100%로 선택한다. 원하는 색상들을 적용하기 위해서 그레이디어트의 이미지 부분을 더블 클릭하면 다음의 그림과 같이 그레디언트 편집기가 나타난다. 스타일의 형태로는 선형, 원형, 다이아몬드형 등 그라디언트가 적용되는 형태를 선택할 수 있다. 각도의 옵션은 그레이디언트가 적용되는 방향을 나타내며 마우스나 키보드로 조절할 수 있다.

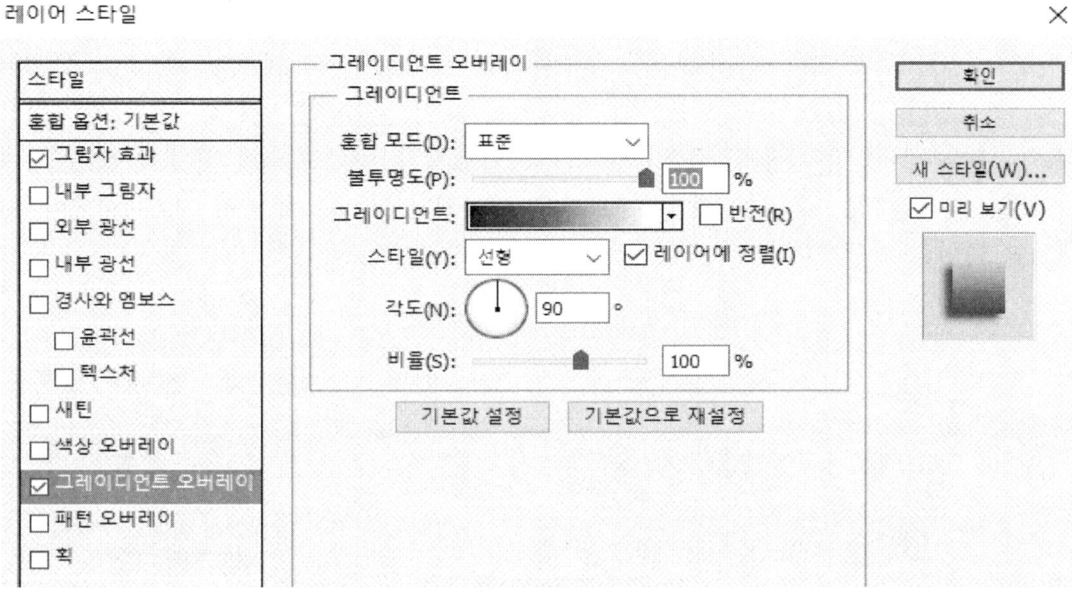

그림 2-39 그레이디언트 오버레이

그레이디언트 편집기는 사전 설정된 방법을 이용하는 방법과 사용자가 색상을 선택하여 만드는 방법이 있다.

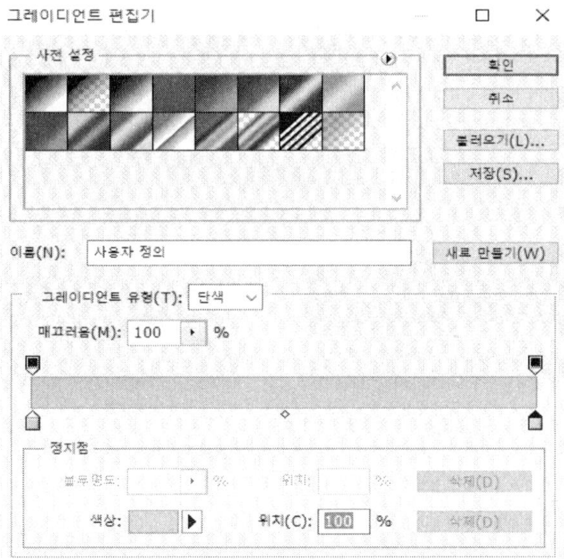

그림 2-40 그레이디언트 편집기

사용자 설정으로 색상을 변경하기 위해선 아래 그림에서와 같이 왼쪽의 사각형(정지점)을 마우스로 더블 클릭하면 색상 선택 창이 나타나고 여기서 원하는 색상을 선택하면 색상이 변경된다. 마찬가지로 오른편의 사각형을 더블클릭하면 변화된 색상으로 적용할 수 있다. 만약 두가지 이상의 색상으로 그레디언트를 나타내고 싶다면 마우스로 정지점 사이의 한 지점을 클릭하면 새로운 정지점이 생성된다. 그레디언트의 색상 선택이 완료되었으면 확인을 클릭한다.

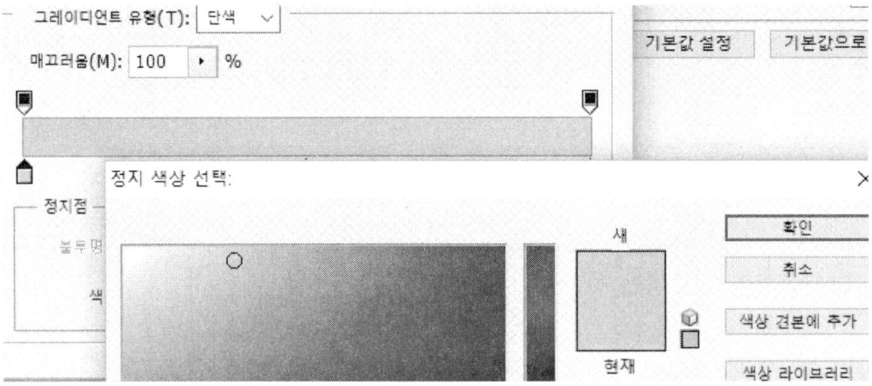

그림 2-41 그레이디언트 편집기 사용법

다음 그림은 "히트효과"문자에 문자 뒤틀기, 그림자 효과 그리고 그레디언트가 적용된 이미지를 나타낸 것이다.

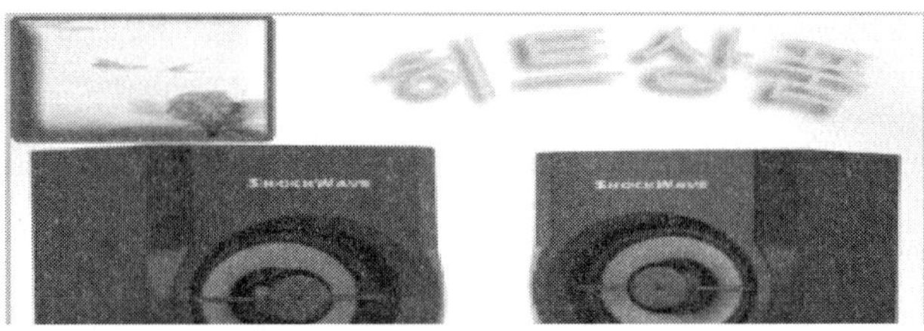

그림 2-42 다중 스타일 적용 결과

3. 쇼핑몰 창업 준비

3.1 사업자 등록

쇼핑몰을 운영하기 위해선 사업자 등록 신고를 해야 한다. 사업자 등록을 하는 근본적인 이유는 국내든 해외든 영리적인 사업을 통하여 수익을 얻게 되면 반드시 세금을 내야하기 때문이다. 사업자 등록은 관할 세무서에 사업자 등록 신청을 하면 된다. 사업자 등록 신청절차에 대해 알아보자.

1) 사업자등록 신청

1. 사업자등록 신청 절차(부가가치세법 제8조)
사업자등록은 사업장마다 하여야 한다.
("사업자단위과세자"가 아닌 경우는) 사업장이 여럿이면 각각의 사업장마다 별도로 사업자등록을 하여야 한다.

2. 사업개시 전 또는 사업을 시작한 날로부터 20일 이내에 구비서류를 갖추어 관할세무서 또는 가까운 세무서 민원봉사실에 신청하여야 한다.
사업자등록신청서는 사업자 본인이 자필로 서명하여야 한다.
대리인이 신청할 경우 대리인과 위임자의 신분증을 필히 지참하여야 하며 사업자등록신청서에 사업자 본인 및 대리인 모두 인적사항을 기재하고 자필 서명하여야 한다.
2인 이상의 사업자가 공동사업을 하는 경우 사업자등록신청은 공동사업자 중 1인을 대표자로 하여 대표자 명의로 신청해야 한다.

3. 홈택스에 가입되어 있고 공인인증서가 있으면 세무서에 방문하지 않고 인터넷을 통하여 사업자등록 신청 및 구비서류
전자제출이 가능하며 사업자등록이 완료되면 사업자등록증 발급도 가능함
(참조: “홈택스(https://www.hometax.go.kr)>신청/제출>사업자등록신청/정정 등”)

2) 간이과세자와 일반과세자의 구분

1. 개인사업자는 공급대가에 따라 간이과세자와 일반과세자로 구분되므로 자기에게 맞

는 올바른 과세유형을 선택하여야 한다.

간이과세자: 연간 공급대가 예상액이 4,800만원 미만인 개인사업자
국세청장이 정한 간이과세 배제기준에 해당되는 사업자
현재 일반과세자로 사업을 하고 있는 자가 새로이 사업자등록을 낸 경우 (다만, 개인택시, 용달, 이·미용업은 간이과세 적용 가능)

일반과세자: 간이과세자 이외의 개인 과세사업자

2. 간이과세 적용신고는 사업자등록신청서의 해당란에 표시하면 된다.

- 사업자등록 신청시 제출서류

1. 사업자등록신청서
2. 임대차계약서 사본(사업장을 임차한 경우)
 * 단, 전대차계약인 경우는 "전대차계약서 사본"
3. 허가(등록, 신고)증 사본(해당 사업자)
- 허가(등록, 신고) 전에 등록하는 경우 허가(등록)신청서 등 사본 또는 사업계획서
4. 동업계약서(공동사업자인 경우)
5. 자금출처 명세서
(금지금 도、소매업, 액체연료 및 관련제품 도매업, 기체연료 및 관련제품 도매업, 차량용 주유소 운영업, 차량용 가스 충전업, 가정용 액체연료 소매업, 가정용 가스연료 소매업, 재생용 재료 수집 및 판매업, 과세유흥장소 영위자)
6. 재외국민、 외국인 등의 경우
- 재외국민등록부등본, 외국인등록증(또는 여권) 사본
- 국내에 통상적으로 주재하지 않는 경우 : 납세관리인 설정 신고서

3.2 통신판매업 신고(전문 발췌)

통신판매 신고와 관련된 아래의 글은 가비아 회사의
https://firstmall.kr/ec_hosting/education 사이트에서 전문 발췌하였다.

통신판매업이란 인터넷(전기통신매체), 신문, 잡지등의 매체를 통하여 광고를 하고 상품 및 용역을 제공하는 것을 말하며, 통신판매업을 하는 자는 "전자상거래 등에서의 소비자 보호에 관한 법률" 제12조 제1항 및 동법 시행령 제40조 제1항의 규정에 의거 '관할 시, 군, 구청 지역경제과'에서 '통신판매업신고'(영업허가증)를 해야 한다.

1) '통신판매업신고'를 하지 않은 경우에는?

- 영업정지 15일 이상 및 최고 1천만원 이하의 과태료가 부가된다.
- 공정거래 위원회로부터 시정조치, 영업정지 등의 행정처분에 처해질 수 있다.

2) '통신판매업신고'에 소요되는 비용

- 신청시 수수료는 없으나, 연 1회 45,000원의 면허세가 부가된다.
- 면허세는 지방세법 제164조에 의거 지방자치단체에 따라 차이가 있다.

전자상거래의 발달로 통신판매업이 급증함에 따라 통신판매 영업을 하기 위해서는 공정거래위원회가 재정한 "방문판매에 관한 법률" 규정에 의거, 관할시에 통신판매업신고를 해야 한다. 또한 전송이라는 기본적인 통신서비스에 향상된 부가가치의 통신서비스를 제공하는 부가통신 사업의 경우 전기통신사업법 제21조에 의거하여 신고자의 관할 체신청장에게 신고해야 한다.

• 통신판매업 신고

통신판매 영업을 하기 위해서는 통신 판매업 신고가 꼭 필요하며, 신고 후 영업중인 업체가 주소지 이전 등의 신고사항이 변경되었을 때는 변경한 날로부터 10일 이내에 신고해야 한다.

통신판매신고를 하지 않고 온라인 쇼핑몰을 운영하는 경우가 많고, 이로 인한 소비자 피해가 우려됨에 따라 신고사항이며 위반 시에는 5백만원 이하의 과태료와 공정거래위원회의 시정조치 또는 영업정지 처분을 받게 된다.

[구비서류]

- 통신판매업 신고서 1부 (신고처에 비치) : 통신판매업 신고서

- 신청비용 (45,000원)
- 사업자등록증 사본1부

(사업자등록이 없으면 통신판매신고를 먼저 하면 된다. 서울, 대구, 부산의 경우 통신판매신고를 먼저 한다. 사업자등록 시에 통신판매업 신고번호를 물어보는 경우가 종종 있다.)

- 도장 (대표자 도장 또는 법인 인감도장)

[신고처]

서울의 경우 쇼핑몰사업지 소재관할 구청 지역경제과 타 지역의 경우 쇼핑몰사업지 소재관할 시청(도청) 지역경제과

[주의사항]

통신 판매업 신고시 쇼핑몰 서버 소재지를 기입하여야 한다. 가비아 빌트인몰 서비스 이용중일 경우는 "서울시 서초구 서초동 1423-1번지 KIDC빌딩 (주)가비아"로 주소를 기재하고 퍼스트몰, 가비아무료몰 이용시 "서울시 금천구 가산동 533-2 롯데센터 4층 KINX"로 입력하면 된다.

• 부가통신 사업자 신고

부가통신 사업이란, 전송이라는 기본적인 통신서비스에 컴퓨터의 기능을 결합하여 회선변환, 부호변환, 통신속도 변환, 정보의 축적, 전송, 매체변환, 계산처리, 데이터베이스의 제공 등 향상된 부가가치의 통신서비스를 제공하는 것을 의미한다.

부가통신사업을 경영하고자 하는 자는 전기통신사업법 제21조에 의거하여 신고자의 관할 체신청장에게 신고해야 한다.

[구비서류]

- 부가통신사업 신고서 1부 : 부가통신사업 신고서
- 사업계획서 1부
- 법인등기부 등본(법인의 경우)
- 사업용 주요설비의 내역·설치장소 및 통신망구성도 각 1부
- 이용자의 정보에 관한 보호대책(물리적 정보보호대책, 개인정보보호대책) 1부

3.3 부가가치세(참조 : 국세청)

부가가치세란 상품(재화)의 거래나 서비스(용역)의 제공과정에서 얻어지는 부가가치(이윤)에 대하여 과세하는 세금이며, 사업자가 납부하는 부가가치세는 매출세액에서 매입세액을 차감하여 계산한다.

부가가치세 = 매출세액 - 매입세액

부가가치세는 물건 값에 포함되어 있기 때문에 실지로는 최종소비자가 부담하는 것으로 최종소비자가 부담한 부가가치세를 사업자가 세무서에 납부하는 것이다. 그러므로 부가가치세 과세대상 사업자는 상품을 판매하거나 서비스를 제공할 때 거래금액에 일정금액의 부가가치세를 징수하여 납부해야 한다.

[과세기간 및 신고납부]

부가가치세는 6개월을 과세기간으로 하여 신고·납부하게 되며 각 과세기간을 다시 3개월로 나누어 중간에 예정신고기간을 두고 있다.

과세기간	과세대상기간		신고납부기간	신고대상자
제1기 1.1~6.30	예정신고	1.1~3.31	4.1~4.25	법인사업자
	확정신고	1.1~6.30	7.1~7.25	법인·개인일반 사업자
제2기 7.1~12.31	예정신고	7.1~9.30	10.1~10.25	법인사업자
	확정신고	7.1~12.31	다음해 1.1~1.25	법인·개인일반 사업자

그림 3-1 과세기간과 납부기간

※ 일반적인 경우 법인사업자는 1년에 4회, 개인사업자는 2회 신고
- 개인사업자 (일반과세자) 중 사업부진자, 조기 환급발생자는 예정신고와 예정 고지세액 납부 중 하나를 선택하여 신고 또는 납부할 수 있다.
- 개인 간이과세자는 1년을 과세기간으로 하여 신고.납부한다.

[부가가치세 사업자 구분]

구 분	기준금액	세액 계산
일반과세자	1년간의 매출액 4,800만원 이상	매출세액(매출액의 10%) - 매입세액(매입액의 10%) = 납부세액
간이과세자	1년간의 매출액 4,800만원 미만	(매출액×업종별 부가가치율×10%) - 공제세액 = 납부세액 ※ 공제세액 = 세금계산서에 기재된 매입세액 × 해당업종의 부가가치율

그림 3-2 부가가치세 사업자 구분

3.4 쇼핑몰 사이트 선정하기

국내에서 쇼핑몰 호스팅 업체는 상당히 많이 있다. 대표적인 업체로 카페 24, 고도몰, 가비아 등이 있다. 각 쇼핑몰 호스팅 업체에서 제공하는 서비스와 사용법은 유사한 점이 많으므로 한 사이트를 선정하여 체험해 보면 다른 쇼핑몰 운영에도 크게 문제없을 것이다.
카페24의 경우 국내/해외 온라인 쇼핑몰 제작부터 마케팅까지 원스톱(OneStop) 지원을 특징으로 하고 있다.(http://echosting.cafe24.com)
고도몰의 경우 NHN에서 운영하는 쇼핑몰 호스팅 업체로서 다양한 서비스를 지원하며 회원의 수가 점차 증가 추세에 있다.(http://www.godo.co.kr)
가비아 호스팅 업체는 퍼스트몰(firstmall) 호스팅으로 쇼핑몰 운영을 위한 매뉴얼과 동영상 교육 등이 잘 이루어져 있다.(http://www.gabia.com)
각 쇼핑몰 업체들은 단순히 쇼핑몰 호스팅만 제공하는 것이 아니라 온-오프라인의 창업, 쇼핑몰 교육센터에서 교육을 제공하고 있다. 강좌에 따라 무료와 유료가 있지만 창업을 준비하는 사용자의 입장에선 매우 유용할 것이다. 각자 자신에게 적합한 사이트를 선정하여 각 회사에서 제공하는 서비스를 이용하여 쇼핑몰을 구축하고 운영한다면 큰 어려움은 없을 것이라 생각된다. 최근 쇼핑몰의 급격한 증가 추세로 인하여 각 회사는 회원의 확보를 위해 다양한 서비스를 비교적 저렴한 가격으로 제공하고 있다.
본 교재에서는 쇼핑몰 운영과 구축을 위해 교육적 자료가 풍부한 가비아 회사의 퍼스트쇼핑몰을 통하여 설명하고자 한다. 회원가입부터 쇼핑몰 운영까지의 과정을 천천히 학습하다 보면 쇼핑몰 전문가가 되리라 믿어 의심하지 않는다.

4. 쇼핑몰 신청

4.1 회원가입 절차

가비아(gabia) 회사를 통해 쇼핑몰을 구축하기 위해선 두 가지 절차를 밟아야 한다. 먼저 가비아의 회원으로 등록해야 한다. 등록한 후 쇼핑몰을 신청을 하면 쇼핑몰 구축을 위한 관리자 권한을 이용하여 쇼핑몰을 구축하고 운영하게 된다. 먼저 가비아 사이트에 회원 등록 절차에 대해 알아보자.

1) https://www.gabia.com에 방문하면 그림 4-1과 같은 화면을 볼 수 있다.

그림 4-1 가비아 초기화면

가비아의 메뉴 상단을 보면 도메인과 호스팅 그리고 쇼핑몰 메뉴를 볼 수 있다. 회원으로 등록되어 있다면 로그인을 통해 관련 메뉴를 실행하면 되지만 처음 시작한다면 쇼핑몰을 신청하기 위해서 먼저 회원가입을 해야 한다. 회원가입을 클릭하면 그림 4-2와 같이 회원가입화면이 나타난다. 아이디와 비밀번호 이메일 그리고 휴대전화번호를 입력하자. 이메일과 휴대전화번호는 정확히 입력해야 한다. 본인임을 인증하기 위해서 해당 전화번호로 인증번호가 전송되기 때문이다. 간단한 인증절차를 마무리 하면 쇼핑몰 신청자격이 된다. 회원 가입 후 가입된 아이디와 비밀번호로 로그인을 하고 쇼핑몰 메뉴를 클릭한다.

그림 4-2 회원가입 화면

2) 쇼핑몰을 클릭하면 그림 4-3와 같이 Firstmall의 쇼핑몰 관련 화면이 나온다. 오픈마켓은 G마켓, 11번가 등에 상품 또는 티켓을 판매하기 위한 메뉴이며 O2O는 온라인에서가 아니라 오프라인에서의 홍보 및 관리를 할 수 있는 메뉴이다. 스마트 폰뿐만 아니라 재고관리, 교육 등과 관련된 메뉴로 구성되어 있다.

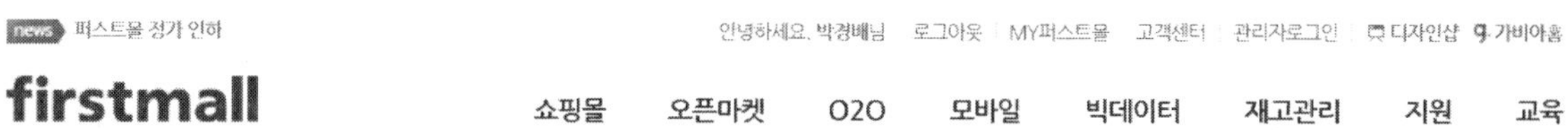

그림 4-3 Firstmall 쇼핑몰

화면에서 쇼핑몰 메뉴를 클릭하면 그림 4-4와 같이 독립몰Plus , 프리미엄몰Plus 그리고 무료몰 Plus 메뉴를 볼 수 있다. 오른편의 무료Plus 쇼핑몰 신청을 클릭해보자.

그림 4-4 무료몰Plus 메뉴

3) 쇼핑몰 신청을 하게 되면 쇼핑몰 유형중 그림 4-5와 같이 무료물 서비스를 선택한다. 서비스와 최종 가격이 0원인 것을 확인한 후에는 쇼핑몰 관리를 위한 관리정보를 입력해야 한다.
임시 도메인으로 자신이 원하는 이름으로 입력하면 된다.
예) http://skysamsung.firtmall.kr

임시도메인을 설정하였으면 회원가입의 로그인 정보와 다른 대표관리자의 ID를 입력하고 휴대번호와 이메일 주소를 입력한다.

그림 4-5 서비스 선택

그림 4-6에서 임시 도메인은 http://임시도메인앞자리.firstmall.kr로 되어 있다. 이후 하단의 개인정보와 약관에 동의하고 신청하기 버튼을 누르면 그림 4-7과 같이 신청완료 화면을 볼 수 있다.

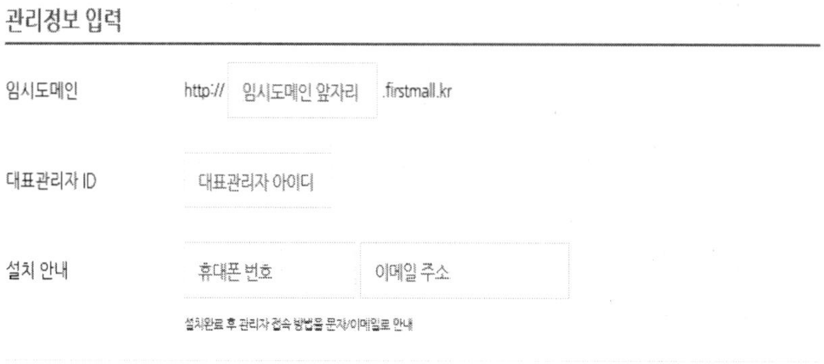

그림 4-6 관리자 정보 입력

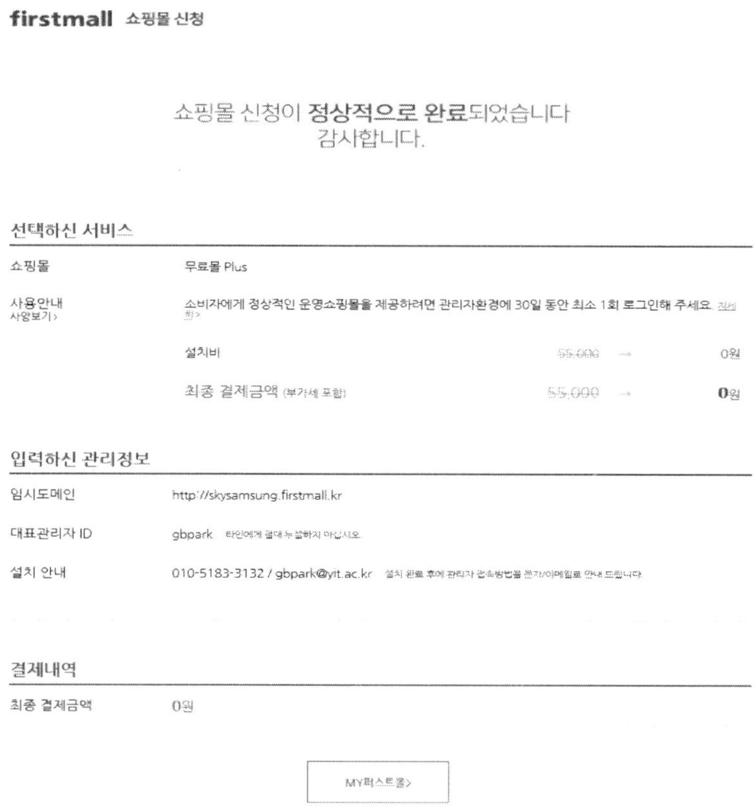

그림 4-7 신청완료 화면

4) 쇼핑몰 신청이 완료되면 쇼핑몰을 운영관리하기 위하여 관리자 모드로 로그인해야 한다. 관리자 모드로 전환하기 위해선 그림 4-8의 화면에서 MY퍼스트몰을 클릭한다.

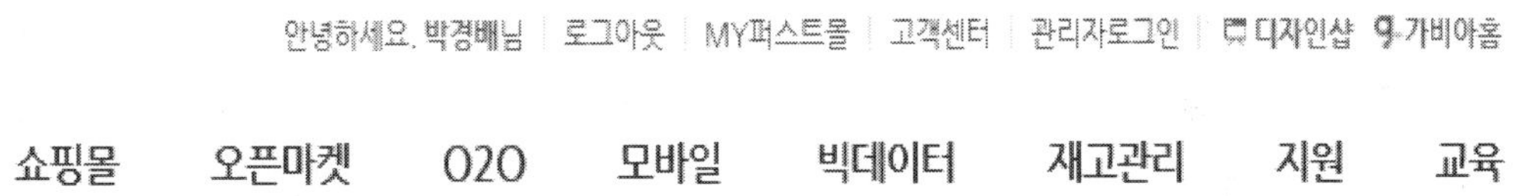

그림 4-8 MY퍼스트몰 화면

MY퍼스트몰의 화면은 쇼핑몰, 호스팅, 부가서비스 메뉴로 이루어져 있다. 쇼핑몰을 신청한지 얼마 되지 않았다면 그림 4-9와 같이 설치대기중이란 화면을 볼 수 있다. 이것은 가비아에서 여러분의 쇼핑몰 프로그램을 설치하는 과정이라 생각하면 되고 24시간 이내에 서비스 화면으로 전환 될 것이다.

그림 4-9 설치대기

5) 쇼핑몰 대표자 인증

설치대기 화면에서 서비스화면으로 전환하였다면 그림 4-10과 같이 소유자, 대표자인증, 대표관리자 그리고 도메인을 볼 수 있다. 쇼핑몰을 시작하기 위해서는 반드시 대표자 인증을 해야 한다. 대표자 인증 버튼을 클릭하여 휴대전화를 통하여 인증을 받는다. 향후 쇼핑몰을 구축하고 관리를 위해선 대표관리자 항목의 오른쪽 메뉴에 있는 관리환경가기 버튼을 통하여 쇼핑몰 관리 모드로 전환하면 된다.

그림 4-10 인증과 관리환경

6) 호스팅과 FTP계정

그림 4-11과 같은 호스팅 화면에서는 현 무료쇼핑몰의 만기일을 알 수 있다. 명심해야 할 것은 30일 동안 쇼핑몰 관리자환경에 미 접속할 경우 쇼핑몰에 접속제한이 되며 60일 동안 접속하지 않는다면 모든 데이터가 삭제된다. 쇼핑몰의 데이터를 FTP접속을 통하여 송수신하는 것이 매우 효율적이기 때문에 반드시 FTP 정보를 클릭하여 계정과 비밀번호를 입력해둔 메일로 수신하고 기억해 두어야 한다. 관리자 환경을 이해하기 위해 관리환경으로 전환해 보자.

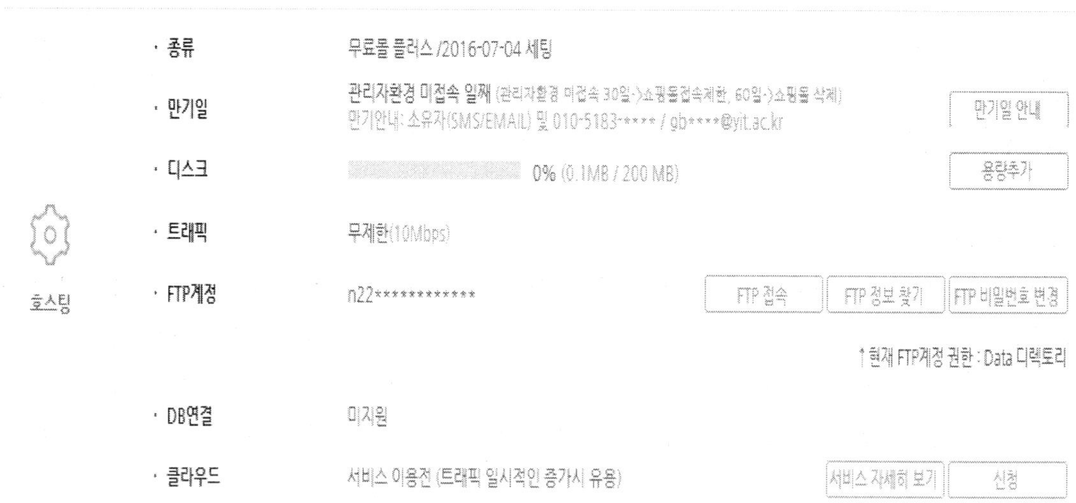

그림 4-11 호스팅 화면

4.2 관리자 모드와 FTP

쇼핑몰 운영과 관리를 위해서는 관리자 환경으로 전환해야 한다. 관리자 환경으로 전환하기 위해 그림4-12에서 관리자 환경가기 버튼을 클릭하면 그림 4-13처럼 본인 사이트의 쇼핑몰 관리화면으로 전환된다. 관리자모드는 설정을 통하여 쇼핑몰의 상품 등록 과정과 주문 또는 회원/관리까지 모든 것을 관리하는 기능을 제공한다. 관리자모드는 다음 장의 쇼핑몰 구축에서 다시한번 자세히 다룬다.

그림 4-12 관리환경가기

그림 4-13 관리자 모드

쇼핑몰을 효율적으로 운영하기 위해선 FTP(File Transfer Protocol) 프로그램을 활용하는 것이 효율적이다. FTP는 서버와 클라이언트 간에 파일을 전송하는 프로그램을 말한다. 여러분의 쇼핑몰은 자신의 컴퓨터에 있는 것이 아니라 가비아 서버에 있는 것이므로 여러분의 상품 이미지는 가비아의 서버로 전송되어야만 쇼핑몰 사이트에 상품 이미지들이 보이게 된다.

FTP 프로그램은 쇼핑몰에서 대량의 이미지나 동영상을 쇼핑몰 서버에 효과적으로 전송하는 역할을 한다. 현재 FTP 관리 프로그램은 여러 종류가 있지만 여기서는 파일질라(FileZilla) FTP 클라이언트 프로그램의 사용법에 대해 설명한다. 현재 자신의 컴퓨터에 파일질라 프로그램이 없다면 네이버와 같은 포탈사이트에서 파일질라를 검색하여 무료로 다운로드 받을 수 있다. 이번 장에서는 파일질라가 설치되어 있다는 가정하에 사용법만 간단하게 설명한다. 파일질라 프로그램을 실행하면 다음과 같은 화면을 볼 수 있으며 가비아의 파일서버에 접속하기 위해선 호스트 주소, 사용자명 그리고 비밀번호를 입력해야 한다. 호스트는 설정에서 보았던 FTP 사이트 이름을 기입하고 이와 관련한 아이디와 비밀번호를 입력하면 된다.

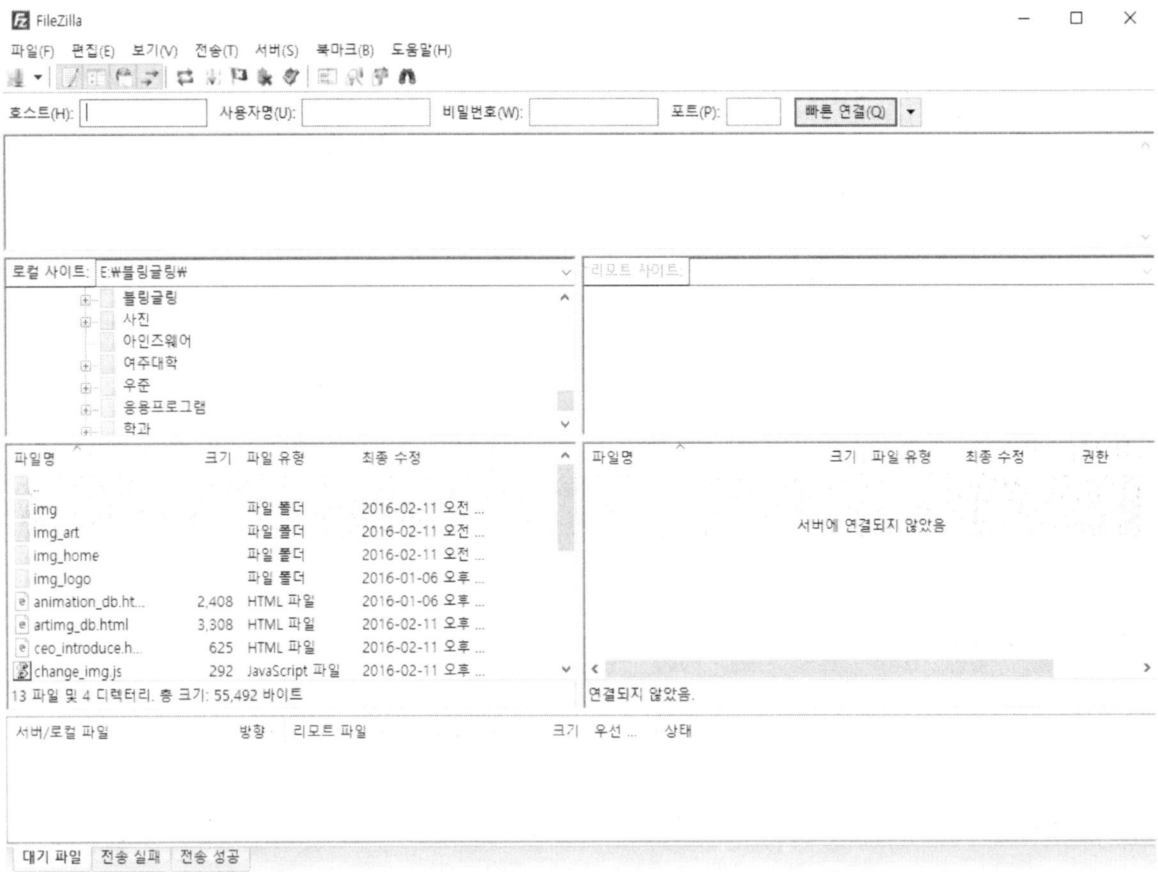

그림 4-14 FTP 전송 프로그램

만약 호스팅 정보를 모른다면 퍼스트몰의 호스팅 항목의 FTP 계정에서 FTP 정보 찾기를 클릭하면 관련 정보를 등록된 이메일 주소로 보내준다.

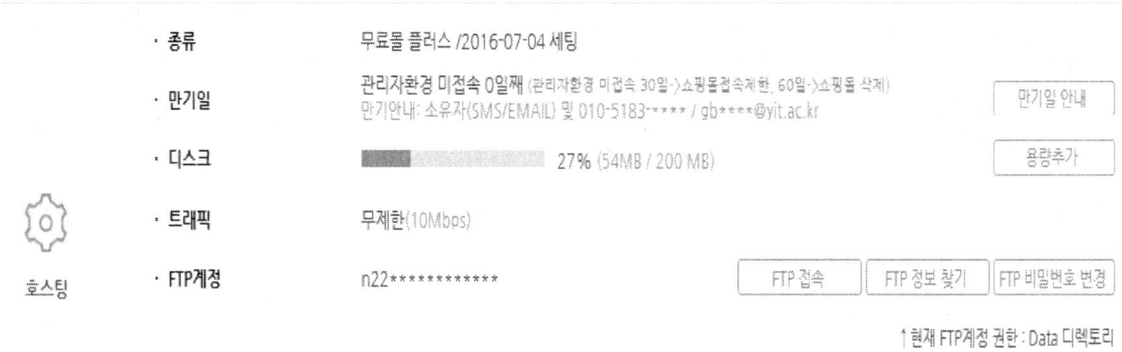

그림 4-15 호스팅-FTP 정보 찾기

다음 그림과 같이 호스팅 주소와 사용자 정보를 입력하고 빠른 연결을 누르면 서버 접속 과정이 나타나고 연결이 완료되면 오른쪽 창에 리모트 사이트의 파일 목록들이 나타난다.

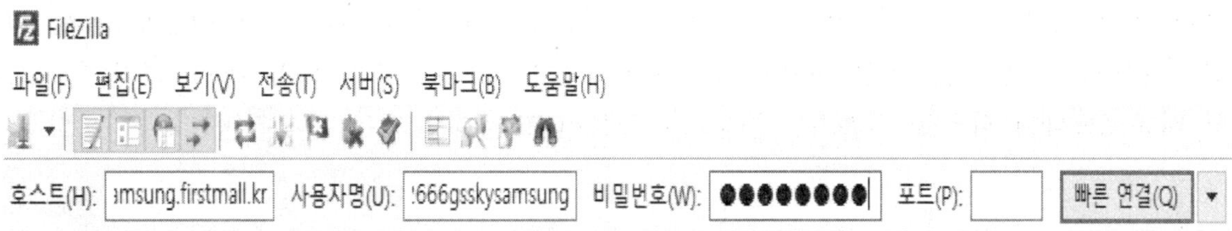

그림 4-16 파일질라 접속하기

왼쪽 화면은 여러분의 클라이언트 파일 목록이고 오른쪽 화면은 서버의 파일 목록이다. 여러분의 파일 디렉토리 구조와 서버의 디렉토리 구조는 다르므로 파일을 업로드하거나 다운로드할 때 주의를 해야 한다. 오른쪽 화면의 리모트사이트의 board 디렉토리를 클릭하면 board 디렉토리 안의 파일 구조를 볼 수 있다. 만약 이를 다운로드 받고 싶다면 오른쪽 마우스를 클릭한 후 다운로드 메뉴를 클릭하면 로컬사이트로 다운로드 받을 수 있다.

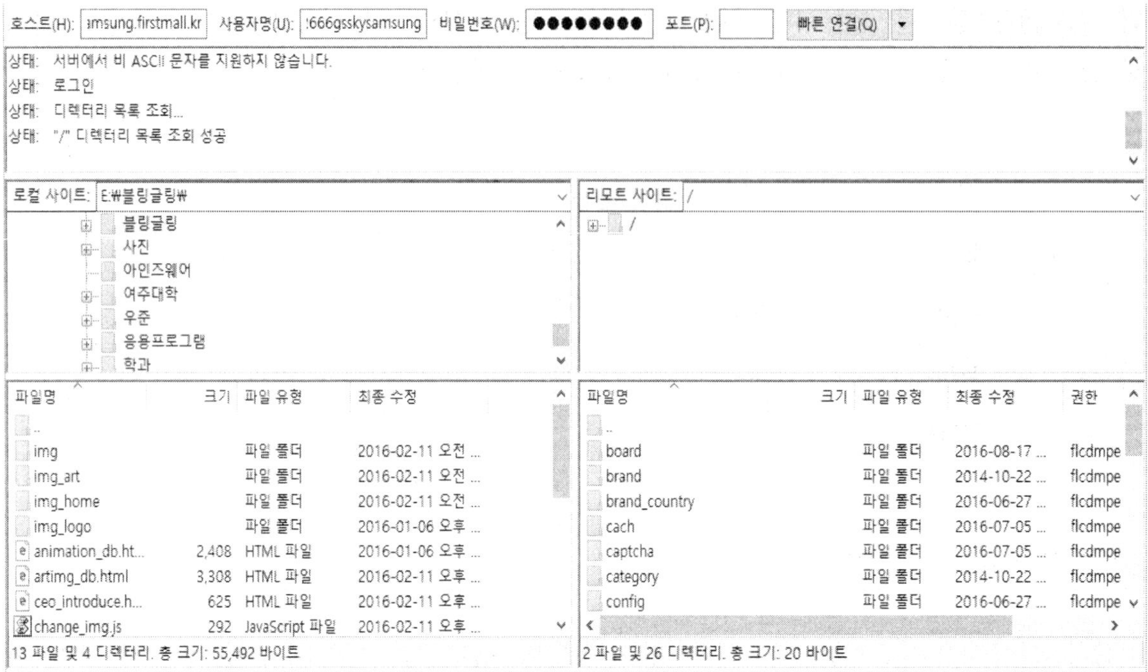

그림 4-15 쇼핑몰 서버 접속화면

유의할 사항으로는 왼편의 여러분 파일들을 서버로 올리는 과정을 업로드라 하고 서버로부터 클라이언트로 파일을 전송하는 과정을 다운로드라 한다. 업로드와 다운로드 시 파일의 디렉토리 위치를 항상 확인하기 바란다. 많은 실수가 디렉토리 확인 없이 업로드와 다운로드하여 파일을 전송하였음에도 파일들이 표시되지 않는 경우가 많다.

5. 쇼핑몰 설정

쇼핑몰을 관리하기 위해 관리자모드에서 우측 상단의 설정을 누르면 그림 5-1과 같은 17가지의 설정 메뉴를 볼 수 있다.

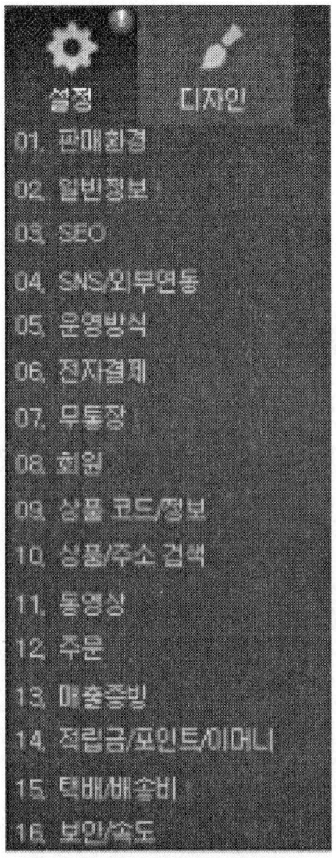

그림 5-1 설정메뉴

1. 판매환경: PC, 페이스북, 모바일 등의 판매환경 설정과 모바일/태블릿에서 구매 시 상품별 혜택 설정

2. 일반정보: 쇼핑몰의 도메인, 이름, 타이틀, 파비콘, 북마크 등의 기본정보와 회사명, 사업자 번호 등 사업자 정보를 입력할 수 있다.

3. SEO : 검색 엔진 최적화(Search Engine Optimization)로서 구글, 네이버, 다음 등의 검색 엔진이 해당 사이트에서 수집해 가는 정보를 최적화 하여 사이트의 방문율을 높일 수 있다.

4. SNS/외부연동: 페이스북, 트위터, 네이버와 같은 강력한 소셜네트워크에 연동기능과 무료 연동할 수 있도록 설정할 수 있다.

5. 운영방식: 일반쇼핑몰, 회원전용쇼핑몰, 성인 쇼핑몰 등 운영 방식을 선택할 수 있다.

6. 전자결제: 신용카드, 계좌이체, 가상계좌, 핸드폰, 에스크로 결제 그리고 카카오 페이 등 다양한 결제 수단을 이용할 수 있다.

7. 무통장: 쇼핑몰의 무통장 계좌와 반품 배송비 계좌를 추가하고 관리할 수 있다. 그리고 무통장 자동입금 서비스를 신청할 수 있다.

8. 회원: 본인확인, 약관/개인정보취급/로그인 및 회원가입,/정보찾기, 승인혜택, 등급,

등급별 구매혜택, 로그아웃/탈퇴/재가입 등 회원에 대한 관리를 설정 할 수 있다.

9. 상품 코드/정보: 주문에 대한 정보를 확인하기 위한 상품 코드/정보를 생성하고 관리할 수 있다. 상품 코드는 카테고리, 필수옵션, 추가옵션 뿐만 아니라 관리자가 추가로 정보를 추가할 수 있지만 무료몰에서는 지원되지 않는다.

10. 상품/주소 검색: 검색창에 특정 키워드를 노출하거나 원하는 페이지로 링크를 걸 수 있다.

11. 동영상: 동영상 서비스와 연동 할 수 있다. 동영상 서비스를 이용하면, 제품 정보, 상품후기, 회사 소개 등에서 효율적으로 상세한 안내를 할 수 있다.

12. 주문: 주문에 대한 처리를 설정하기 위하여 재고 운영방식, 장바구니 보존기간, 자동 주문무효, 재고차감 시점, 구매확정 등 주문과 관련된 부분을 설정할 수 있다.

13. 매출증빙: 전자세금계산서의 연동 정보를 입력할 수 있으며, 전자세금계산서, 현금영수증, 카드매출전표 발급에 대한 설정을 할 수 있다.

14. 적립금/포인트/이머니: 포인트/이머니에 대한 사용여부를 설정할 수 있으며, 주문시 적립금/포인트에 대한 지급, 유효기간, 그리고 사용한도 등을 설정할 수 있다

15. 택배/배송비: 국내배송과 해외배송에 대한 사용 설정과 배송수단별 배송비 정책을 설정할 수 있다.

16. 보안/속도: 보안서버 사용 설정, 특정 IP의 접속차단, 마우스 오른쪽 버튼/드래그&복사에 대한 사용 제한을 설정할 수 있다.

17. 관리자: 쇼핑몰 관리자에 대한 정보를 수정할 수 있으며, 부 관리자를 추가로 등록하고 권한을 제어할 수 있다.

5.1 판매환경 설정

판매환경 설정은 그림 5-2와 같이 PC, 페이스북, 모바일 등에서의 판매환경 설정과 모바일/태블릿에서 구매 시 상품별 혜택 등을 설정할 수 있다. 페이북 쇼핑몰을 운영하기 위해선 업그레이드가 필요하며 모바일/태블릿에서 구매시 상품별 혜택을 추가로 설정할 수 있다.

그림 5-2 판매환경 설정

페이머스(페이스북 쇼핑몰)를 PC와 노트북에서 사용하기 위해서는 설정을 버튼을 클릭하여 페이스북의 페이지 생성과 연결을 해야 한다.또한 고객이 모바일(스마트폰) 테블릿에서 구매할 경우 혜택을 주도록 설정할 수 있다. [+]를 클릭하면 추가혜택을 설정할 수 있고, [-]를 클릭하면 혜택을 삭제할 수 있다.

5.2 일반정보

일반정보는 기본정보와 사업자 정보로 나뉜다. 기본정보는 쇼핑몰 도메인, 이름, 분류, 파비콘, 즐겨찾기와 모바일 바탕화면 바로가기 정보를 입력할 수 있다.
예제로 그림 5-3과 같이 도메인은 정식 도메인과 임시로 나뉘는데 쇼핑몰 신청시 입력했던 skysamsung.firstmall.kr은 임시 도메인이 되며 현재 접속 가능한 연결된 도메인이 정식 도메인이 된다. 여기서는 도메인 정보만 입력하는 것이 실제 도메인 연결은 gabia.com의 [MY가비아]-[쇼핑몰관리]에서 설정해야 한다.

이름은 해당 쇼핑몰의 별명이라 생각하고 이름을 지어주며 입력한 쇼핑몰 이름은 고객에게 발송되는 SMS, 이메일 등의 보낸 사람으로 입력되어 전송된다.

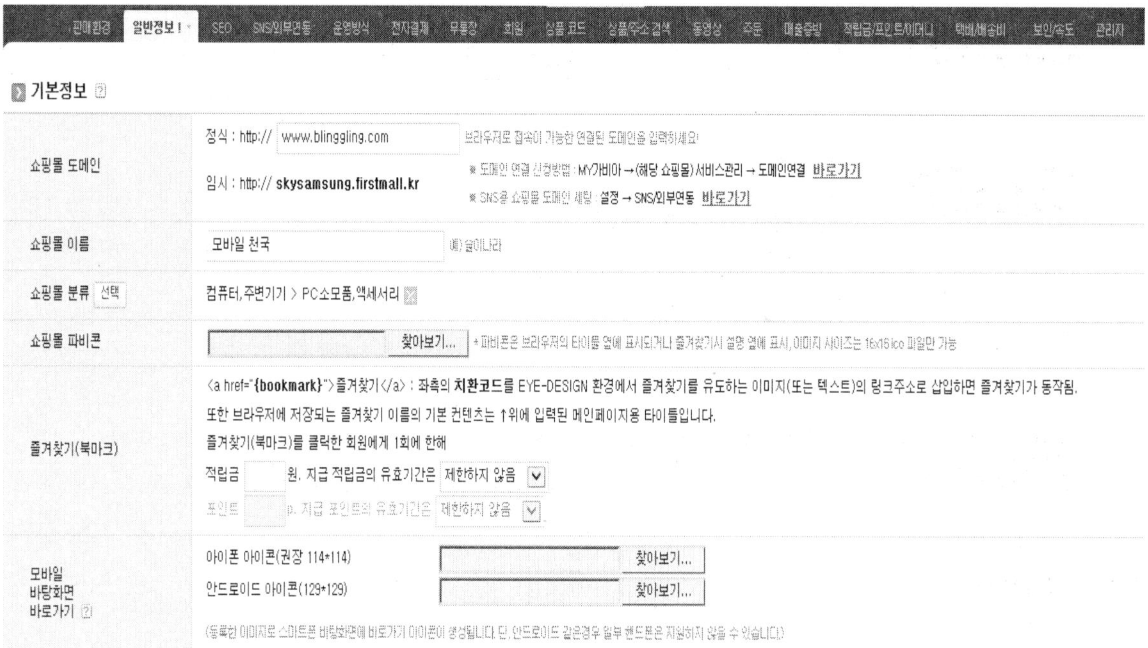

그림 5-3 기본정보

쇼핑몰 분류는 그림 5-4와 같이 해당 쇼핑몰을 1차와 2차로 분류해 준다.
파비콘(fabicon)은 주소 창에 표시되는 작은 아이콘인데 디자인이 있으면 파비콘의 파일 위치를 입력하면 된다. 첨부되는 파일은 16px×16px ICO파일만 가능하다.

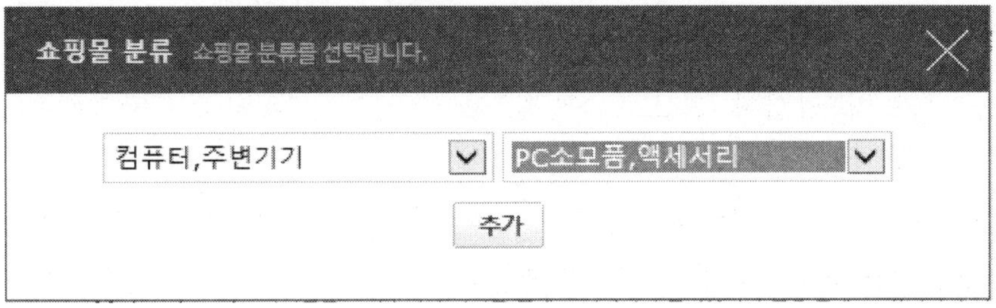

그림 5-4 쇼핑몰 분류

즐겨찾기(북마크)를 추가할 수 있으며, 즐겨찾기(북마크)한 고객에게 적립금, 포인트 등의 혜택을 제공할 수 있으며 스마트폰 바탕화면에서 쇼핑몰로 바로 접속할 수 있는 아이콘을 삽입할 수 있다.

사업자 정보는 상호명, 업태/종목, 사업자 번호 그리고 대표자 등으로 되어 있다. 사업자 정보는 그림 5-5와 같이 쇼핑몰 사이트의 맨 하단에 표시되는 정보로서 저작권과 고객에게 자동으로 발송되는 이메일의 발신 이메일, 세금계산서 정보 등에 사용된다.

그림 5-5 쇼핑몰 사이트의 사업자 정보

그림 5-6과 같이 상호명, 사업자 번호를 입력하였다면 쇼핑몰을 운영하기 위해선 세무서에서 발급 받은 사업자 번호를 입력해야 한다. 대표자 이름은 입력하고 반드시 대표자 인증을 해야 한다. 대표자 인증은 휴대전화를 통해 등록된 이름으로 인증 받을 수 있다. 인터넷을 통해 쇼핑몰을 운영하기 위해선 통신판매업 신고를 해야 하는데 아직 없다면 간이과세자로 등록하면 된다. 그리고 현 회사의 주소를 입력한다.

그림 5-6 사업자 정보

거래명세서와 견적서항목의 사용 항목에 체크하면 사용자 환경에서 쇼핑몰의 장바구니와 결제페이지에 노출되고, 거래내역서는 결제완료와 주문내역 페이지에 노출되어 고객이 출력할 수 있다.

마지막 메뉴인 네이버 지도를 연동하여 쇼핑몰에 지도를 표시할 수 있다. Client ID를 발급받은 후에 입력하면 된다. 지도 노출을 원하는 페이지 HTML소스에 치환코드를 삽입하면 네이버 지도가 노출된다.

5.3 검색 엔진 최적화(Search Engine Optimization)

SEO는 다음 그림과 같이 구글, 네이버, 다음 등의 검색 엔진이 해당 사이트에서 수집해가는 정보를 최적화 하여 사이트의 방문율을 높일 수 있는 항목이다.

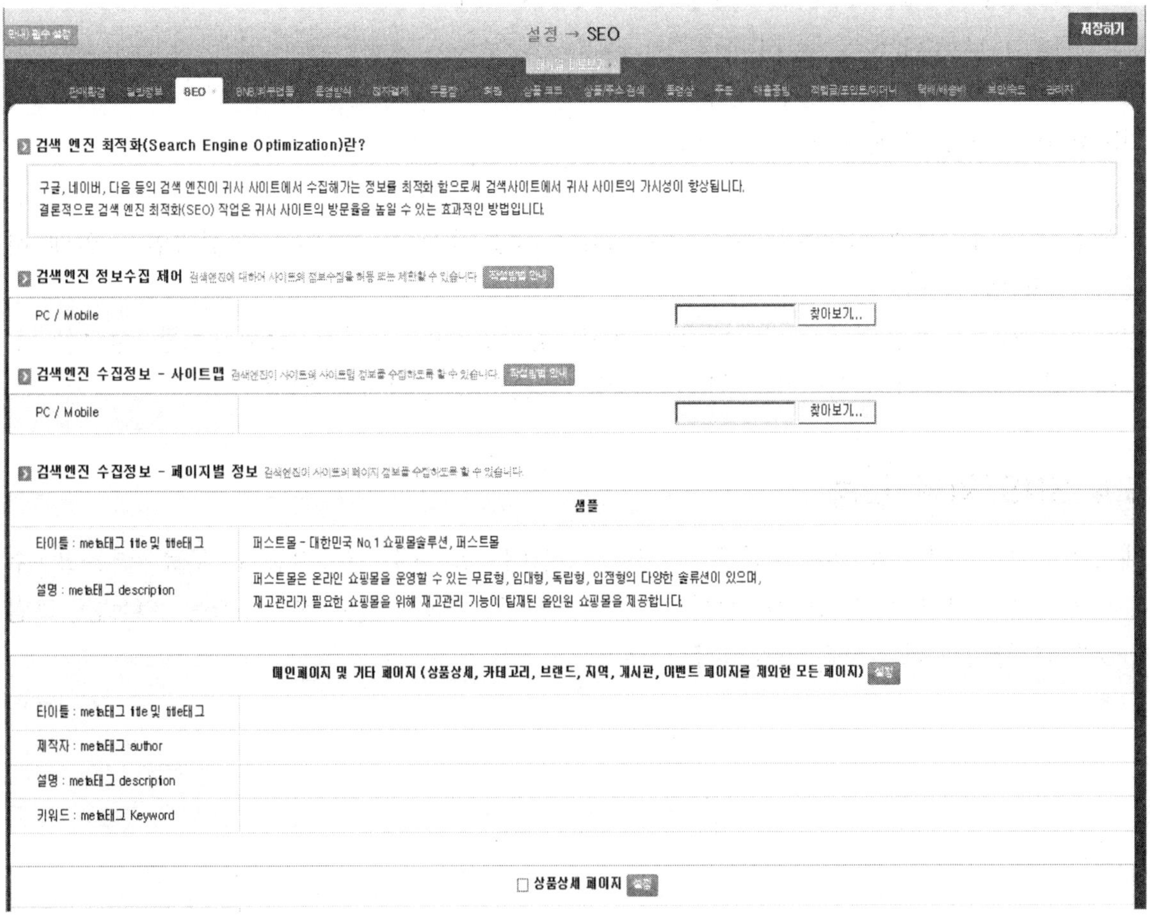

그림 5-7 SEO

검색엔진의 정보수집를 제어하는 파일은 robots.txt로 다음과 같이 설정하며 사이트맵과 페이지별 정보를 수집할 수도 있다.

모든 검색엔진에 대하여 사이트 전체 접근 허용할 경우

User-agent: * Allow: /

모든 검색엔진에 대하여 사이트 전체 접근 차단할 경우

User-agent: * Disallow: /

모든 검색엔진에 대하여 사이트 admin디렉토리 접근 차단할 경우

User-agent: * Disallow: /admin/

특정 검색엔진에 대하여 사이트 전체 접근 차단할 경우

User-agent: Googlebot Disallow: /

검색엔진에게 사이트맵 제공할 경우

Sitemap: http://도메인/sitemap.xml

검색엔진의 사이트맵 정보수집 파일 sitemap.xml을 등록할 수 있다. 작성방법은 안내 버튼을 클릭하면 된다.

검색엔진의 수집정란에서는 각 페이지 별로 검색엔진에 수집될 상세정보를 설정할 수 있다. 설정을 클릭하여 타이틀, 제작사, 설명, 키워드를 입력하면 된다.

5.4 SNS/외부 연동

페이스북, 트위터, 네이버와 같은 강력한 소셜네트워크에 연동기능과 무료 연동할 수 있도록 하여 다양한 마케팅을 진행할 수 있다. 각 SNS 별로 연동 가능 기능은 그림 5-8과 같이 기능별로 설정 가능하다.

SNS 및 외부 연동 기능 안내

구분	페이스북 쇼핑몰	가입 및 로그인	좋아요	정보공유 (퍼가기)	상품 미리보기
페이스북	*	*	*	✓	✓
트위터	-	*	-	✓	-
네이버	-	*	-	-	-
카카오	-	*	-	* (모바일)	-
다음	-	*	-	-	-
카카오스토리	-	-	-	✓ (모바일)	✓
라인	-	-	-	✓ (모바일)	✓
구글+	-	-	-	✓	✓

* 앱 방식으로 동작하는 기능

그림 5-8 SNS 별 연동 기능

· SNS 연동 공통 정보 : SNS에 노출할 로고를 등록할 수 있으며 SNS 메타태그(간략설명, 쇼핑몰키워드)를 등록할 수 있다.

· 페이스북 앱 : 페이스북 앱을 등록할 수 있으며 페이스북 개발자 페이지에서 전용앱을 등록하고 세팅정보를 입력해 주어야 한다. (설정을 클릭하면 발급방법에 대한 가이드를 확인할 수 있다.)

· 페이스북의 '좋아요' 사용여부를 선택할 수 있다. 사용안함을 선택하면 쇼핑몰 모든 영역에서 '좋아요' 버튼이 사라지게 된다. 직접 연결 방식은 페이스북과 실시간으로 연결하기 때문에 페이스북 상태에 따라 쇼핑몰 속도가 저하될 될 수 있다. 페이스북의 '좋아요' 사용과 '좋아요' 클릭 시에 혜택을 설정할 수 있다.

· 트위터 앱 : 트위터를 이용한 회원가입 및 로그인 기능을 사용할 수 있다. 설정에서 트위터 세팅정보를 입력하여 주어야 한다.

· 카카오 앱 : 카카오를 이용한 회원가입 및 로그인 기능을 사용할 수 있다. 설정에서 카카오 세팅정보를 입력하여 주어야 한다.

· 네이버 앱 : 네이버를 이용한 회원가입 및 로그인 기능을 사용할 수 있다. 설정에서 네이버 세팅정보를 입력하여 주어야 한다.

· 다음 앱 : 다음를 이용한 회원가입 및 로그인 기능을 사용할 수 있다. 설정에서 다음 세팅정보를 입력하여 주어야 한다.

· 싸이월드 앱 : 싸이월드를 이용한 회원가입 및 로그인 기능을 사용할 수 있다. 설정에서 싸이월드 입력하여 주어야 한다.

5.5 운영방식

쇼핑몰 운영방식으로 다음 그림과 같이 일반, 회원전용 그리고 성인전용 방식이 있다. 무료몰은 일반방식으로 PC용과 모바일에서 인트로 페이지와 정상운영 여부에 대해 설정할 수 있다. 모바일 사이트가 필요하지 않은 사용자는 PC화면이 모바일에서 노출되도록 설정할 수 있다.

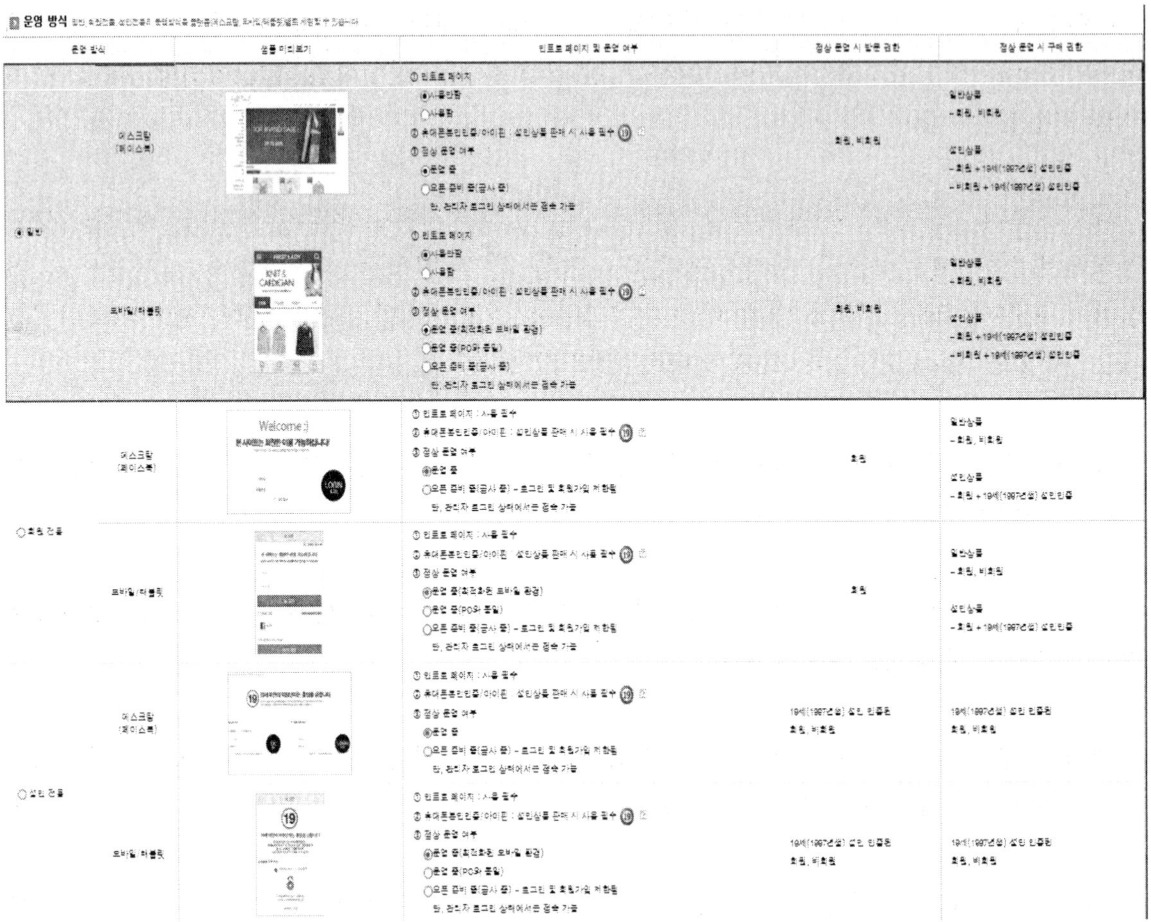

그림 5-9 운영방식

· 일반 : 일반적인 쇼핑몰을 운영할 수 있다. 회원/비회원 유무에 관계없이 자유롭게 이용할 수 있다. 인트로페이지는 쇼핑몰 오픈전에 공사중페이지(쇼핑몰준비페이지)로 활용하거나, 쇼핑몰의 이미지를 나타내는 인트로 페이지로 사용할 수 있다.

· 회원전용 : 회원전용 쇼핑몰을 운영할 수 있다. 쇼핑몰 첫화면은 로그인 페이지가 나오며, 로그인을 해야만 쇼핑몰에 입장할 수 있다.

· 성인전용 : 성인전용 쇼핑몰을 운영할 수 있다. 쇼핑몰 첫화면은 로그인 및 성인인증 화면이 나오게 된다. 로그인 및 성인인증을 해야만 쇼핑몰에 입장할 수 있다. 성인인증을 해야만 회원가입 및 로그인이 되기 때문에, 아이핀 및 안심체크 서비스를 필수로 받아야 한다. 아이핀 및 안심체크 서비스는 [설정]-[07.회원]-[본인확인]에서 신청 및 설정한다.

5.6 전자결재

다음 그림과 같이 신용카드 등의 전자결제 수단을 설정한다.

그림 5-10 전자결재

유의사항으로는 퍼스트몰을 통해 전자결제 서비스를 신청 및 계약해야지만 정상작동 된다. 이니시스, LG U+, KCP, 올앳, KSNET의 5회사와 서비스 가능하다. 신용카드 결제 수단으로는 일반 방식과 에스크로 방식이 있으며 에스크로 방식은 소비자가 주문 상품을 받았다는 확인이 있을 경우에만 에스크로 사업자가 지급하는 방식으로 소비자를 보호하기 위한 방식이다. 신용카드, 계좌이체, 가상계좌 그리고 핸드폰 등을 사용할 수 있다.

· 일반결제 : 설정할 전자결제사를 선택할 수 있다. 전자결제 서비스를 이용하지 않을 경우 체크해야 한다. 전자결제대행사로 받은 쇼핑몰ID와 머트키를 입력할 수 있다. 전자결제대행사로 받은 쇼핑몰ID와 머트키를 입력할 수 있으며 2개의 정보로 쇼핑몰과 전자결제대행사와의 결제서비스가 연동되기 때문에 잘 확인하고 입력해야 한다. 전자결제서비스를 신청하면 자동으로 발급된다.

· 신용카드 사용여부와 할부기간을 설정할 수 있다. 일반할부기간은 고객이 할부이자를 부담하는 할부이다. 전자결제대행사에서 무이자 할부행사시에는 무이자할부가 자동 적용된다. 단, 일시불로 되어 있다면, 무이자할부도 뜨지 않기 때문에 최소 2~3개월은 할부를 설정하셔야 혜택을 볼 수 있다. 무이자 할부기간 설정은 판매자가 할부비용을 부담하기 때문에 PG사와 협의하여 진행해야 한다.
계좌이체 사용여부를 설정할 수 있다. 계좌이체(실시간계좌이체)는 고객이 상품 결제시에 자신의 계좌정보를 입력하여, 인증된다.
가상계좌를 사용여부를 설정할 수 있다. 가상계좌는 PG사에서 1회용 가상계좌가 발급되는 서비스로서 고객이 입금할 경우 계좌번호는 닫히게 된다. 입금명과 상관없이 결제금액만 맞으면 자동으로 결제확인 되며 가상계좌를 사용하기 위해서는 "가상계좌 입금확인 URL"을 결제대행사 관리자페이지에 입력해야 한다.

· 에스크로 : 에스크로가 작동하는 금액을 설정할 수 있다. 에스크로 계좌이체를 설정할 수 있으며 모든 금액대에서 에스크로 결제 옵션이 떠야하기 때문에 0원 이상으로 설정해야 한다. 에스크로 가상계좌와 인증마크를 삽입할 수 있다.

· 모바일 : Mobile/Tablet 설정은 일반결제/에스크로 설정과 동일하다. 카카오페이를 이용할 경우 세팅정보 등록과 사용여부를 설정할 수 있다.

5.7 무통장

다음 그림과 같이 무통장 입금 수단과 반품배송비 입금계좌를 설정하고 무통장 자동 입금확인을 위해 신청 기능이 제공된다.

그림 5-11 무통장 입금

자동입금확인은 약 1시간마다 수집한 은행의 입금내역을 매시 20분마다 주문내역과 매칭함으로써 자동으로 입급 확인이 이루어진다. 매시 20분마다 실행되는 입금내역과 주문내역의 매칭 작업은 수동으로 실행해야 할 수도 있다. 무통장 입금 주문건에 대하여 자동으로 입금확인이 되고자 하시면 서비스를 신청해야 한다.

5.8 회원

회원의 설정에는 본인확인, 약관/개인정보취급/로그인 및 회원가입/정보찾기, 승인혜택, 등급, 등급별 구매혜택 그리고 회원정보변경/탈퇴/재가입과 관련된 내용이다.

① 본인확인

다음 그림과 같이 본인확인을 위한 휴대폰과 아이핀 인증 방식이 있다. 쇼핑몰 변경은 운영방식에서 변경가능하다. 휴대폰인증, 아이핀 서비스는 쇼핑몰을 운영하는데 필수 서비스는 아니다. 단, 성인쇼핑몰의 경우에는 필수이며 휴대폰인증, 아이핀 서비스는 NICE신용평가정보(주)에 서비스를 신청해야 한다. 휴대폰인증, 아이핀 사이트코드와 패스워드는 NICE신용평가정보(주)에서 계약후에 가능하다. 일반 쇼핑몰에서 성인 상품을 판매할 때에는 필수로 선택해야 하며 사용설정은 PW변경/로그아웃/휴면/탈퇴/재가입에서 할 수 있다. 인증에 대한 서비스 요금은 그림 5-13과 같다.

그림 5-12 회원 본인확인

1) 휴대폰 본인인증

이용요금(VAT별도)		월 기본 제공 건수	초과 수수료
월 이용료	1년 이용료	휴대폰본인인증	초과 1건 당
9,900원	118,800원	100건	70원
39,000원	468,800원	700건	50원
100,000원	1,200,000원	2,000건	48원
200,000원	2,400,000원	4,000건	47원

2) 아이핀

이용요금(VAT별도)		월 기본 제공 건수	초과 수수료
월 이용료	1년 이용료	아이핀	초과 1건 당
10,000원	~~120,000원~~ → 100,000원	300건	20원
30,000원	~~360,000원~~ → 300,000원	3,000건	20원
50,000원	~~600,000원~~ → 500,000원	6,000건	20원

그림 5-13 서비스 요금

② 약관/개인정보취급/로그인 및 회원가입/정보찾기

다음 그림과 같이 회원의 유형에 따른 회원가입 및 로그인 방법을 설정하며 그림 5-15와 같이 쇼핑몰ID(개인/사업자)로 회원 가입시 입력항목을 설정한다. 또한 SNS 계정으로 회원 가입시 입력항목과 ID/PW 찾기 방식을 설정할 수 있다.

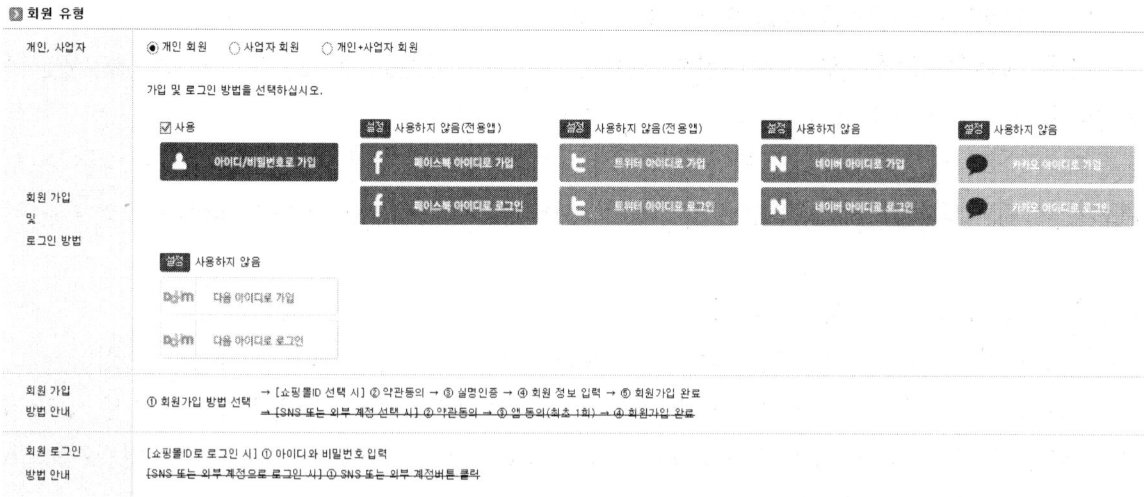

그림 5-14 회원유형

쇼핑몰ID(개인)로 회원가입 시 입력항목 우측상단의 가입항목 만들기로 가입형식을 추가할 수 있습니다.

입력항목	항목설명	사용	필수
아이디	6자~20자 / 영문 및 숫자	☑ 사용	☑ 필수
가입불가아이디	admin,manager		
비밀번호	6자~20자 / 영문, 숫자, 특수문자 2개이상 조합 / 아이디와 중복 불가	☑ 사용	☑ 필수
이름 ☐ 아이콘 사용	※ 아이핀/안심체크 사용 시 자동 입력	☑ 사용	☑ 필수
닉네임	10자 이내 닉네임 입력	☐ 사용	☐ 필수
이메일 (수신 여부)	이메일 입력, 수신동의 체크	☑ 사용	☑ 필수
전화번호	전화번호 입력	☑ 사용	☐ 필수
핸드폰 (수신 여부)	핸드폰 입력, 수신동의 체크	☑ 사용	☑ 필수
주소	우편번호, 주소 입력	☑ 사용	☑ 필수
추천인	추천인 아이디 입력	☑ 사용	☐ 필수
생일	생년월일 입력	☑ 사용	☐ 필수
기념일	월일 입력	☐ 사용	☐ 필수
성별	남/여 구분 체크	☑ 사용	☐ 필수

그림 5-15 쇼핑몰 회원 가입시 입력항목

· 개인정보 취급 : 회원정보의 취급에 대한 내용을 회원가입, 비회원 주문 등에 노출하여 회원의 동의를 얻는데 필요한 내용으로서 다음과 같은 단계를 따른다.

1단계 : 개인정보취급방침 만들기
- 한국인터넷진흥원에서는 개인정보취급방침을 쉽게 만들 수 있도록 페이지를 제공하고 있다.
- [개인정보처리방침 만들기]를 클릭하시면 개인정보처리방침을 만들 수 있는 페이지로 이동하게 된다.

2단계 : 개인정보취급방침 파일 업로드
- 총 12단계의 항목을 거치면 W3c.zip, xxxxx.html 파일을 다운로드 받을 수 있다.
- W3c.zip 파일을 압축해제하고 P3p.xml, P3policy.xml을 "개인정보취급방침 전자적 표시 파일 적용" 항목에 업로드하고 xxxxxxx.html 파일을 "개인정보취급방침 일반(텍스트 형식) 파일 적용" 항목에 업로드 하면 된다.

3단계 : 개인정보취급방침 파일 업로드
- 마지막으로 개인정보취급방침 작성 항목에서는 개인정보취급방침과 개인정보보호정책을 설정한다.
- 개인정보취급방침은 한국인터넷진흥원에서 제공하는 기본양식이며, 쇼핑몰 운영정책에 맞게 수정하시어 사용하면 된다.
- 개인정보보호정책은 비회원 주문시 보여지는 항목으로 "개인정보취급방침"을 바탕으로 개인정보의 수집 및 이용목적, 개인정보의 보유 및 이용기간, 개인정보의 파기절차 및 방법 3가지 항목을 부분 복사하여 저장하면 된다.

· 가입형식 : 개인, 사업자 등의 회원 가입 유형과, 로그인 방법 등을 설정할 수 있다.

1) 회원유형
   ① 개인/사업자/개인+사업자의 3가지 방법으로 가입자를 선택할 수 있다.
   ② 퍼스트몰은 전통적인 회원가입 방법뿐만 아니라, 페이스북, 트위터, 싸이월드의 계정으로도 간단하게 회원가입을 할 수 있으며, 가입방법도 관리자가 직접 선택할 수 있다.

2) 회원가입 시 입력항목 : 가입불가능 아이디를 설정할 수 있으며, 회원 가입시 받을 정보를 설정할 수 있다. 꼭 받아야하는 정보는 필수에 체크하면 된다.

③ 가입불가 아이디를 설정하면, 고객은 불가아이디로는 회원가입을 할 수 없다.

④ 회원가입 시에 해당 항목을 사용할지 사용하지 않을지 선택할 수 있으며, 필수에 체크하는 경우에는 고객이 해당 항목을 입력하지 않으면 회원가입을 할 수 없다.

⑤ 가입항목 만들기를 이용하여 추가한 항목이며, 마우스로 순서를 조정할 수 있다. 가입 항목 만들기는 오른쪽 상단에 위치해 있다.

3) 회원 가입 승인 및 혜택

회원 가입시 승인 방법과 회원 가입시 적립금/쿠폰/추천인 등의 혜택을 다음 그림과 같이 설정한다.

그림 5-16 승인혜택

회원의 승인 방법으로 개인회원/사업자회원에 대해 자동과 수동으로 설정할 수 있으며 가입 혜택으로는 적립금액과 유효기간 또는 신규 회원에게 쿠폰 등을 발급할 수 있다. 그리고 추천인에게 적립금 등을 설정한다.

· 회원 승인방법을 설정할 수 있다.

[자동승인]은 고객이 회원가입을 하면 자동 승인되어 바로 쇼핑몰을 이용할 수 있다.

[수동승인]은 관리자가 회원승인을 해주어야만 고객이 쇼핑몰을 이용할 수 있다. (승인은 [회원]-[회원리스트]에서 할 수 있다.)

개인회원과 사업자 회원을 따로 설정할 수 있다.

· 회원가입(승인) 시 고객에게 제공할 적립금과 포인트를 설정할 수 있다.

· 회원가입(승인) 시 고객에게 제공할 쿠폰을 생성할 수 있다. (쿠폰생성은 [프로모션/쿠폰]-[쿠폰리스트]메뉴에서 생성할 수 있다.)

· 회원 가입시 추천받은 회원에게 적립금과 포인트를 지급할 수 있다.

· 회원 가입시 추천한 회원에게 적립금과 포인트를 지급할 수 있다.

④ 등급

그림 5-17과 같이 쇼핑몰에 대한 우구고객 제도 즉 등급정책을 통하여 구매실적(구매금액, 구매건수, 구매횟수)을 종합하여 회원의 기여도에 따라 회원등급을 나누고 해당 회원등급에게 혜택을 주는 제도이다.

그림 5-17 우수고객제도

우수 고객 제도로 구매 전환율, 재구매율, 재방문율을 높일 수 있으며, 충성고객을 확보할 수 있다. 다음과 같은 기능이 제공된다.

· 새로운 회원등급을 만들 수 있으며 생성된 등급의 조건을 수정할 수 있다.
· 이미생성된 등급을 삭제할 수 있다.
· 자동 등급조정(갱신) 설정 : 등급 조정(갱신)일을 설정- 단, 수동관리되는 등급은 영향을 받지 않는다.
· 등급 조정(갱신) 정책을 쇼핑몰에 맞게 변경할 수 있다.

※ 등급만들기

· 등급의 명칭을 설정할 수 있다. (ex. 일반, TOP, VIP, VVIP 등)
· 등급의 아이콘을 입력할 수 있다. 아이콘으로 사용할 작은 이미지를 업로드하면 된다.
· 상위 등급으로 올라가기 위한 자격을 설정- 구매금액, 구매건수, 구매횟수로 조정
· 구매시 혜택은 [등급별 구매혜택]에서 설정할 수 있다.
· 배송비 혜택은 [프로모션/쿠폰]-[쿠폰관리]에서 쿠폰을 생성하여 혜택을 줄 수 있다.

등급을 수정하기 위해 수정 버튼을 클릭하면 다음 그림과 같이 명칭과 산정 기준을 변경할 수 있다. 또한 새로운 등급을 추가할 수도 있다.

그림 5-18 등급 수정

⑤ 등급별 구매혜택

등급을 설정하였다면 등급에 따라 비회원과 회원에 대해 다음 그림과 같이 추가할인이나 적립을 지정할 수 있다.

그림 5-19 등급별 구매혜택

⑥ 회원정보변경/PW변경/로그아웃/휴면/탈퇴/재가입

그림 5-20 회원정보 변경

회원정보 변경시 비밀번호 확인 및 PW 변경과 기간 그리고 로그아웃 방법 장기간 미로그인 고객에 대한 휴면처리의 고지 및 해제 방법 그리고 탈퇴와 재가입에 대해 설정할 수 있다.

· 고객의 회원정보에서 휴대폰 번호를 변경할 때, 본인의 휴대폰이 맞는지 인증철차를 추가할 수 있다.
· 고객이 주기적으로 쇼핑몰의 비밀번호를 변경하도록 유도할 수 있으며 보안상 설정하는 것이 좋다.
· 고객이 일정시간 동안 쇼핑몰을 이용하지 않을 경우 자동 로그 아웃 되도록 설정한다. 보안상 설정하는 것이 좋다.
· 휴면처리 30일전에 휴면 대상자에게 고지

SMS는 자동/수동 고지할 수 있으며, 이메일은 수동으로 고지하여야 한다.
1년 이상 로그인 하지 않는 회원을 휴면처리 한다. 회원 정보를 별도 보관하기 때문에 회원리스트에서 회원의 정보는 보이지 않게 된다. 고객이 휴면 해제를 하면 다시 회원정보를 확인할 수 있다.
[정보통신망 이용 촉진 및 정보보호 등에 관현 볍률] 제 29조에 따라 미 이용(미접속)한 회원의 개인정보를 분리 보관 또는 파기(삭제)하여야 한다.

· 고객이 휴면해제 시에 해제방법을 설정할 수 있다.

5.9 상품코드

구매자가 주문을 완료할 시 주문내역에 구매 상품의 정보를 기준으로 고유코드를 자동으로 생성함으로서 배송 시에 정확한 배송을 할 수 있다. 다음 그림과 같이 상품코드의 자동생성 규칙은 대표 카테고리, 대표 브랜드, 상품 고유 값, 컬러 사이즈 등을 적용하여 생성하고 일괄 업데이트 할 수 있다. 자주 사용하는 추가정보 및 필수옵션, 추가구성 옵션을 생성할 수 있다.

그림 5-21 상품코드 생성규칙

① 자동생성 규칙을 변경할 수 있으며 필요한 항목을 체크하거나, 드레그 앤 드롭으로 순서를 변경할 수 있다.

② 모든 상품을 자동생성 규칙으로 일괄 변경한다.

③ 대표브랜드/대표카테고리는 해당 브랜드/카테고리 메뉴에서 입력할 수 있으며, 추가로 정보를 생성할 수 있다.

- 생성된 추가 정보는 상품등록/수정페이지에서 [추가정보]메뉴에서 추가할 수 있다.

④ [필수옵션 정보값 및 코드값 생성하기]을 클릭하여 추가로 생성할 수 있다.

- 생성된 필수옵션 정보는 상품등록/수정페이지에서 [필수옵션 설정]메뉴에서 선택할 수 있다.

⑤ [추가구성옵션 정보 값 및 코드 값 생성하기]를 클릭하여 추가로 생성할 수 있다.

- 생성된 추가구성옵션 정보는 상품등록/수정페이지에서 [추가구성옵션 설정]메뉴에서 선택할 수 있다.

5.10 상품/주소 검색

다음 그림과 같이 페이지별 검색창 기본 검색어를 설정한다. 해당 쇼핑몰 페이지 마다 검색창에 특정 키워드를 노출하거나, 고객이 검색어를 입력하면 자동으로 완성되도록 설정 할 수 있다. 검색창에 사용자가 마우스를 드래그하면 연결페이지에 노출된다.

그림 5-22 검색창 기본 검색어

① 검색창에 기본 노출되는 키워드 및 문구를 입력할 있다.

② 직접입력을 선택하면, 검색 시 특정 URL로 연결할 수 있다.

③ 검색결과페이지를 선택하면, 검색 시 해당 키워드 검색결과를 보여주게 된다.

④ + 를 클릭하면 항목을 추가할 수 있으며, 쇼핑몰 상에서는 랜덤으로 노출 된다.

⑤ 검색창에 마우스를 클릭하면 많이 검색한 검색어가 나열 된다.

⑥ 검색창 오른쪽에 노출되는 추천 상품의 최근데이터 설정을 할 수 있다.

⑦ 검색창에 검색어를 입력하면 많이 검색된 검색어가 나열 된다.
⑧ 검색창 오른쪽에 노출되는 추천 상품의 최근데이터 설정을 할 수 있다.
⑨ 신 우편번호와 구 우편번호를 선택할 수 있다. 주소 검색은 회원가입, 상품 배송지 정보 등에서 사용된다.

다음 그림과 같이 인기검색어/ 검색어 자동완성과 주소 검색항목은 검색 창에 검색어를 입력했을 경우 노출이 많이 된 인기 검색어가 나열된다. 인기 검색어와 자동완성의 경우 기간을 설정할 수 있으며 주소 검색창에 도로명 지번 등을 설정할 수 있다.

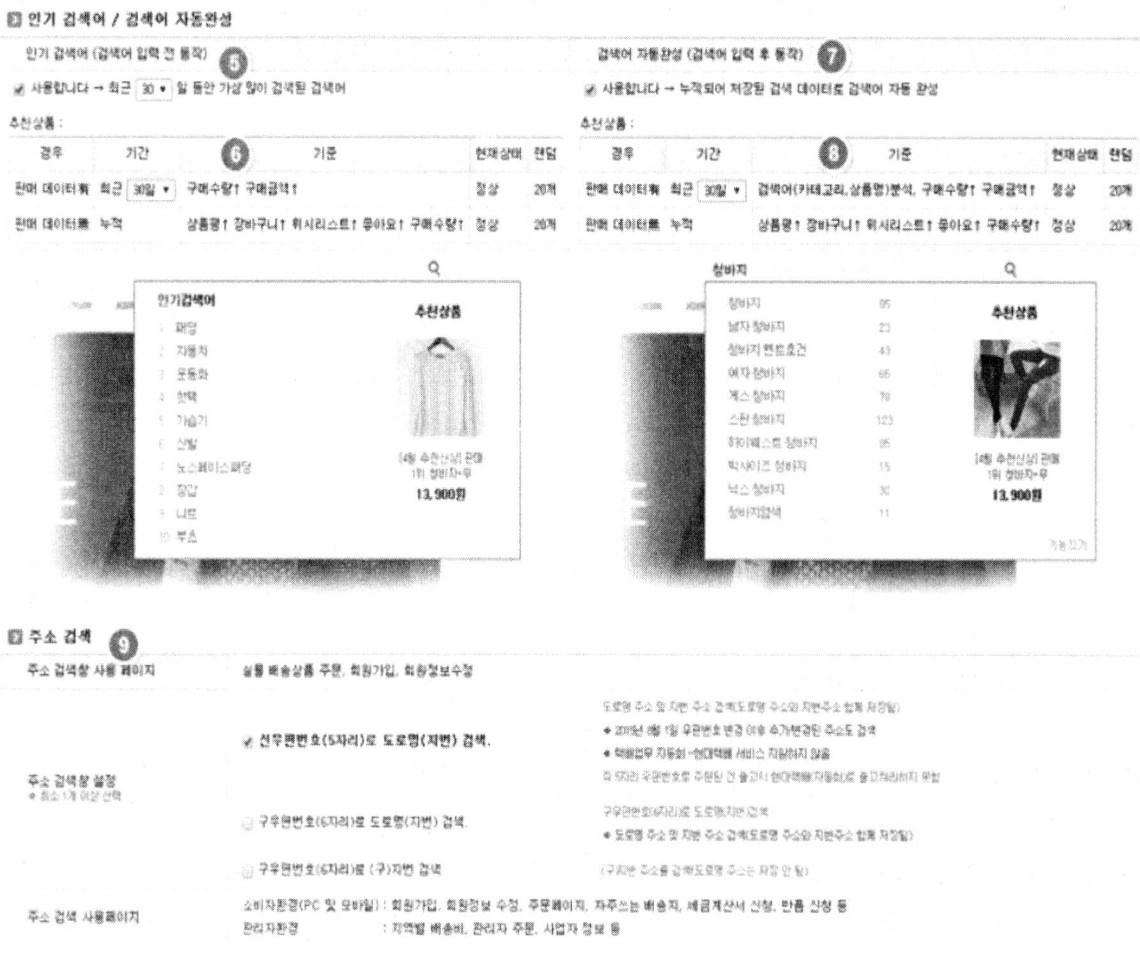

5.11 동영상

쇼핑몰 페이지에서 상품설명 회사소개 그리고 게시판 등 다양한 위치에서 동영상을 구매자에게 보여 줄 수 있다. 동영상 서비스를 위해서 다음 그림의 동영상 신청안내를 클릭하게 되면 가비아의 동영상 호스팅 https://media.gabia.com/service로 전환되며 해당 페이지에서 신청하면 된다. 이때 가입된 UCC 아이디와 도메인 그리고 인증키를 입력하면 연동된다.

그림 5-24 동영상 설정

동영상 노출위치

1) 메인 페이지 및 기타 모든 페이지에서 상품을 동영상으로 보여줌
2) 모든 페이지에서 회사소개, 브랜드소개 등의 동영상을 보여줌
3) 상품상세 페이지의 상품이미지영역과 상품설명영역에서 동영상을 보여줌
4) 상품후기 또는 추가로 생성한 게시판에서 업로드된 동영상을 보여줌

5.12 주문

고객의 주문에 대한 처리과정과 쿠폰 발송과정은 다음 그림과 같이 실물 배송상품과 쿠폰 발송상품으로 분류할 수 있다. 가용재고 기준으로 장바구니를 걸처 주문접수를 11일까지 해야 유효한 주문으로 판단한다. 결제가 된것을 확인하고 상품 준비를 한 후 출고준비 단계를 거쳐 출고가 완료되면 재고에서 차감한다. 이후 배송이 완료되면 적립금을 지급하고 반품이나 맞교환을 통해 환불이 이루어 질 수도 있다.

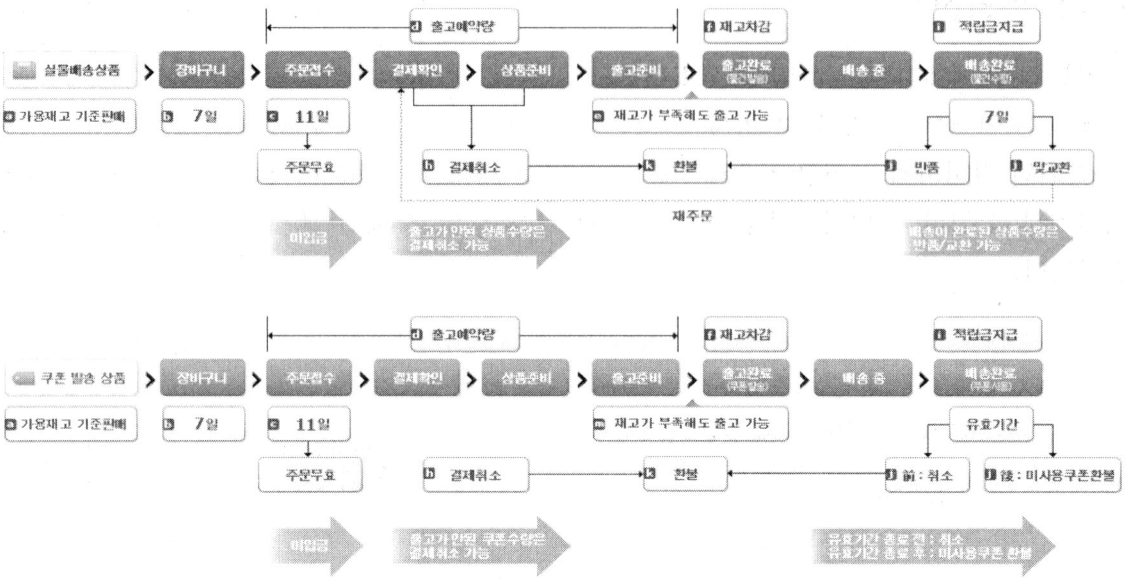

그림 5-25 주문과 쿠폰발송 과정(참고:가비아 퍼스트몰 매뉴얼)

다음 그림은 고객의 주문에 대해 상품 판매 여부/청약철회 관련방침을 설정하기 위한 화면이다. 가용재고가 있으면 판매는 가상의 재고를 만들어 주문 또는 결제 단계에서 가상의 재고를 차감하여 판매 중지하는 기능이다.

	판매 방식	상황의 발생	재고(가용재고)의 변화	상품의 상태 처리	결과
A 재고에 따른 상품판매 여부 [통합설정] 안내)재고Q&A	○ 재고가 있으면 판매	[좋은일] 상품을 발송(출고완료)하여	재고가 0이 될 때	품절(또는 재고확보중)로 자동 업데이트되어	판매 중지
		[나쁜일] 결제취소/반품/주문처리되돌리기로	재고가 1이상이 될 때	정상으로 자동 업데이트되어	판매 가능
	◉ 가용재고가 있으면 판매	[좋은일] 상품의 주문으로	가용재고가 5 이하로 될 때	품절(또는 재고확보중)로 자동 업데이트되어	판매 중지
		[나쁜일] 결제취소/반품/주문처리되돌리기로	가용재고가 6이상이 될 때	정상으로 자동 업데이트되어	판매 가능
	○ 재고와 상관없이 판매	[좋은일] 상품을 발송(출고완료)하여	재고가 차감되어도	정상으로 유지되어	판매 가능
		[나쁜일] 결제취소/반품/주문처리되돌리기로	재고와 가용재고가 증가되면	당연히 정상으로 유지되어	판매 가능

B 청약철회 불가 상품 주문 시 청약철회 관련방침

청약철회	주문무효	결제취소	반품/교환
가능 상품	O	O	O
불가 상품	O	X	X

그림 5-26 재고에 따른 상품판매와 청약철회 관련방침

고객이 주문 또는 결제 했을 때, 재고가 차감되어 상품이 판매중지가 되길 원하는 쇼핑몰에서 사용할 수 있다. 고객이 상품을 구매할 경우 청약철회가 되지 않는다는 관련방침을 입력할 수 있다. 소비자는 청약철회 관련방침에 동의하여야만 주문을 할 수 있다. 청약철회 기능은 상품 등록/수정 페이지에서 상품별로 설정할 수 있다.

A. 재고에 따른 상품 판매 여부
① 재고가 0이 될때까지 판매할 수 있다.
② 가용재고를 설정하여 재고가 XX 이하로 될때 품절로 변경된다. 가용재고를 어느 단계에서 차감할지는 5번 가용재고 계산에서 설정한다.
③ 재고와 상관없이 무제한으로 제품으로 판매할 수 있다.

다음 그림의 할인혜택의 차감금액은 할인혜택 계산시 할인금액에 대한 원/십원 단위 금액을 절사할 수 있다. 또한 장바구니의 보존기간 결제되지 않은 주문건에 대한 주문 무효 그리고 가용재고를 계산하는 방식 등을 선택할 수 있다.

그림 5-27 추가할인혜택과 장바구니 보존기간

B. 청약철회 불가상품에 대한 정책을 입력할 수 있다. 청약철회 불가제품을 구매할때 결제페이지에서 나오게 되며, 동의를 해야만 구매를 할 수 있도록 되어 있다. 해당 상품의 등록/수정 페이지에서 기본정보에 청약철가 불가 제품으로 설정할 수 있는 옵션이 제공된다.

C. 할인된 금액을 일원/십원 단위를 절사한다. (할인된 금액에 대한 절사.)

D. 고객의 장바구니에 상품이 보존되는 기간을 설정할 수 있다.

E. 주문이 된 이후에 입금하지 않았을 때 주문무효 되는 날짜를 설정할 수 있다. 무통장, 가상계좌 주문건에만 해당 된다. (카드, 실시간계좌이체, 핸드폰 등은 바로 결제완료로 변경되기 때문이다.)

F. 가용재고를 어느 단계에서 차감할지 설정한다.

다음 그림은 재고 변동시점, 실물 배송상품의 택배 그리고 취소, 적립 반품 등과 관련된 설정이다. 재고 변동시점을 출고 완료시에 할 것인지 차감 수량을 얼마로 할 것인지 반품시 증가 시점을 언제할 지를 결정한다. 실물 배송상품의 택배 업무 자동화를 위해서는 택배/배송비 메뉴에서 택배회사 등의 정보를 설정한 후 사용가능하다. 실물 상품의 취소는 구매자와 판매자 모두 가능하며 취소시 환불 정책으로 이루어진다. 구매건에 대한 적립은 출고수량을 배송완료시 지급되며 반품 및 맞교환의 경우 구매자와 판매자 모두 가능하며 반품 시 환불, 맞교환일 경우 재 주문이 이루어지도록 설정한다.

G. 재고에 따른 출고 가능여부는 이미 주문이 들어왔으나, 재고가 없어 출고를 할 수 없는 주문의 출고여부를 설정할 수 있는 메뉴다.

H. 구매확정 사용여부를 설정할 수 있다. 구매확정 기능 사용시 구매확정을 하지 않을 경우 적립금/포인트 지급여부를 설정할 수 있다.

I. 택배자동화 서비스에 대한 안내이다. 설정-14.택배/배송비 메뉴에서 설정할 수 있다.

HIJK. 환불 프로세스에 대한 안내다.

HIJK. 쿠폰 상품의 취소 환불 정책을 보여준다. 쿠폰 상품의 취소 환불 정책은 쿠폰 상품 등록 시에 설정할 수 있다.

그림 5-28 재고와 상품의 취소 적립 반품

5.13 매출 증빙

매출 증빙은 다음 그림에서처럼 과세상품과 비과세 상품에 따라 매출 증빙 과정이 달라진다. MY 퍼스트몰 화면의 부가서비스에서 하이웍스 매일계정 및 전자세금계산서를 신청해야만 한다. 매출 증빙은 세금계산서, 현금 영수증 그리고 신용카드 매출 전표로 이루어진다.

그림 5-29 매출 증빙

매출 증빙의 종류는 다음 그림에서 보는 바와 같이 일반 과세자와 간이/면세사업자에 따라 달라진다. 일반과세 사업자의 경우 하이웍스에서 신청한 도메인 ID, 연동키가 필요하지만 간이/면세사업자의 경우 필요하지 않다. 현금 영수증과 카드 매출전표 등은 전자결제 서비스를 반드시 사용해야만 가능하다.

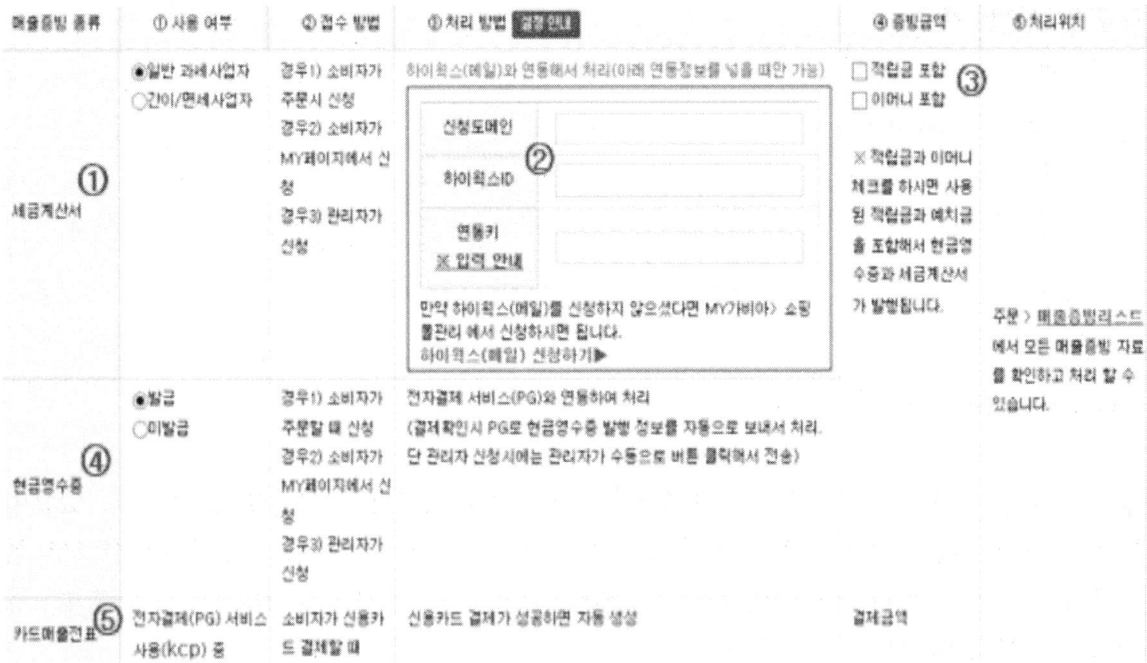

① 간이과세자의 경우는 세금계산서를 발급할 의무가 없다. 하지만 일반과세자의 경우에는 세금계산서를 발행할 수 있어야 한다. 퍼스트몰에서는 하이웍스 전자세금계산서를 무료로 지원하고 있다.

② 하이웍스의 연동정보를 입력하는 메뉴이다. 하이웍스 신청 및 연동정보 확인은 전자세금계산서 FAQ 바로가기 를 참고하면 된다.

③ 적립금, 이머니를 세금계산서 발급 금액에 포함할지를 선택할 수 있는 옵션이다.

④ 현금영수증 발급설정을 할 수 있다. 전자결제서비스(PG)의 서비스를 받고 있으면, 무료로 이용할 수 있다.

⑤ 카드매출전표는 전자결제서비스(PG)의 서비스를 받고 있다면 발급 받을 수 있다.

5.14 적립금/포인트/이머니

쇼핑몰에서 포인트/이머니의 사용여부를 설정할 수 있다. 이 서비스를 사용하기 위해서는 다음 그림처럼 무료몰 이상의 업그레이드가 필요하다. 해당 기능으로는 적립, 구매시 적립금 사용여부 현금성 인출(출금) 그리고 유효기간에 대한 제한 등을 설정할 수 있다.

적립금/포인트/이머니 사용여부

구분	적립금(마일리지)	포인트	이머니(캐쉬)
사용여부	사용함 (지급함, 사용가능)	포인트 제도와 이머니(캐쉬) 제도는 업그레이드가 필요합니다. 업그레이드	
적립	구매 및 각종 활동		
사용	구매 시 적립금 사용 (단, 기준 만족 시)		
현금성	비현금성		
인출(출금)	X		
유효기간 제한 가능여부	O		

그림 5-31 적립금 설정

다음 그림은 적립금의 사용조건을 나타낸 것으로 보유적립금의 기준을 설정할 수 있으며 주문 구매시 기준과 적립금의 사용한도를 설정할 수 있다. 이 밖에도 구매 시 적립할 적립금의 금액을 설정하거나 적립금을 이용하여 상품 주문시 제공할 적립금 사용 방법, 유효기간 교환 등을 설정할 수 있다.

고객에게 제공할 적립금과 포인트의 퍼센트, 적립금 기준 그리고 제고 적립금과 포인트의 유효기간을 설정할 수 있다.

주문 시 적립금 사용 조건

보유 적립금 조건	보유 적립금이 10000 원 이상이면 적립금 사용 가능
상품 금액 조건	{상품 실 결제금액}+{좌동}+{좌동}… 10000 원 이상이면 적립금 사용 가능 ※ 상품 실 결제금액 = {상품 할인가(판매가) x 수량} - 할인(쿠폰,등급,좋아요,모바일,프로모션코드)
적립금 사용한도 조건	적립금은 최소 3000 원 이상 ~ 최대 ◉ 1회 사용한도 제한 없이 사용 가능 ○ {상품 실 결제금액}+{좌동}+{좌동}…의 % 금액까지 사용 가능 ○ 원 까지 사용 가능
적립금 사용 단위	원 단위 로 적립금 사용 가능

그림 5-32 적립금 사용조건

5.15 택배/배송비

다음 그림과 같이 택배 배송에 대한 국내 기본 배송 정책, 택배업무 자동화 서비스 해외 배송정책 그리고 보내는 곳의 주소와 반송 주소를 설정을 할 수 있다.

실물 배송 상품	배송 방법	사용 여부	배송비 계산			
			택배사	지정 상품 기준	실 결제금액 기준	추가 배송비(지번 주소 기준) 설정
기본 배송 정책	택배 (선불)	사용 세팅	● CJ대한통운 ● 우체국택배		3,500원	● 경북 울릉군 0원 추가
	택배 (착불)	미사용 세팅	↑상동	-		-
	퀵서비스 (착불)	사용 세팅	-	-	-	-
	직접수령	미사용 세팅	-	-	-	-
개별 배송 정책	택배 (선불)	상품별로 세팅 바로가기>	=기본배송 정책	-	-	=기본배송 정책
	택배 (착불)	상품별로 세팅 바로가기>	=기본배송 정책	-	-	-
	퀵서비스(착불)	미사용 (=기본 배송)	-	-	-	-
	직접수령	미사용 (=기본 배송)	-	-	-	-

그림 5-33 택배/배송

그림 5-34 택배사 설정과 결제 조건

국내 배송 정책은 기본 배송 정책과 개별 배송 정책을 설정할 수 있는데 사용 여부를 설정하기 위하여 설정을 누르면 그림 5-34와 같이 사용설정 여부와 택배사를 선택할 수 있다. 그림에서는 선불 택배와 퀵서비스에 대한 기본 배송 정책을 설정하였다.
국내 배송중 택배에 대한 설정과 배송 방법중 택배 사용여부를 설정할 수 있으며 관리자가 확인할 수 있는 간단한 설명글을 입력할 수 있다. 또한 택배사의 추가, 삭제를 할 수 있다.
주문시 조건에 해당하는 제품이 포함된 경우, 배송비는 무료가 된다. 단, 개별배송 상품은 제외한다.

택배 업무 자동화 서비스를 설정은 다음과 같다.
- 현대택배를 이용하는 고객은 누구라도 이용할 수 있다.
- 현대택배 대리점에서 신청하고, 신용코드를 받아 인증하면 된다.
- CJ/엘로우캡/로젠, 동부/우체국/한진/KGB 는 굿스플로를 사용하면 자동화서비스를 이용할 수 있다. 자동화 서비스는 운송장번호 자동할당, 쇼핑몰에서 운송장 바로 출력, 출고정보 택배사 자동전송, 배송추적에 의한 자동 배송완료 처리를 할 수 있다.

해외배송에 대한 추가등록과 수정의 기능은 다음과 같다.

① 해외 배송 사용여부를 선택
② 배송사를 선택
③ 관리자가 확인할 수 있는 간단한 설명을 입력
④ 표준상품의 무게를 선택
⑤ 배송지역을 추가하거나 제거
⑥ 무게에 대한 옵션을 추가하거나 제거
⑦ 무게와 지역에 따른 배송비를 입력
⑧ 배송이 불가능한 상품의 카테고리를 설정

택배 업무 자동화 서비스는 우체국과 현대 그리고 굿스플로가 사용 가능하며 사용하기 위해서는 해당 회사에 미리 연동서비스를 신청하여 관련 정보를 획득하여야 한다. 마지막으로 보내는 곳의 주소와 반송 주소를 입력한다.

5.16 보안/속도

보안서버는 쇼핑몰의 안전을 위하여 필수로 사용하여야 한다. 무료몰인 경우에도 무료 보안서버를 제공하고 있으며 유료보안서버의 경우는 1년 단위로 새로 구입해야 한다. 그림 5-35에서와 같이 접속 차단 IP를 설정할 수 있으며 컨텐츠에 대한 무단 복사에 대한 보호 그리고 상품 디스플레이 속도를 조절할 수 있다.

그림 5-35 보안서버와 차단 IP설정

보안서버는 개인정보나 결제시 입력하는 정보등을 암호화 하여 서버로 전송하는 역할을 한다. 따라서, 전송되는 데이터를 가로채는 등의 해킹이 일어나더라도 암호화 되어 있어 식별이 불가능 하다.

5.17 관리자

그림 5-36과 같이 대표 운영자에 대한 기본정보를 변경하거나 부운영자를 추가할 수 있지만 무료몰에서는 1명의 관리자만 가능하며 무료몰 플러스에서 계정을 추가할 때마다 11,000원 비용이 부가된다. 부운영자 계정은 주문, 상품 그리고 회원 등 메뉴 접근과 기능 등에 대해 권한을 제한 할 수 있다. 일정시간 접속하지 않을 경우 자동로그아웃을 설정할 수 있다. 관리자 정보를 수정은 관리자 ID 비밀번호 또한 접속 IP와 쿠폰사용 확인코드 등을 설정할 수 있다.

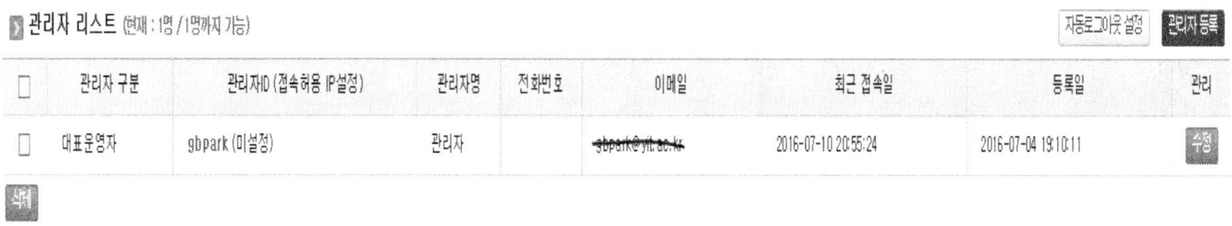

그림 5-36 관리자

· 관리자 등록

① 운영자에 대한 정보를 입력(수정)

② 특정아이피에서만 관리자 접근을 허용하거나, 휴대폰인증을 통한 관리자 접근

③ 쿠폰상품을 인증하기 위한 직원 인증코드를 등록

④ 부관리자의 권한을 설정

⑤ 관리자 정보를 수정한 내역

6. 판매 상품

퍼스트몰의 설정을 완료하였다면 실제 판매할 상품을 등록해야 한다. 판매 상품 메뉴 항목은 그림 6-1과 같으며 해당 항목의 내용은 다음과 같다.

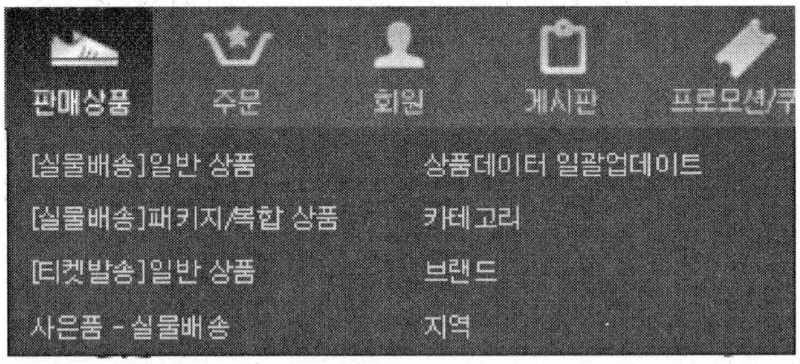

그림 6-1 판매 상품 메뉴

1. [실물배송] 일반상품 : 실물 배송상품의 가격, 재고, 판매 상태 등을 한눈에 확인할 수 있으며, 상품을 새로 등록하거나, 상품의 정보, 상태 등을 변경할 수 있다.
2. [티켓상품] 일반상품 : 쿠폰 발송상품의 가격, 재고, 판매 상태 등을 한눈에 확인할 수 있으며, 상품을 새로 등록하거나, 상품의 정보, 상태 등을 변경할 수 있다.
3. 사은품리스트: 고객에게 제공할 사은품을 등록하고, 관리할 수 있다. 등록된 사은품은 사은품이벤트에서 활용되어, 고객에게 제공할 수 있다.
4. 재 입고 알림 상품리스트 : 고객이 요청한 재 입고 상품을 확인하고, 재 입고되었음을 SMS로 통보할 수 있습니다. 매출향상과 고객만족을 동시에 실현할 수 있다.
5. 상품데이터 일괄업데이트 : 등록된 상품의 가격/재고/적립금부터 카테고리/공용정보/워터마크까지 대부분의 상품 정보를 직접/조건 별로 일괄 변경할 할 수 있다.
6. 카테고리 : 카테고리를 생성/수정/변경할 수 있습니다. 뿐만 아니라 접속허용 기간/권한 등 다양한 설정을 할 수 있으며, 카테고리의 영역을 꾸미고, 상품 진열 상태를 제어할 수 있다.
7. 브랜드 : 브랜드를 생성/수정/변경할 수 있습니다. 뿐만 아니라 접속허용 기간/권한 등 다양한 설정을 할 수 있으며, 브랜드의 영역을 꾸미고, 상품 진열 상태를 제어할 수 있습니다.
8. 지역 : 판매 지역을 생성/수정/변경할 수 있습니다. 뿐만 아니라 접속허용 기간/권한

등 다양한 설정을 할 수 있으며, 지역의 영역을 꾸미고, 상품 진열 상태를 제어한다.

6.1 카테고리

쇼핑몰에 상품을 등록하기 위해선 카테고리를 먼저 분류해야 한다. 그림 6-2는 카테고리 분류 화면으로 카테고리를 추가하거나 삭제 또는 꾸미기를 할 수 있다.

그림 6-2 카테고리 화면

카테고리를 편집하기 위해서 그림 6-3과 같이 +/- 키를 이용하여 추가 삭제할 수 있으며 오른쪽 마우스 버튼으로 이름을 변경할 수 있다.

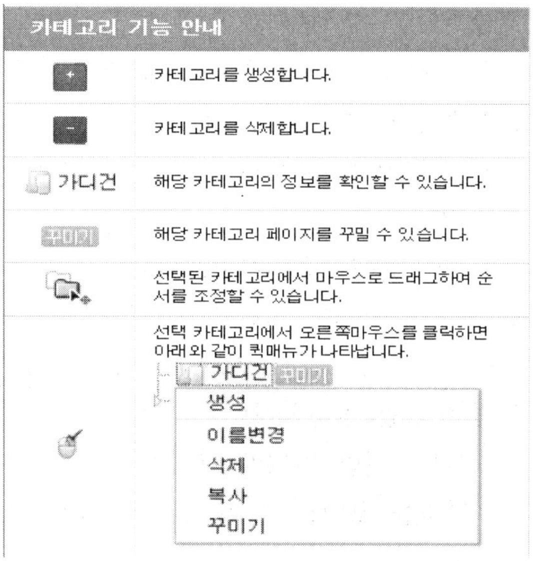

그림 6-3 카테고리 기능

그림 6-4 카테고리 수정

1차 카테고리를 추가할 경우 쇼핑몰을 클릭하고 + 를 클릭하면 1차 카테고리가 추가된다. 2차 카테고리를 추가할 경우 1차 카테고리명(그림에서 스마트 폰)을 클릭하고 + 를 클릭하면 삼성 LG 그리고 Iphone과 같은 2차 카테고리가 생성된다.

그림 6-4와 같이 스마트폰, 스피커, 강화유리 카테고리를 + 버튼을 통해 추가하고 각 카테고리고 이동하여 다시 +버튼을 이용하여 서브 카테고리를 생성하고 이름을 설정하자. 모든 카테고리는 항목별로 카테고리를 클릭하면 그림 6-5와 6-6과 같이 카테고리 정보를 볼 수 있으며 항목에 따라 설정할 수 있다.

카테고리 코드 값은 무료몰에서 업그레이드 하면 카테고리와 상품별로 자동으로 코드 값을 할당해 주는 기능이다. 또한 상품 수 접속관련 정보 그리고 QR 코드 등을 적용할 수 있다.

그림 6-5 카테고리 정보1

그림 6-6 카테고리 정보2

그림 6-6에서 보이는 네비게이션은 쇼핑몰 화면에서 보이는 전체 카테고리와 해당 카테고리 그리고 상세 페이지에서의 네비게이션을 스타일과 꾸미기 배너 등의 기능을 이용하여 설정할 수 있으며 다음과 같은 기능이 있다.

① 해당 카테고리를 네비게이션에서 노출할지를 설정 - "네비게이션 포함/제외"에서 제외를 선택하면 카테고리는 존재하지만 쇼핑몰 화면에서는 숨겨짐

② 카테고리 이름을 꾸밀 수 있는 기능

- 꾸미기 없으면 기본폰트, 크기 등으로 노출
- 텍스트 꾸밈은 폰트, 크기, 굵기, 줄긋기 등을 선택하여 꾸밈
- 이미지 꾸밈은 메뉴명을 직접 만들어 이미지로 등록

③ 에디터에 배너를 삽입하면 네비게이션 안에서 배너를 노출

카테고리 전체를 한꺼번에 변경하고자 한다면 “한꺼번에 꾸미기” 버튼을 클릭하여 해당 네비게이션 별로 설정할 수 있으며 다음 그림과 같이 디자인 영역, 추천 상품 영역 네비게이션 영역 그리고 상품영역으로 분류 된다.

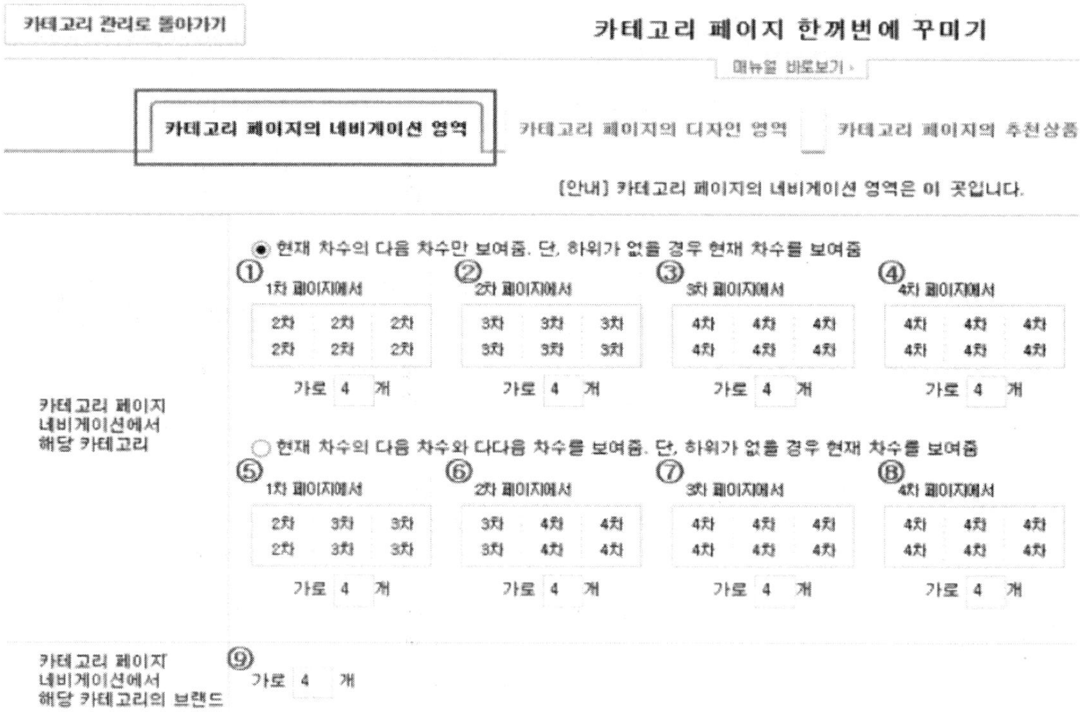

그림 6-7 카테고리 한꺼번에 꾸미기

· 카테고리 페이지의 디자인 영역을 일괄 적용하거나 카테고리 페이지의 네비게이션 영역을 일괄 적용할 수 있다.

①~④ : 박스안에 2차(3, 4차) 카테고리를 보여주는 메뉴 - 가로를 몇 개로 하느냐에 따라 몇 줄로 정렬할지 선택

⑤~⑧ : 박스안에 2차와 3차카테고리(3차와 4차)를 함께보여주는 메뉴 - 가로를 몇개로 하느냐에 카테고리를 몇 줄로 정렬할지 선택

⑨ : 해당 카테고리에서 노출되는 브랜드 네비게이션의 차수를 선택할

· 카테고리 페이지의 추천 상품 영역

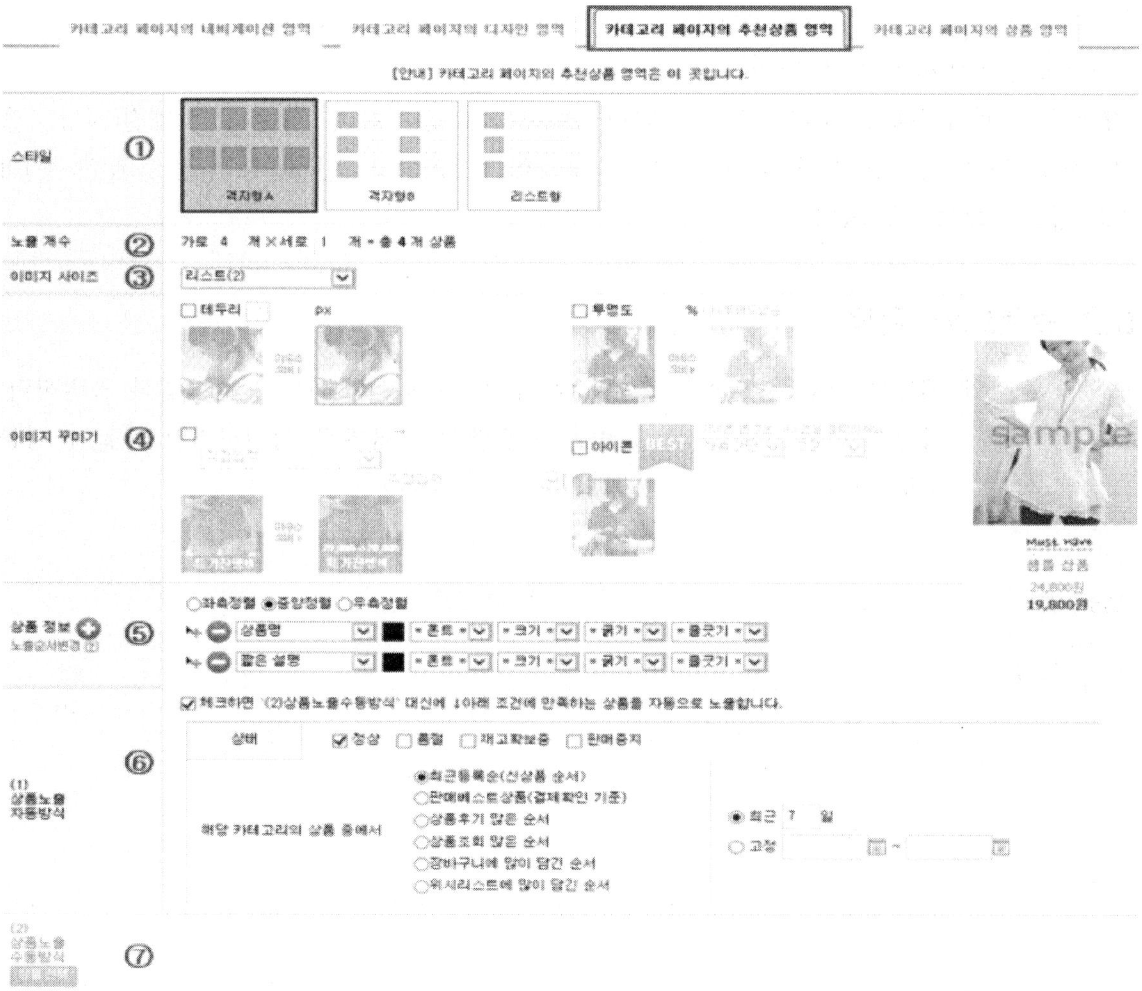

그림 6-8 카테고리 페이지의 추천상품 영역

① 상품 진열 스타일을 선택 한다.
② 상품 진열 노출 개수를 선택 한다.
③ 노출될 이미지의 사이즈를 설정 - [상품 등록/수정] 페이지에서 설정되어 있는 이미지가 리스트에 표시
④ 이미지 꾸미기를 하실 수 있는 메뉴 - 아이콘의 경우 직접 만드신 아이콘을 추가
⑤ 상품이미지 밑에 노출되는 상품명, 가격 등의 정보를 노출 설정하는 메뉴 +를 클릭하면 항목을 추가할 수 있으며, - 를 클릭하면 항목을 삭제할 수 있다.
⑥ 상품노출을 상태별로 자동 노출된다.
⑦ 노출할 상품을 직접 선택-[상품선택]을 클릭하면 상품을 선택할 수 있는 창이 표시

· 카테고리 페이지의 상품 영역
[카테고리 페이지에서 추천 상품 영역]과 비슷하게 설정하며 상품의 상태별(정상, 품절, 재고 확보 중, 판매 중)로 진열할 수 있으며, 기본정렬 (인기순, 최근 등록순 등)의 기본 값을 설정할 수 있다.

6.2 브랜드와 지역

브랜드와 지역 메뉴는 그림 6-9에서 보는 바와 같이 카테고리 메뉴의 사용법과 동일하다. 단 브랜드를 그룹별로 나눌 수 있으며 쇼핑몰 화면에서 그룹별로 정렬하거나 한글과 영문으로 정렬시킬 수도 있다.

그림 6-9 브랜드

6.3 [실물배송]일반 상품

카테고리와 브랜지/지역을 설정하였다면 이에 따른 실물 상품을 등록해야 한다. 판매 상품 메뉴에서 "[실물배송] 일반 상품"을 클릭하면 그림 6-10과 같이 일반상품 리스트를 볼 수 있다.

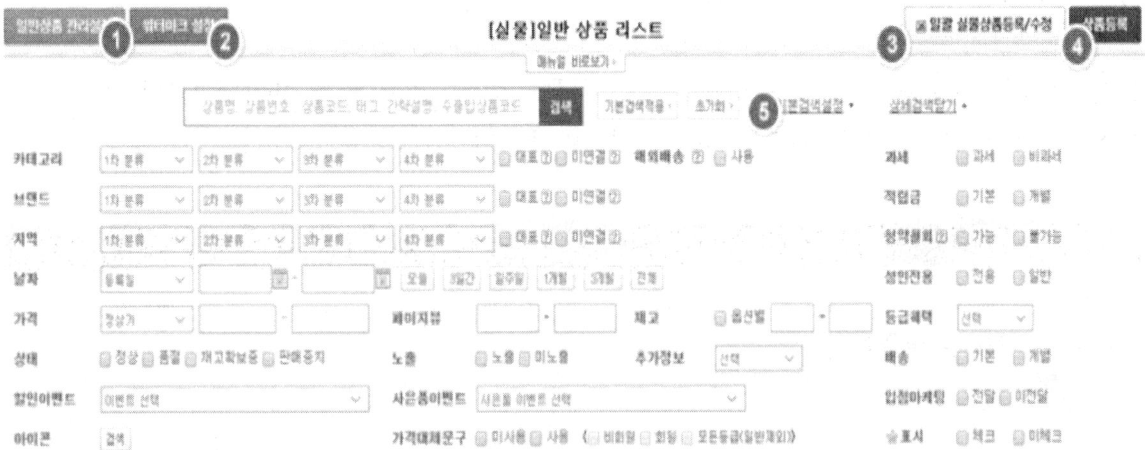

그림 6-10 [실물배송]일반 상품

그림 6-11 일반상품관리설정

① 일반상품 관리설정 : 그림 6-11과 같이 상품 수정 시 옵션 보기 개수를 설정하고 상품 등록시 공용정보와 관련 상품 노출 기준을 설정한다.
② 워터마크 설정 : 상품 등록시의 기본 워터마크를 설정
③ 일괄실물상품등록/수정 : 엑셀로 상품을 일괄 등록/수정
④ 상품 등록 : 실물상품을 등록할 수 있다.
⑤ 기본검색설정 : 자주 사용하는 검색조건을 저장

상품 등록을 위하여 해당 화면의 오른쪽 상단에 있는 상품 등록 버튼을 클릭한다. 앞서 설정한 카테고리, 브랜드, 지역을 연결 버튼을 클릭하여 그림 6-12와 같이 추가한다.

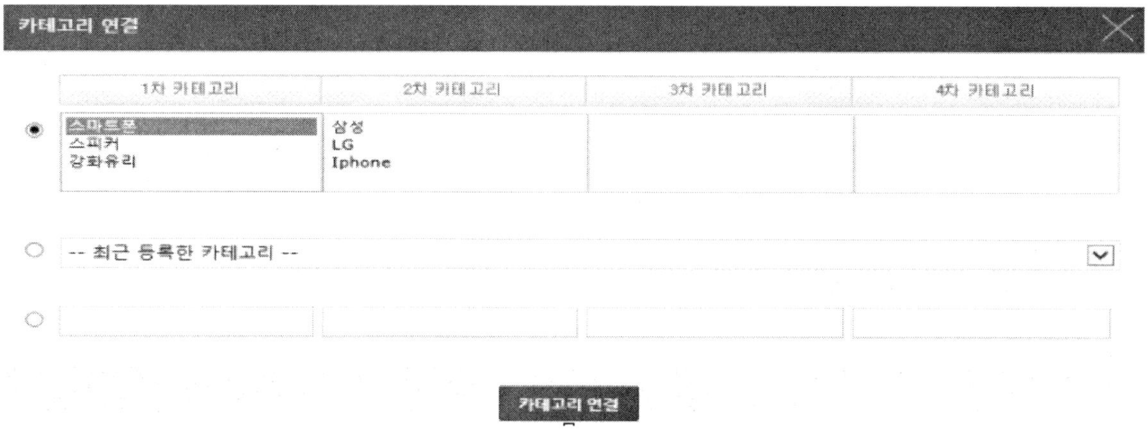

그림 6-12 카테고리 연결

카테고리를 연결하였다면 화면 하단에 상품 등록이 된다. 해당 상품을 클릭하면 상품에 대해 그림 6-13과 같이 상세 정보를 입력 또는 수정할 수 있다.
① 상품리스트
② 현재 상품을 복사하여 등록
③ 상품 이름, 판매상태, 노출여부, 페이지뷰의 정보
④ 고객들이 보는 상품 상세페이지로 이동
⑤ 등록/수정한 정보를 저장
⑥ 상품등록/수정 페이지의 옵션 메뉴로 바로 이동
카테고리 연결, 브랜드 연결, 지역 연결을 클릭해서 카테고리/브랜드/지역을 추가할 수

있다.

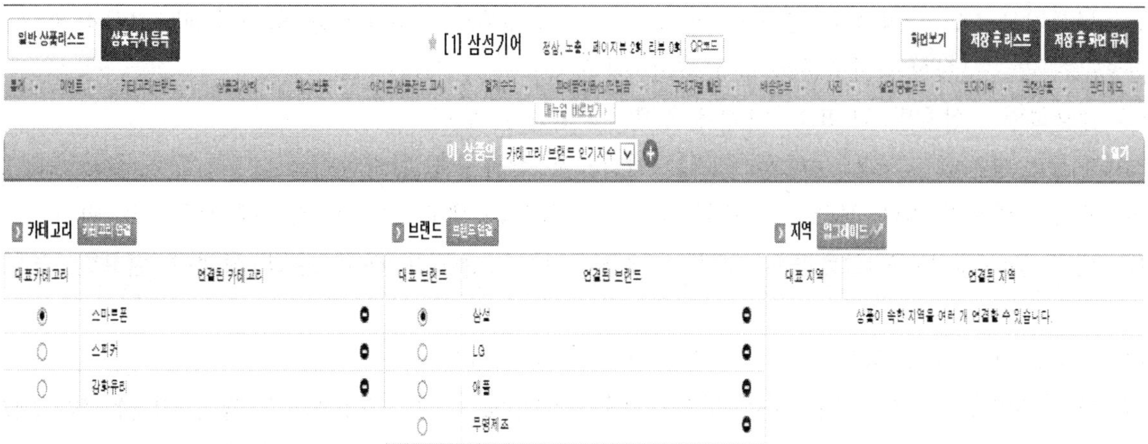

그림 6-13 상품등록/수정

그림 6-14 기본정보

상품에 대한 기본정보를 그림 6-14와 같이 입력해 보자.

① 상품명 : 상품의 이름을 입력한다. HTML을 이용하여 꾸밀 수 있다.

② 상품기본코드 : 상품을 간단한 코드로 표시해 준다. 주문내역을 확인할 때 유용하게 사용할 수 있다. [설정] - [상품코드/정보]를 참고

③ 간략설명 : 상품명 위 또는 아래에 설명 글이 노출 된다.

④ 매입용 상품명 : 상품 운영에 필요한 매입처용 상품명을 입력한다.

⑤ 상태 : 제품의 판매 상태를 선택할 수 있다. 품절은 재고가 없는 경우에 자동으로 변경

⑥ 재고 변화에 따른 상품판매 여부 : 해당 제품만 별도의 재고 운영 정책이 필요한 경우 사용

⑦ 노출 : 미 노출로 하는 경우 쇼핑몰에서 상품이 보이지 않는다.

⑧ 단독 이벤트 : 프로모션/쿠폰-할인 이벤트 메뉴에서 단독 이벤트를 생성 할 수 있는데, 단독이벤트가 진행 중일 때만 판매할 수 있는 옵션이다. 이벤트가 진행 중이지 않으면 판매정지로 표시 된다.

⑨ 청약철회 불가 : 반품이 불가한 제품인 경우 선택한다. 주문 시에 청약 철회 불가임을 알리고 동의를 받을 수 있다.

⑩ 성인상품 : 성인전용이 아닌 일반쇼핑몰에서 성인 상품을 등록할 때 이용 한다. 상품리스트에서는 19금 이미지가 표시되며 성인인증을 하여야만 상품을 볼 수 있다.

⑪ 과세/비과세 : 농/수산물 같은 비과세 제품을 등록할 때 사용한다. 비과 세로 설정하는 경우 매출증빙 서류에서 세금이 나오지 않는다.

⑫ 상품 검색 태그 : 쇼핑몰에서 상품 검색 시에 해당 상품이 검색될 수 있는 키워드를 입력한다. 콤마로 구분하여 여러 검색 태그를 등록할 수 있다.

상품에 대한 기본정보를 입력하고 추가정보와 아이콘을 다음 그림과 같이 입력한다.

① 추가정보: 상품에 필요한 정보를 추가로 노출한다.

② 아이콘: 판매를 촉진할 수 있는 아이콘을 노출한다.

③ 전자상거래에서의 상품정보제공 고시 : 그림 6-15와 같이 상품정보제공 고시를 입력한다. 전자상거래법상 필수로 입력해야 한다.

그림 6-15 전자상거래에서의 상품정보제공 고시

· 결제수단 : 해당 상품에서만 사용할 결제수단을 설정할 수 있다.

① 최소 구매수량 : 설정한 개수 미만으로는 주문을 할 수 없다.

② 최대 구매수량 : 1회 주문 시 최대 구매할 수 있는 수량이 제한된다.

③ 복수구매할인 : 설정한 개수 이상 주문 시 일정금액 또는 %로 할인하여 줄 수 있다.

다중판매를 이용할 경우 상품정보를 전송할 마켓을 설정할 수 있다. (ex. G마켓, 옥션, 11번가 등)

그림 6-16 결제수단과 판매정보

· 필수 옵션 설정

1) 필수옵션 사용에 체크하고 필수옵션 만들기를 클릭한다.
 - 필수옵션 미사용 : 직접 가격, 재고, 적립금등을 입력한다.
 - 필수옵션 여러 개 사용 : '필수 옵션 만들기'를 클릭하여 옵션을 만들 수 있다.
   ㄱ. 생성 및 변경을 클릭하여 필수 옵션 창을 띄운다.
   ㄴ. 옵션 명을 입력하고, 옵션 값을 입력한다.
   ㄷ. '+'를 클릭한 후 동일한 방법으로 옵션 명, 옵션 값를 입력한다.
   ㄹ. '옵션생성하기'를 클릭한다.

2) 필수옵션 창이 뜨면 생성을 클릭하여 옵션명과 옵션 값을 추가 하고, 옵션 별 가격을 입력한다.

3) 옵션이 생성되면 가격과 재고 등을 입력하고 저장한다.
 - 불량재고를 입력하면 가용재고에서 불량재고 입력분이 빠진다.
 - 안전재고는 추후 알림 기능을 지원할 예정이다.

추가구성옵션은 본 제품과 함께 판매되는 제품이다.

ㄱ. 추가옵션 만들기를 클릭하여 추가구성옵션 창을 띄운다.
ㄴ. 1) '생성 및 변경'을 클릭하여 추가구성 옵션 창을 띄운다.
  2) 추가구성옵션을 기존 상품에 연결할지, 미 연결할지를 선택한다.

만약 '연결합니다'인 경우 다음과 같이 진행한다.

  3) 추가 옵션명(ex. 추가상품)을 입력하고,
  4) 추가옵션값을 입력한 후,
  5) 옵션생성하기를 클릭

ㄷ. 주문당 발송 수량과 정가/판매가를 입력한다.
ㄹ. 검색을 클릭하여 상품을 매칭
  1) 매칭할 상품을 검색 2) 매칭할 옵션을 선택
  3) 매칭할 영역을 선택하후, '위에서 선택한 실제상품을 아래의 판매상품에 연결하기'를 클릭
ㅁ. 두번째 상품도 동일한 방법으로 선택
ㅅ. '연결된 실제상품을 옵션등록창에 적용하기'를 클릭하면 매칭이 완료

그림 6-17와 같이 구매자 별 가격 대체 문구와 할인혜택을 설정할 수 있다.

구매자(비회원 또는 회원)별 추가혜택

기본값종류			비회원	회원등급
				일반
기본	추가할인	조건	조건없음	조건없음
		할인	2% 할인	5% 할인
		추가옵션	0% 할인	5% 할인
	추가적립	조건	조건없음	조건없음
		적립금	0% 적립	0% 적립
		포인트	0% 적립	0% 적립

구매자(비회원 또는 회원)별 판매가격 디스플레이

↓아래의 고객이 볼 때	가격 디스플레이	링크 여부	판매여부
비회원(또는 로그아웃)	판매가격 표기	없음	상품의 상태에 따라 구매 가능
일반 등급 회원	판매가격 표기	없음	상품의 상태에 따라 구매 가능
모든 등급 회원(일반 제외)	판매가격 표기	없음	상품의 상태에 따라 구매 가능

그림 6-17 구매자별 가격정책

· 배송정책 : 설정에서 등록했던 배송정책이 표시된다. 기본을 선택하면, 설정-택배/배송비에서 설정한 정책을 따르게 되며, 개별을 선택하면, 기본 정책과 관계없이 해당 상품의 배송정책을 설정 할 수 있다.

· 멀티일괄등록 : 상품사진 항목에서 멀티일괄등록 버튼을 클릭하면 그림 6-18과 같이 여러 이미지를 선택하여 한번에 등록할 수 있다. 등록된 후에는 일괄등록버튼을 클릭하여 해당이미지만 개별 수정할 수 있다.

· 개별관리 : 멀티일괄등록을 통하여 등록된 이미지 중 개별 이미지를 수정할 때 사용된다.

아래의 이미지 중 변경할 이미지의 보기를 클릭하고, 개별 등록을 클릭하여 변경한다. 개별등록은 이미지의 크기가 변경되지 않기 때문에 이미지 사이즈를 조정한 후에 업로드 해야 한다.

· 상품상세 : 상품 컷의 사이즈 변경을 할 수 있으며 상품 컷은 가로 사이즈 기준으로 리사이징 된다. 사이즈 지정 후에 현재 상품등록부터 설정한 크기로 리사이징 된다.

그림 6-18 상품사진 등록

· PC/테블릿용 상품 설명 : PC/테블릿용 상품 설명을 입력할 수 있다.

· 모바일용 상품설명 : 모바일용 상품 설명을 입력할 수 있다. 입력하지 않으면 PC/테블릿용 상품 설명이 자동으로 된다.

· 공용정보 : 상품에 공통적으로 들어가는 공용정보를 입력할 수 있다. 일반적으로 주문, 배송, 반품 에 대한 정보가 들어간다. 제목과 내용을 입력하고 상품등록을 완료하면, 다음에 상품을 등록할 때 공용 정보를 불러 와서 사용할 수 있다. 상품 설명에 업로드 한 이미지는 상품을 삭제한다고 해서 함께 삭제되지 않는다. 다른 상품에도 이용이 될 수 있기 때문이다. 삭제를 원하면 FTP로 접속하여 삭제하여야 한다. 고객이 구매/본/리뷰/장바구니/위시리스트/좋아요 한 상품을 상품상세 화면에 보여줄 수 있다. 모든 항목을 입력하고 저장하면 그림 6-19와 같이 상품이 등록된 것을 확인할 수 있다.

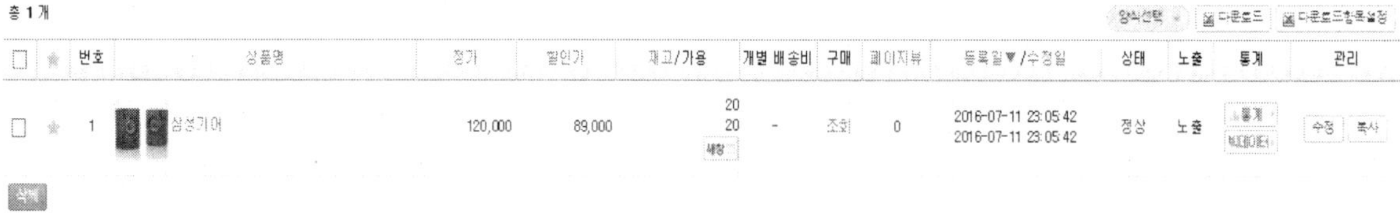

그림 6-19 상품등록 완료화면

6.4 [티켓발송]일반상품

일반상품에 대한 티켓 발송이란 실제 물건이 아닌 영화티켓, 놀이동산 쿠폰 등에 대한 상품을 한눈에 확인하거나 새로운 상품의 등록, 상태 등을 변경하거나 발송하는 기능이다. 앞서 살펴보았던 실물배송과 유사한 메뉴들을 가지고 있지만 무료몰/프리미엄몰에서는 지원하지 않는다. 독립물과 홈페이지 샵에서만 사용이 가능하다.
판매 상품 메뉴에서 "[티켓발송]일반 상품"을 클릭하면 다음 그림과 같이 등록된 티켓 상품 리스트를 볼 수 있으며 검색조건에 따라 원하는 상품을 검색하고 목록에 보이는 각각의 상품 정보를 관리 할 수 있다.

· 티켓상품관리기본설정 : 그림 6-21과 같이 상품 수정시 옵션 보기 개수를 설정하고 상품 등록시 공용정보와 관련 상품 노출 기준을 설정한다.
· 검색 : 상품을 조건에 따라 검색
· 기본검색설정 : 자주 사용하는 검색조건을 저장
· 일괄실물상품등록/수정 : 엑셀로 상품을 일괄 등록/수정
· 워터마크설정 : 불법 이미지 도용을 막기 위하여 이미지상에 고유 문자/이미지를 표시하는 기술이다. 워터마크 이미지를 업로드하고, 위치를 선택할 수 있다. 워터마크 이미지는 투명 PNG파일만 가능하다.

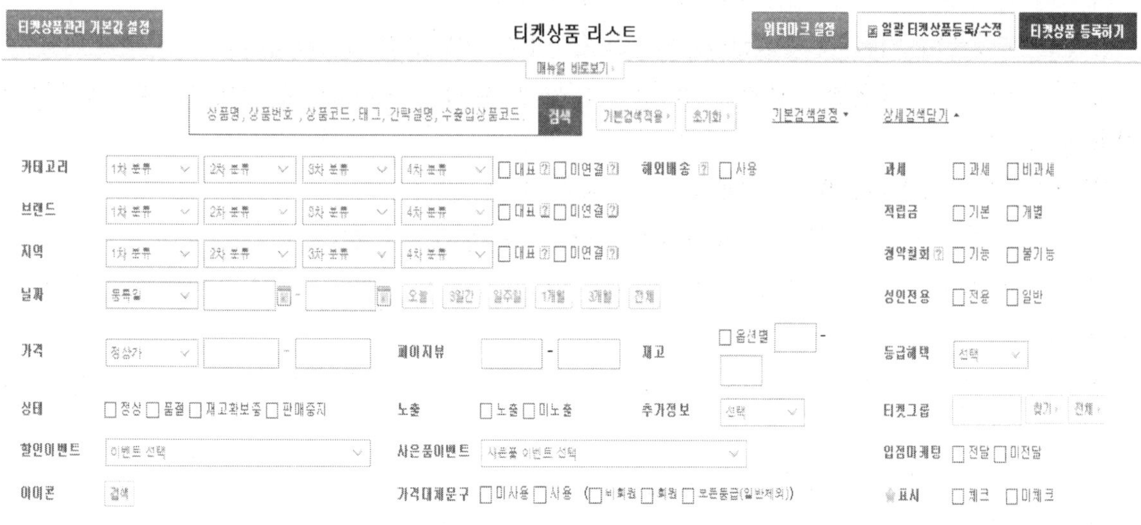

그림 6-20 티켓 상품 리스트

그림 6-21 티켓상품관리설정

티켓상품 등록을 위하여 해당 화면의 오른쪽 상단에 있는 티켓상품 등록 버튼을 클릭한다. 앞서 설정한 카테고리, 브랜드, 지역을 연결 버튼을 클릭하여 추가한다.

카테고리를 연결하였다면 상품 기본정보를 입력해 보자

· 상품명 : 상품의 이름을 입력한다. HTML을 이용하여 꾸밀 수 있다.

· 상품기본코드 : 상품을 간단한 코드로 표시해 준다. 주문내역을 확인할 때 유용하게 사용할 수 있다.

· 간략설명 : 상품명 위 또는 아래에 설명 글이 노출 된다.

매입용 상품명 : 상품 운영에 필요한 매입처용 상품명을 입력한다.

· 상태 : 제품의 판매 상태를 선택할 수 있다. 품절은 재고가 없는 경우에 자동으로 변경된다.

· 재고 변화에 따른 상품판매 여부 : 해당 제품만 별도의 재고 운영 정책이 필요한 경우 사용

· 노출 : 미 노출로 하는 경우 쇼핑몰에서 상품이 보이지 않는다.

· 단독 이벤트 : 프로모션/쿠폰-할인 이벤트 메뉴에서 단독 이벤트를 생성 할 수 있는

데, 단독이벤트가 진행 중일 때만 판매할 수 있는 옵션이다. 이벤트가 진행 중이지 않으면 판매정지로 표시 된다.

·청약철회 불가 : 반품이 불가한 제품인 경우 선택한다. 주문 시에 청약 철회 불가임을 알리고 동의를 받을 수 있다.

· 성인상품 : 성인전용이 아닌 일반쇼핑몰에서 성인 상품을 등록할 때 이용 한다. 상품리스트에서는 19금 이미지가 표시되며 성인인증을 하여야만 상품을 볼 수 있다.

· 과세/비과세 : 농/수산물 같은 비과세 제품을 등록할 때 사용한다. 비과세로 설정하는 경우 매출증빙 서류에서 세금이 나오지 않는다.

· 상품 검색 태그 : 쇼핑몰에서 상품 검색 시에 해당 상품이 검색될 수 있는 키워드를 입력한다. 콤마로 구분하여 여러 검색 태그를 등록할 수 있다.

· 추가정보 : 상품에 필요한 정보를 추가로 노출한다.

· 아이콘 : 판매를 촉진할 수 있는 아이콘을 노출한다.

· 티켓발송 상품의 티켓정보 : 티켓상품을 그룹으로 묶어서 관리할 수 있다. 찾기를 클릭하여 등록한 그룹 명을 선택하면 된다. “상품리스트-티켓발송”에서 그룹별로 검색할 수 있다.

· 티켓의 값어치 : 쿠폰의 값어치를 선택하는 메뉴이다. 값어치를 횟수로 할 경우, 상품 하나를 횟수로 등록할 수 있다. 영화티켓처럼 금액이 확실히 정해져 있는 경우에 사용할 수 있다. 값어치를 금액으로 할 경우, 상품 하나를 금액으로 나누어 사용할 수 있다. 다양한 가격대의 제품을 파는 음식점, 숙박업소 등에서 사용할 수 있다. 쿠폰 1장의 값어치는 필수옵션 생성 메뉴에서 설정할 수 있다.

· 유효기간 종료전 취소(환불) : 티켓 유효 종료 전에 고객이 취소를 요청할 경우에 환불 정책을 설정할 수 있다. 티켓의 값어치가 모두 있는 경우에 가능하다.

1. 결제된 날부터 XX일 까지만 취소(환불)이 가능 - 결제일 기준으로 취소(환불)을 결정한다.
2. 티켓의 유효(사용)기간이 남아 있으면 언제든지 취소(환불)이 가능 - 유효기간을 기준으로 취소(환불)을 결정한다. 즉, 결제 이후부터 유효기간 만료일까지는 환불이 가능하다.
3. 유효기간의 남은 날짜에 따라, 부분 취소(환불)이 가능하도록 설정 할 수 있다. - 유효기간 시작되기 전을 기준으로 취소(환불)을 결정한다. 즉, 유효기간이 시작되면 환불조건이 성립되지 않는다.

· 전자상거래에서의 상품정보제공 고시 : 상품정보제공 고시를 입력한다. 전자상거래법상 필수로 입력해야 한다.
· 결제수단 : 해당 상품에서만 사용할 결제수단을 설정할 수 있다.
· 최소 구매수량 : 설정한 개수 미만으로는 주문을 할 수 없다.
· 최대 구매수량 : 1회 주문 시 최대 구매할 수 있는 수량이 제한된다.
· 복수구매할인 : 설정한 개수 이상 주문 시 일정금액 또는 %로 할인하여 줄 수 있다.
다중판매를 이용할 경우 상품정보를 전송할 마켓을 설정할 수 있다.

· 필수옵션을 등록할 때에 사용날짜가 지정되어 있는 경우(티켓의 값어치는 횟수) 되며 다음 순서에 따른다.

1) 필수옵션 사용에 체크하고 필수옵션 만들기를 클릭

2) 필수옵션 창이 뜨면 생성을 클릭하여 다음 순서대로 입력
   1. 특수정보에는 지역을 선택하고, 필수옵션 명에 쿠폰 사용처를 입력
   2. 필수 옵션 값에는 티켓 사용지역을 입력
   3. 필수 가격에 장소에 대한 금액을 입력
   4. 왼쪽에 '필수옵션만들기'를 클릭하여 옵션 항목을 하나 더 생성
   5. 특수정보에는 자동기간을 선택하고, 특수정보에는 날짜를 선택
   6. 필수 옵션값에는 쿠폰 사용날짜를 입력
   7. 필수 가격에는 날짜에 따라 금액 변동이 있을 경우 추가되는 금액을 입력
   8. 옵션생성하기를 클릭

3) 옵션이 생성되면 다음 순서대로 입력하고 저장
   1. 지역을 클릭하면 티켓 사용처의 주소와 전화번호를 입력
   2. 날짜를 클릭하면 티켓 사용 날짜를 지정
   3. 제품의 매입가, 정가, 판매가 재고 등을 입력
   4. 티켓의 값어치를 입력합니다. 5를 입력하면 5장의 티켓을 사용할 수 있다는 의미이다.
   5. 매입가, 값어치, 정가 등이 모두 같은 경우에는 기준 값을 입력하고 클릭하면 동일하게 적용

· 필수 옵션이 사용날짜가 자동기간인 경우(티켓의 값어치는 횟수)는 다음과 같다.

1) 필수옵션 사용에 체크하고 필수옵션 만들기를 클릭

2) 필수옵션 창이 뜨면 생성을 클릭하여 다음 순서대로 입력

1. 특수정보에는 지역을 선택하고, 필수옵션 명에 티켓 사용처를 입력
2. 필수 옵션값에는 티켓 사용지역을 입력
3. 필수가격에 장소에 대한 금액을 입력
4. 왼쪽에 있는 버튼을 클릭하여 옵션 항목을 하나 더 생성
5. 특수정보에는 자동기간을 선택하고, 필수 옵션 명에 사용 기간을 입력
6. 필수 옵션 값에는 쿠폰 사용기간을 입력
7. 필수 가격에는 날짜에 따라 금액 변동이 있을 경우 추가되는 금액을 입력
8. 옵션생성하기를 클릭

3) 옵션이 생성되면 다음 순서대로 입력하고 저장한다.

1. 지역을 클릭하면 티켓 사용처의 주소와 전화번호를 입력
2. 자동기간은 3번에서 지정하였기 때문에 별도 설정을 하지 않는다.
3. 제품의 매입가, 정가, 판매가 재고 등을 입력
4. 티켓의 값어치를 입력한다. 5를 입력하면 5장의 티켓을 사용할 수 있다는 의미이다.
5. 매입가, 값어치, 정가 등이 모두 같은 경우에는 기준 값을 입력하고 클릭하면 동일하게 적용

· 필수 옵션이 사용날짜가 수동기간인 경우(티켓의 값어치는 금액)는 다음과 같다.

1) 필수옵션 사용에 체크하고 필수옵션 만들기를 클릭

2) 필수옵션 창이 뜨면 생성을 클릭하여 다음 순서대로 입력

1. 특수정보에는 지역을 선택하고, 필수옵션 명에 쿠폰 사용처를 입력
2. 필수옵션값에는 티켓 사용지역을 입력
3. 필수가격에 장소에 대한 금액을 입력
4. 왼쪽에 있는 버튼을 클릭하여 옵션 항목을 하나 더 생성

5. 특수정보에는 수동기간을 선택하고, 필수 옵션 명에 사용날짜를 입력한
6. 필수옵션값에는 쿠폰 사용기간을 입력하고, 사용기간을 선택
7. 필수 가격에는 날짜에 따라 금액 변동이 있을 경우 추가되는 금액을 입력
8. 옵션생성하기를 클릭한다.

3) 옵션이 생성되면 다음 순서대로 입력하고 저장한다.

1. 지역을 클릭하면 쿠폰 사용처의 주소와 전화번호를 입력할 수 있다.
2. 수동기간은 3번에서 지정 하였기 때문에 별도 설정을 하지 않는다.
3. 제품의 매입가, 정가, 판매가 재고 등을 입력
4. 쿠폰의 값어치를 입력
5. 매입가, 값어치, 정가 등이 모두 같은 경우에는 기준값을 입력하고 클릭하면 동일하게 적용

그림 6-22와 같이 구매자 별 가격 대체 문구와 할인혜택을 설정할 수 있다.

그림 6-22 구매자별 가격정책

· 배송정책 : 기본을 선택하면, 설정-택배/배송비에서 설정한 정책을 따르게 되며, 개별을 선택하면, 기본 정책과 관계없이 해당 상품의 배송정책을 설정 할 수 있다.

· 멀티일괄등록 : 상품사진 항목에서 멀티일괄등록 버튼을 클릭하면 여러 이미지를 선택하여 한번에 등록할 수 있다. 등록된 후에는 일괄등록버튼을 클릭하여 해당이미지만 개별 수정할 수 있다.
· 개별관리 : 멀티일괄등록을 통하여 등록된 이미지 중 개별 이미지를 수정할 때 사용된다. 변경할 이미지의 보기를 클릭하고, 개별 등록을 클릭하여 변경한다. 개별등록은 이미지의 크기가 변경되지 않기 때문에 이미지 사이즈를 조정한 후에 업로드 한다.
· 상품상세 : 상품 컷의 사이즈 변경을 할 수 있으며 상품 컷은 가로 사이즈 기준으로 리사이징 된다. 사이즈 지정 후에 현재 상품등록부터 설정한 사이즈로 리사이징 된다.

· PC/테블릿용 상품 설명 : PC/테블릿용 상품 설명을 입력할
모바일용 상품설명 : 모바일용 상품 설명을 입력할 수 있다. 입력하지 않으면 PC/테블릿용 상품 설명이 자동으로 된다.
· 공용정보 : 상품에 공통적으로 들어가는 공용정보를 입력한다. 일반적으로 주문, 배송, 반품 에 대한 정보가 들어간다. 제목과 내용을 입력하고 상품등록을 완료하면, 다음에 상품을 등록할 때 공용 정보를 불러 와서 사용할 수 있다. 상품 설명에 업로드 한 이미지는 상품을 삭제한다고 해서 함께 삭제되지 않는다. 다른 상품에도 이용이 될 수 있기 때문이다.
삭제를 원하면 FTP로 접속하여 삭제하여야 한다. 고객이 구매/본/리뷰/장바구니/위시리스트/좋아요 한 상품을 상품상세 화면에 보여줄 수 있다. 모든 항목을 입력하고 저장하면 상품이 등록된다.

6.5 사은품-실물배송

다음 그림과 같이 사은품을 등록하고, 등록된 사은품의 리스트를 볼 수 있다. 사은품 등록하기 버튼을 누르면 그림 6-24와 같이 사은품 등록화면이 나온다. 등록하는 방법은 바로 앞 단계에서 설명 되었던 상품 등록 방법과 동일하다. 여기에서 등록된 사은품은 구매조건 사은품 이벤트와 교환조건 사은품 이벤트에서 사용된다.

그림 6-23 사은품 리스트

그림 6-24 사은품 등록

· 사은품 등록 설정

① 사은품리스트로 돌아갈 수 있다.

② 사은품 대표이미지의 워터마크를 설정할 수 있다.

③ 사은품 등록시에 정보를 모두 입력한 후에 저장 버튼

④ 사은품의 상태를 설정할 수 있다. - 품절은 재고가 없는 경우에만 변경되며, 재고가 있을 경우에는 판매중지로 상태를 변경할 수 있다.

⑤ 사은품의 노출을 설정

⑥ 사은품명을 입력 - 사은품명은 주문시 상품을 구분하기 위해서 필수로 입력해야 한다.

⑦ 상품코드는 운영자가 상품을 구별할 수 있는 코드를 임의로 입력

⑧ 판매자만 확인할 수 있는 사은품에 대한 간략한 설명을 입력

⑨ 매입처용 사은품명을 입력

⑩ 사은품의 매입가와 시중에서 판매되는 가격을 입력 - 사은품은 판매되는 상품이 아니기 때문에 할인가(판매가)는 입력할 수 없다.

⑪ 구매시 제공되는 사은품의 경우는 주문하는 상품과 함께 배송되기 때문에 배송비를 부과하지 않으며, 적립금/포인트로 교환하는 사은품은 배송비를 부과하지 않기 때문에, 배송비를 적립금/포인트 교환금액에 포함하여 책정해얀 한다.

⑫ 사은품의 이미지를 등록할 수 있다. 일반 상품과 다르게 추가 이미지를 올릴 수 없다.

⑬ 사은품에 대한 관리 메모를 입력할 수 있다.

6.6 재 입고 알림

재 입고 알림 요청은 그림 6-25와 같이 고객에게 상품이 재 입고 되었음을 알려주는 서비스이다. 상품 등록/수정 페이지에서 품절(재 입고 알림), 재고확보중 상태의 제품인 경우에만 사용할 수 있다. 또한 고객이 재 입고 알림 신청을 한 경우에 리스트가 쌓이게 된다. 재 입고 알림 통보하기를 누르면 그림 6-26과 같이 재 입고를 알리는 문자발송을 수동으로 할 수 있다.

그림 6-25 재 입고 알림 리스트

그림 6-26 재 입고 알림 -문자 발송

6.7 상품데이터 일괄업데이트

그림 6-27과 같이 상품데이터 일괄데이트 화면에서 변경할 상품을 카테고리, 브랜드, 등록일, 가격, 아이콘 등 다양한 조건으로 검색할 수 있다. 검색된 상품들을 일괄 수정하는 첫 번째 단계이다. 변경할 옵션을 선택한 후에는 오른쪽 상단의 [업데이트하기]를 클릭해야 변경이 완료된다.

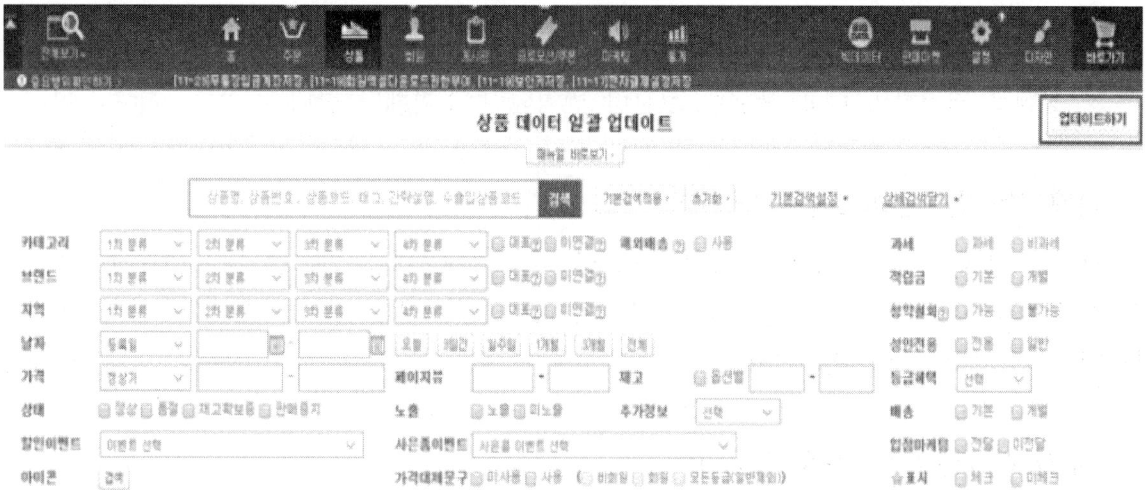

그림 6-28 상품 데이터 업데이트하기

다음 그림과 같이 상품의 정보를 일괄 수정할 수 있는 서비스이다. 금액, 재고, 적립금, 카테고리, 브랜드, 워터마크, 아이콘 등 대부분의 상품 정보를 일괄 수정할 수 있다.

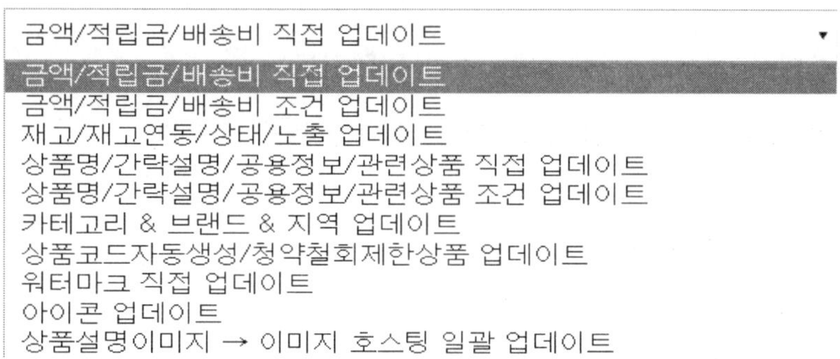

그림 6-28 상품데이터 일괄 업데이트

· **금액/적립금/배송비 직접 업데이트**

① 일괄 변경할 상품을 선택할 수 있다. 상품을 선택하지 않으면, [업데이트 하기]를 클릭해도 상품정보가 변경이 되지 않는다.

② 상품의 정보(가격, 적립금 등) 동일하게 수정할 때, 가격을 입력하고(또는 옵션을 선택하고) 역삼각형버튼을 클릭하면 선택한 모든 상품에 동일하게 적용된다.

③ [열기]를 클릭 했을 경우 해당 상품의 필수 옵션이 노출되며, 옵션별로 금액, 재고 등을 수정할 수 있다.

※ 옵션이 있는 제품의 경우 필히 열기를 클릭하여 옵션의 정보를 각각 변경해야 한다. 닫기 상태로 변경하면 대표 옵션의 정보만 변경되니 주의해야 한다.

· **금액/적립금/배송비 조건 업데이트**

검색(또는 전체) 상품의 금액, 적립금, 배송비, 노출상태, 과세/비과세 등을 조건에 맞춰서 일괄 수정할 수 있으며 변경할 상품을 체크하고, 수정될 값을 입력한 후에, 오른쪽 상단의 [업데이트하기]를 클릭하면 된다.

· **재고/재고연동/상태/노출 업데이트**

검색(또는 전체) 상품의 재고현황과 상태 등을 업데이트

※ 재고를 변경할 때에는 옵션을 열어 각각의 옵션도 함께 변경해야 한다.

· **상품명/간략설명/공용정보/관련 상품 직접 업데이트**

상품명, 간략설명, 공용정보, 관련 상품 등을 일괄 수정

· **상품명/간략설명/공용정보/관련 상품 조건 업데이트**

상품명, 간략설명, 공용정보, 관련 상품 등을 조건에 맞춰서 변경

· **카테고리/브랜드/지역 업데이트**

카테고리(브랜드/지역)의 카테고리를 일괄 수정

① 카테고리(브랜드/지역) 중 수정할 대상을 선택

② 상품에 카테고리를 추가로 연결-상품에 카테고리가 없다면 이번에 연결하는 카테고리

가 대표카테고리가 된다.

③ 기존카테고리의 연결을 끊고, 새로운 카테고리로 연결 - 해제되는 카테고리가 대표카테고리라면 연결되는 카테고리가 대표 카테고리가 된다. 단, 우선 상단의 대상 카테고리 검색을 한 후에 업데이트해야 적용된다.

④ 선택된 상품을 복사해서 설정한 카테고리로 연결- 복사되면서 기존카테고리는 끊어지고, 설정한 카테고리가 대표 카테고리가 된다.

⑤ 검색된 카테고리의 연결을 끊는다. - 대표카테고리는 끊을 수 없다. 단, 우선 상단의 대상 카테고리 검색을 한 후에 업데이트해야 적용된다.

⑥ 모든 카테고리의 연결을 끊는다. 대표카테고리로 끊어진다.

· 상품코드자동생성/청약철회제한 상품 업데이트

상품코드를 자동생성해주고, 상품의 청약철회 여부를 일괄 업데이트

· 워터마크 직접 업데이트

상품의 워터마크를 넣거나 빼는 것을 일괄 설정

· 아이콘 업데이트

상품의 아이콘을 넣거나 빼는 것을 일괄 설정

· 판매마켓별 상품 전송여부/판매가 조건 업데이트

제품의 가격을 판매마켓(11번가, 옥션, G마켓 등) 별로 조정할 수 있으며 다중판매마켓 서비스를 이용하는 쇼핑몰만 활성화 된다.

· 상품설명이미지→이미지 호스팅 일괄 업데이트

제품의 상세 설명 이미지를 이미지 호스팅으로 복사할 수 있다. 다중 판매를 이용하려면, 제품의 상세이미지를 이미지 호스팅으로 복사 한다.

6.8 [실물배송]패키지/복합 상품 리스트

등록된 패키지/복합 상품정보를 확인 할 수 있으며 검색조건에 따라 원하는 상품을 검색하고 목록에 보이는 각각의 상품 정보를 관리 할 수 있다.

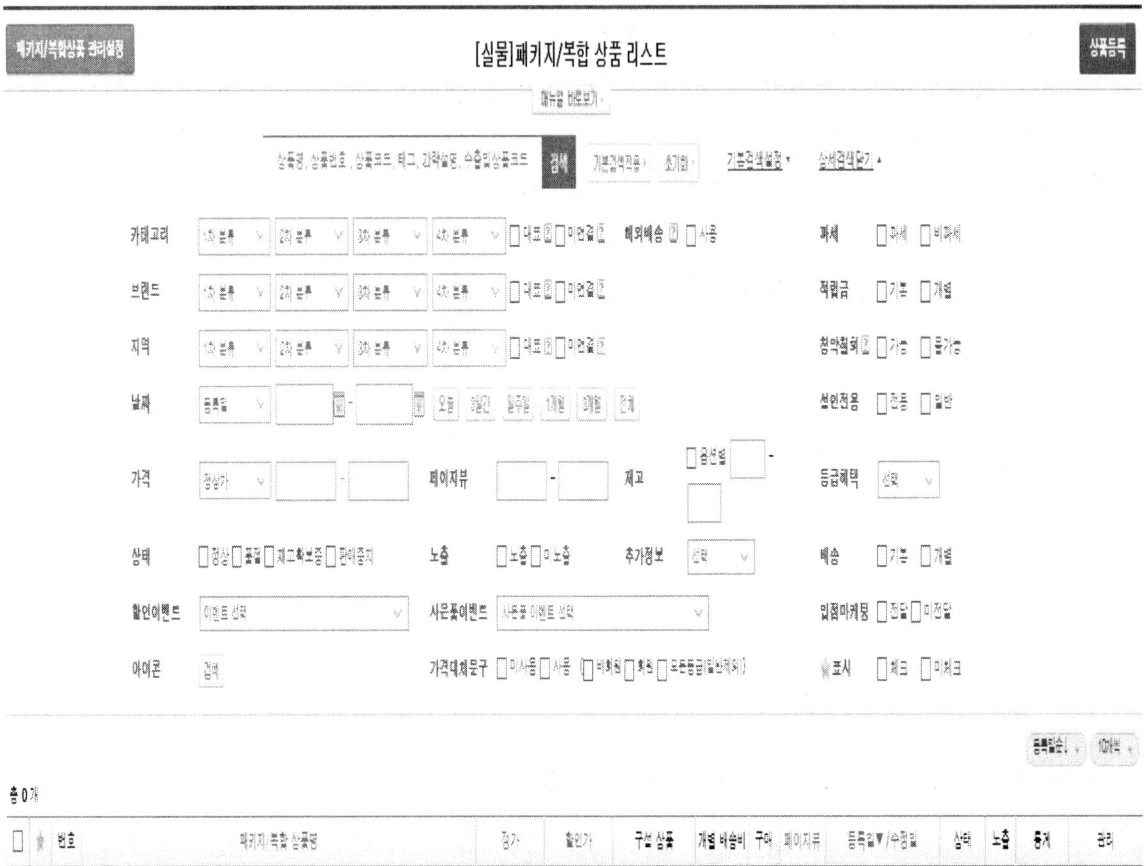

그림 6-29 [실물배송]패키지/복합 상품 리스트

① 상품 상세화면에서의 옵션보기/에디터보기/공용정보/관련상품의 기본설정
② 상품 등록 시의 기본 워터마크를 설정
③ 패키지/복합 상품을 등록
④ 자주 사용하는 검색옵션을 미리 설정해 놓고 이용
⑤ 상품명/정가/할인가/재고/페이지뷰/등록일/수정일을 오름차순/내림차순으로 정렬

⑥ 상품의 재고를 확인
⑦ 상품의 통계와 빅데이터를 확인
⑧ 상품의 정보를 수정하거나 상품을 복사
⑨ 선택한 상품을 삭제

· 실물배송]패키지/복합상품 등록 설정
① 상품리스트로 들어갈 수 있다.
② 현재 상품을 복사할 수 있다.
③ 상품 이름, 판매상태, 노출여부, 페이지뷰의 정보를 보여 준다.
④ 고객들이 보는 상품 상세페이지로 이동.
⑤ 등록/수정한 정보를 저장.
⑥ 상품등록/수정 페이지의 옵션 메뉴로 바로 이동할 수 있다.

7. 디자인

설정과 상품 등록을 마쳤다면 쇼핑몰을 디자인해 보자. 디자인 메뉴는 관리자 화면에서 그림 7-1과 같이 우측상단에 있다. 디자인 메뉴에는 스킨설정, 폰트설정, 디자인 환경(PC), 디자인 환경(Mobile), 디자인 환경(Facebook) 그리고 HTML에디터로 이루어져 있다.

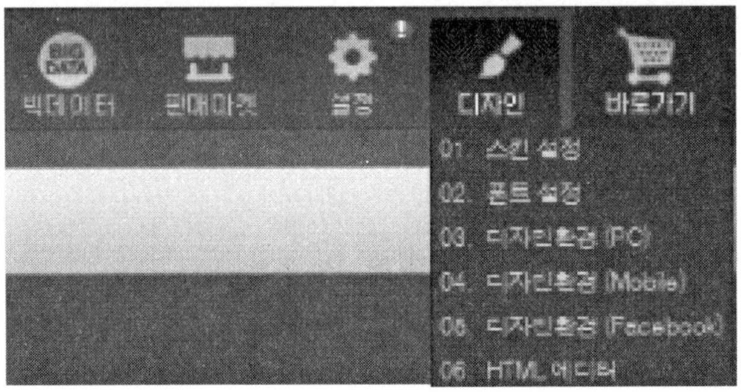

그림 7-1 디자인 메뉴

1. 스킨 설정 : 스킨이란 쇼핑몰에서 고객이 직접 눈으로 보이게 되는 부분이다. 같은 내용이라 하더라도 스킨(디자인)에 따라 쇼핑몰의 모습은 다르게 보이게 된다. 새로운 스킨(무료, 유료, 디자인 맞춤)을 적용하고 관리할 수 있을 뿐만 아니라 작업용 스킨과 실제적용 스킨으로 나누어 쇼핑몰 운영 중에도 리뉴얼 작업을 진행할 수 있다.
2. 폰트 설정 : 인터넷 환경에서는 윈도우에 설치되어 있는 기본폰트만 이용할 수 있다. 하지만 웹폰트를 이용하면, 기본폰트와 무관하게 다양한 폰트를 활용하여, 쇼핑몰에 감성을 더할 수 있다. 폰트리스트에서 다양한 폰트를 확인하고 구매할 수 있다.
3. 디자인 환경(PC) : PC용 쇼핑몰을 눈으로 보면서 편하게 디자인할 수 있다. EYE DESIGN을 이용하여 이미지/플래시/동영상/상품디스플레이/ 팝업/게시판 등을 빠르고 간편하게 넣고, 빼고, 수정할 수 있다.
4. 디자인 환경(Mobile) : Mobile/Tablet 용 쇼핑몰을 눈으로 보면서 디자인.
5. 디자인 환경(Facebook) : Facebook PC용 쇼핑몰을 눈으로 보면서 편하게 디자인.
6. HTML에디터 : 쇼핑몰의 내용을 HTML 코드를 사용하여 편집할 수 있다.

7.1 스킨설정

쇼핑몰의 스킨설정은 그림 7-2와 같이 PC, Mobile/Tablet, Facebook으로 분류되며 각각의 스킨은 실제 적용스킨과 디자인 작업용 스킨으로 구분된다. 기본 화면은 PC 스킨으로 현재 사용자가 보유하고 있는 스킨 목록을 볼 수 있다. 실제 적용스킨이란 고객이 쇼핑을 할 때 실제로 보게 되는 쇼핑몰 화면을 말한다. 디자인 작업용 스킨이란 쇼핑몰 관리자가 디자인 작업을 하기 위한 쇼핑몰 화면을 말한다. 리뉴얼 작업을 할 때 유용하게 사용할 수 있다. 디자인 작업을 완료한 후에 실제적용 스킨으로 적용할 수 있다. PC에 백업해 놓았던 스킨을 업로드할 수 있는데 Zip파일을 “스킨업로드” 버튼을 클릭하여 업로드 한다.

그림 7-2 PC 스킨

① 어떤 종류(PC, Mobile/Tablet, Pacebook PC)의 스킨을 변경할지 선택한다.

② 실제적용 스킨. 아래 보유스킨리스트에서 스킨을 선택을 하고, 하단의 "선택한 스킨을 실제적용스킨으로 설정하기"를 클릭하면 적용된다.

③ 디자인작업용 스킨. 아래 보유스킨리스트에서 스킨을 선택을 하고, 하단의 "선택한 스킨을 작업용 스킨으로 설정하기" 를 클릭하시면 적용된다. 고객은 볼 수 없으며, 관리자만 보실 수 있다. 디자인 리뉴얼 등의 작업을 할 때 이용할 수 있다.

④ 스킨명 표시하고 해당 스킨의 현재 상태를 보여준다.

⑤ 스킨을 미리볼 수 있는 버튼 - 현재창에서 보여줌

⑥ 스킨을 새 창에서 미리 볼 수 있는 버튼과 스킨을 생성한 날짜

⑦ 스킨을 백업 및 복사 - 압축파일로 PC에 저장할 수 있다.

⑧ 스킨의 이름을 변경 및 삭제하고 백업 받아놓았던 스킨을 업로드할 수 있는 버튼

추천 무료 스킨 버튼을 클릭하면 그림 7-3과 같이 무료로 사용할 수 있는 스킨 목록이 나타난다. 이중 무료스킨을 누르고 “무료적용”을 클릭하자.

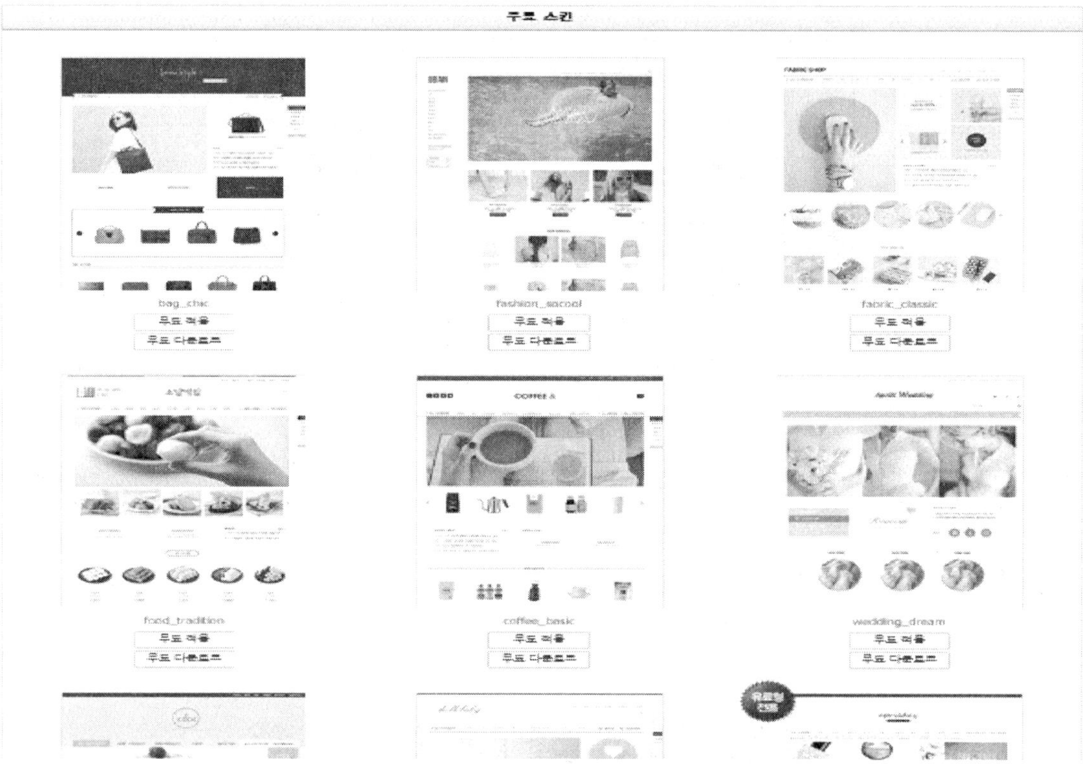

그림 7-3 무료 스킨 화면

7.2 폰트 설정

쇼핑몰에 다양한 형태의 웹 폰트를 설정하기 위해서는 폰트 설정화면에서 그림 7-4와 같이 다양한 형태의 폰트를 구매할 수 있다. 인기 폰트는 많이 구입된 폰트 리스트를 나타내고 이 중 클릭하면 해당 폰트를 적용할 수 있다. 이 밖에도 명조체, 고딕체, 손글씨 등 다양한 형태의 폰트 리스트를 볼 수 있으며 해당 쇼핑몰에 적용할 폰트를 설정하면 된다.

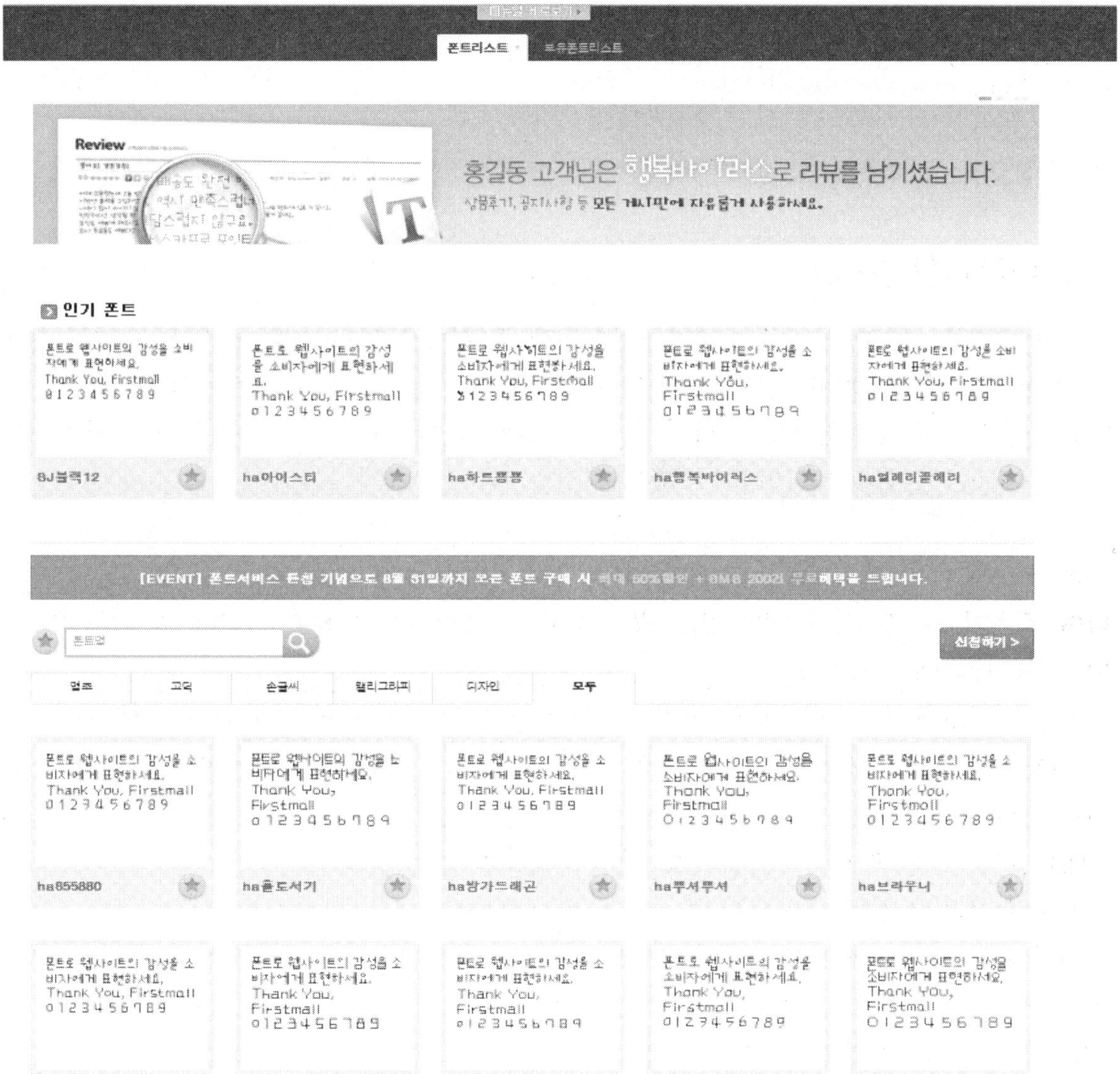

그림 7-4 폰트 설정 화면

보유 폰트리스트를 클릭하면 현재까지 구매한 목록을 다음 그림과 같이 볼 수 있다.

보유 폰트 리스트

기본폰트	폰트명	폰트 사용방법		폰트 사용 도메인	이용기간	연장
		에디터	HTML class명			
보유중인 폰트가 없습니다.						

※ 기본 폰트를 선택하면 사이트의 기본이 되는 폰트가 선택된 기본 폰트로 변경이 됩니다.
※ 연장 - 이용 종료일이 같은 폰트는 연장 신청을 같이 할 수 있습니다.
※ 도메인 추가 - 이용 종료일과 사용 도메인이 같은 폰트는 도메인 추가 신청을 같이 할 수 있습니다.

그림 7-5 보유폰트 리스트

7.3 디자인환경(PC)

디자인 환경을 클릭하면 그림 7-6과 같이 현재 적용된 쇼핑몰을 볼 수 있으며 PC환경에서 쇼핑몰을 EYE DESIGN을 이용하여 화면을 디자인할 수 있다. EYE DESIGN 요소는 ON/OFF 단추를 클릭함으로서 사용할 수 있으며 각 메뉴의 디렉토리 별 해당 페이지의 디자인 요소를 손쉽게 디자인할 수 있는 특징이 있다.

· Web FTP : 많은 파일을 손쉽게 서버로 접속하기 위하여 파일질라, 알FTP 등을 사용하여 접속할 수 있다. FTP의 ID/PW는 가비아 홈페이지의 MY 가비아-쇼핑몰관리-서비스관리 메뉴에서 확인할 수 있다.
· 스타일시트(CSS) : 스타일시트 파일의 소스를 확인하고 수정하는 환경으로 변환한다.
· HTML 디자인 : HTML 소스로 직접 수정가능하다. HTML의 사용법에 대해 알고 있어야 한다.
· 매뉴얼 : 현재 페이지의 사용법에 관한 매뉴얼을 볼 수 있다.
· default 스킨 : 현재 사용하고 있는 스킨의 이름이다.
· 전체페이지 : 전체페이지의 레이아웃을 설정할 수 있다. 페이지의 사이즈와 상/하/좌/우 레이아웃의 노출 여부 등을 설정할 수 있다..
· Eye Editor : HTML을 편집할 수 있다.
· 디자인 환경 : Moble/Tablet, FaceBook PC 등 다른 디자인 환경으로 전환 한다.

· 관리자페이지로 들어갈 수 있다.

· 디자인을 추가하고 편집할 수 있는 EYE DESIGN - EYE DESIGN으로 작업하다가 쇼핑몰 화면을 볼 때 하단의 CLOSE를 클릭하면 EYE DESIGN을 최소화할 수 있다.

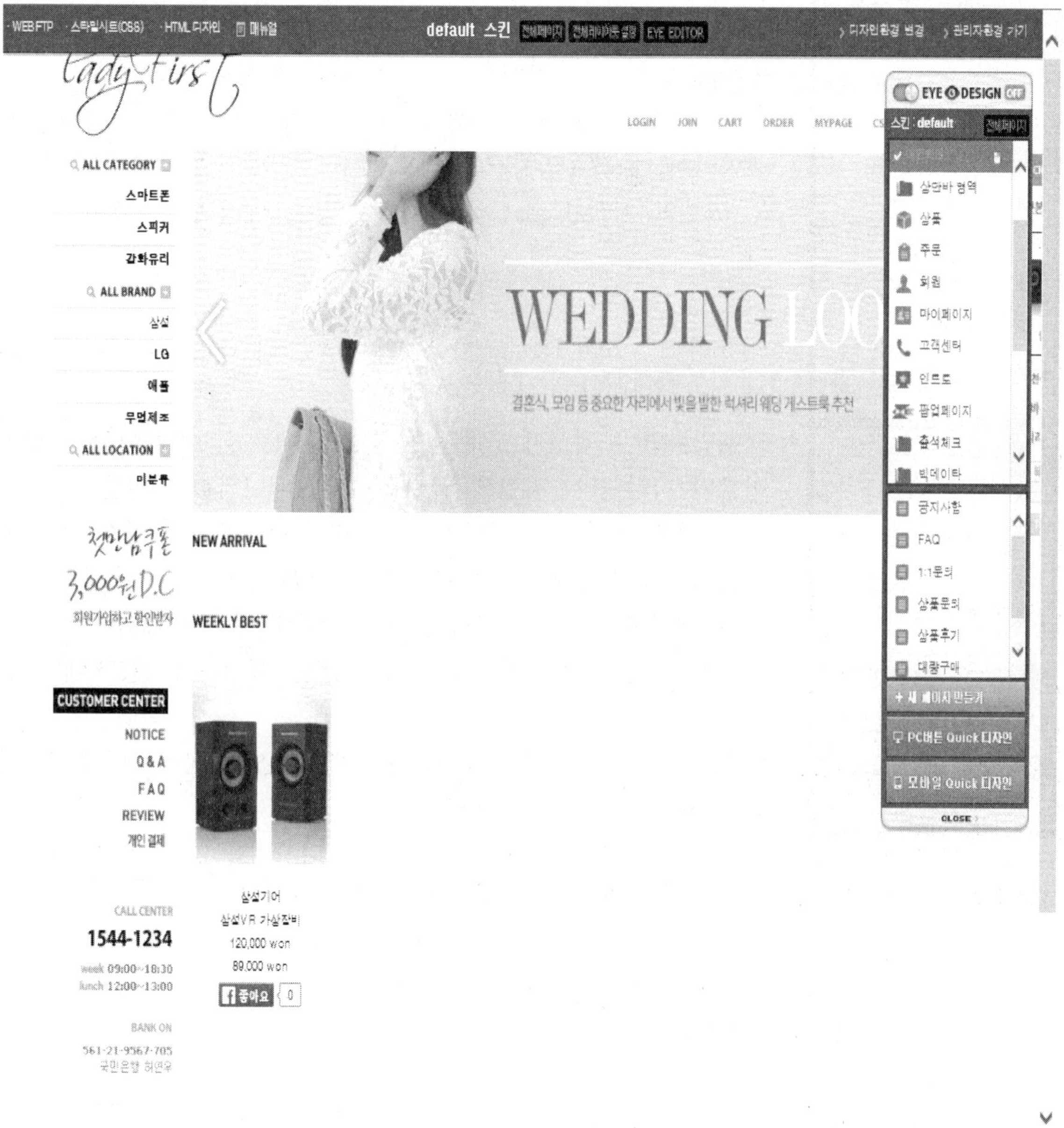

그림 7-6 디자인 환경

7.3.1 EYE DESIGN 메뉴

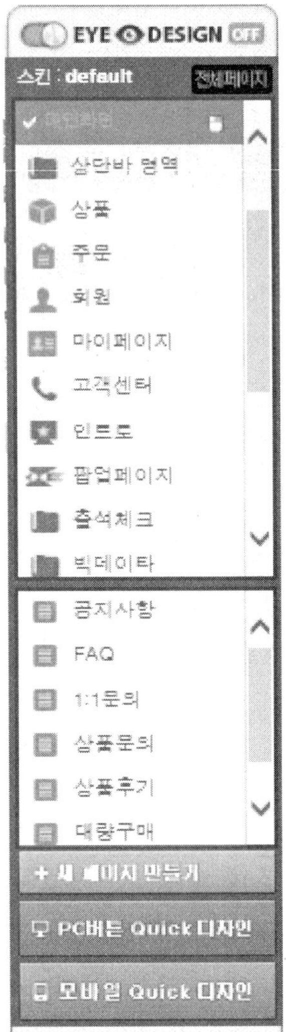

그림 7-7 EYE DESIGN

그림 7-7과 같이 쇼핑몰의 디자인 작업을 EYE DESIGN을 이용하여 매우 편리하게 편집 할 수 있다. 디자인 메뉴에서 디자인환경(PC), 디자인환경(Mobile), 디자인환경 (Facebook)에서 각각의 매체 별 디자인 작업을 할 수 있다. 3개의 디자인 환경 작업 방법은 동일하다. 그림에서 보는 것처럼 각 페이지의 리스트가 들어가 있으며, 해당페이지에서 마우스 오른쪽 버튼을 클릭하면, 이미지/플래시/동영상/상품디스플레이/팝업/게시판 등을 넣을 수 있으며, HTML 소스와 레이아웃/폰트/배경색을 설정할 수 있다.

· On/Off : Eye Design의 사용 여부로 디자인을 수정하기 위해선 On이 되어야 한다.
· 메인화면 : 특정페이지로 들어 갔을 때, 해당 페이지의 항목 이름이 나타난다. 파란색 글씨는 현재 페이지를 나타낸다. 마우스 오른쪽 버튼을 클릭하면, 이미지 넣기, 플래시 넣기, 동영상 넣기 등 다양한 디자인 작업을 할 수 있다.
· 새 페이지 만들기 : 기본 페이지 외에 새로운 페이지를 만들 수 있다. 회사소개, 제품소개 등의 별도 페이지를 만들 때 사용한다.
· PC 버트 퀵 디자인 : PC 환경에서 구매, 장바구니 등의 버튼을 빠르게 수정할 수 있다.
· 모바일 퀵 디자인 : 모바일 화면의 디자인을 설정할 수 있다.
· close : EYE DESING 박스를 작게 만들어 닫는다.

EYE DESIGN 화면에서 오른쪽 마우스 버튼을 클릭하면 그림 7-8과 같이 빠른 메뉴를 이용하여 다양한 기능을 사용할 수 있다.

① 전체페이지: 모든 페이지를 한눈에 볼 수 있는 메뉴.
② 이미지 넣기 : 이미지를 삽입

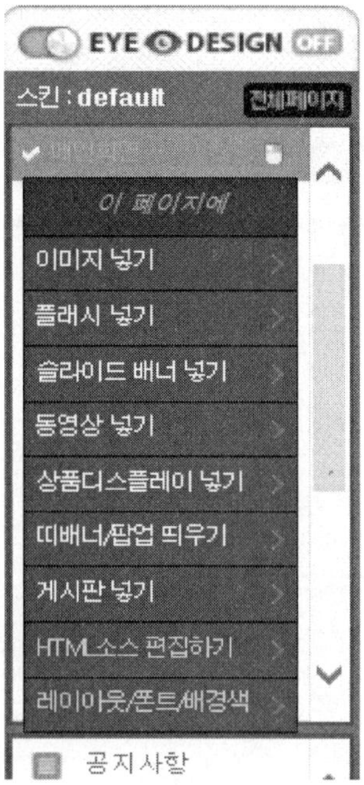

그림 7-8 EYE DESIGN 부가 메뉴

③ 플래시 넣기: 플래시를 삽입
④ 동영상 넣기: 동영상을 삽입
⑤ 상품디스플레이 넣기: 상품진열
⑥ 띠배너/팝업 띄우기: 띠배너/팝업
⑦ 게시판 넣기: 게시판의 일부를 삽입
⑧ HTML 소스 편집하기 : 에디터에서 소스를 편집
⑨ 레이아웃/폰트/배경색: 레이아웃/폰트/배경색을 설정
⑩ 새 페이지 만들기 : 새로운 페이지 생성

EYE DESIGN이 ON 상태에서 이미지로 되어있는 부분을 마우스로 클릭하면 해당 이미지를 수정할 수 있다. 일반 이미지로 노출되는 경우 회색점선으로 표시되며 플래시 넣기를 통하여 노출되는 이미지는 보라색 점선, 상품디스플레이를 통하여 노출되는 이미지는 녹색으로 표시, 카테고리 부분은 주황색 그리고 레이어 팝업 창이 노출되는 부분은 분홍색으로 표시된다.

EYE DESIGN을 ON 하고, 네이게이션을 클릭하면 네이게이션 디자인을 변경할 수 있는 메뉴가 뜨며 이미지를 클릭하면 이미지를 수정, 링크를 걸 수 있다. 상품 디스플레이를 클릭하면 상품 디스플레이 변경창이 뜨며 각 변경 창에서는 해당 HTML영역으로 바로 들어갈 수 있는 메뉴가 제공된다.

7.3.2 전체레이아웃/폰트/배경색 설정

그림 7-9와 같이 쇼핑몰의 전체 페이지에 대한 레이아웃을 설정할 수 있다. 페이지의 사이즈와 상/하/좌/우 레이아웃의 노출 여부 등과 폰트/배경색 등을 통합 설정할 수 있다. 전체 페이지가 아닌 개별 페이지별로 설정하려면 EYE DESIGN의 레이아웃/폰트/배경색 메뉴를 사용해야 한다. EYE DESIGN 메뉴에서 “마이 페이지”를 오른쪽 마우스 버튼을 클릭하여 설정하면 된다.

· 화면 구성 : 그림 7-9와 같은 레이아웃의 구성을 보여준다. 하단에서 해당 레이아웃의 사이즈와 숨김 여부를 조정할 수 있으며 소스편집을 클릭하면 각 레이아웃의 소스편

집화면으로 들어갈 수 있다.

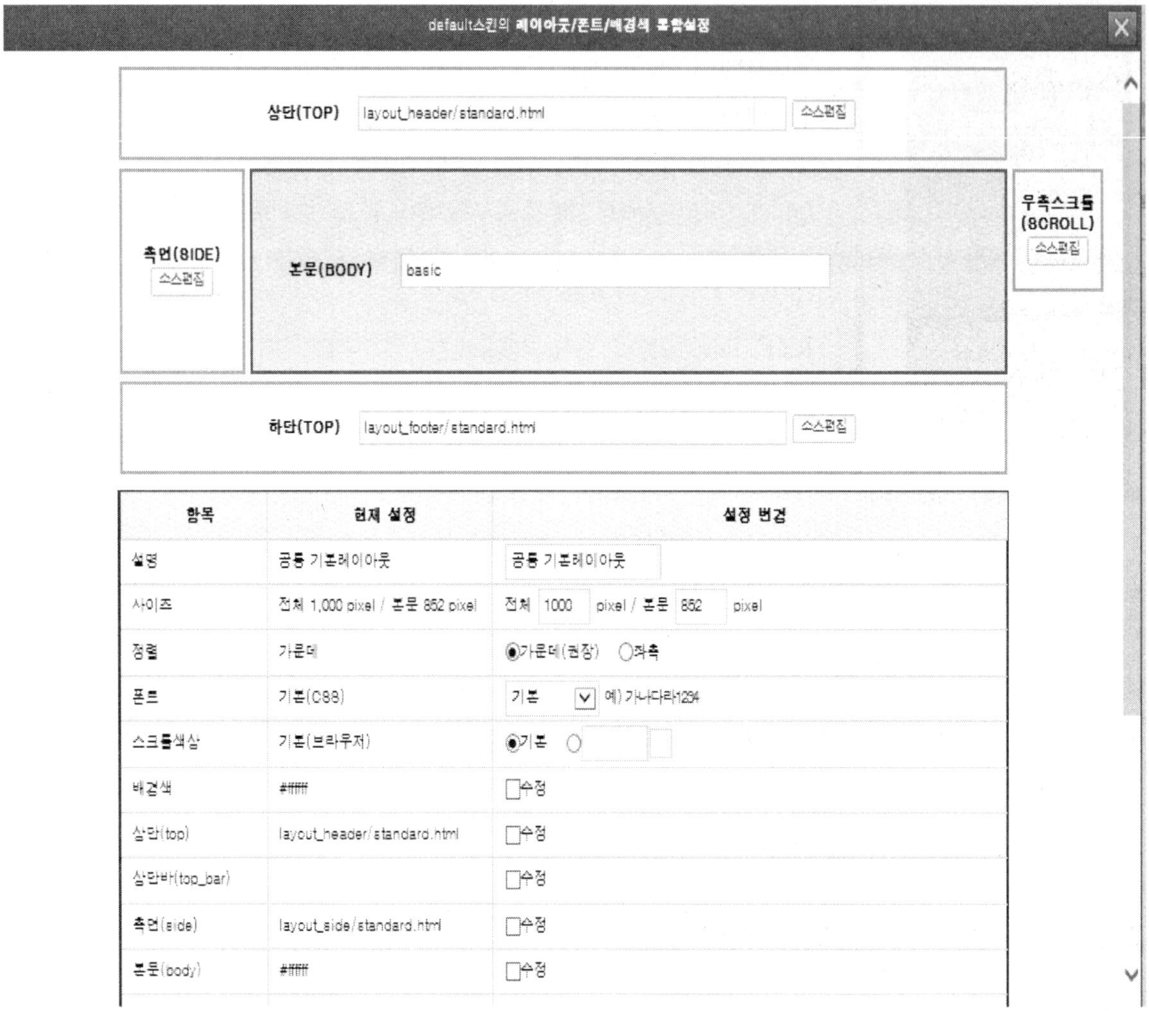

그림 7-9 전체 레이아웃 설정

· 우측 스크롤 : 소스편집을 클릭하면 각 영역의 HTML 소스를 편집할 수 있다.

· 설명 : 공통레이아웃의 설명을 변경할 수 있다.

· 사이즈 : 전체와 본문의 레이아웃 사이즈를 조정할 수 있다. 전체와 본문을 1000px, 500px로 변경할 경우 화면이 반으로 분할됨을 확인할 수 있다.

· 정렬 : 쇼핑몰의 정렬을 변경할 수 있다. 좌측정렬하면 쇼핑몰이 좌측에 붙어 표시된다.

· 폰트 : 기본폰트를 변경하거나 웹 폰트를 구매하면 다양한 폰트로 변경이 가능하다.
· 스크롤 색상 : 브라우저의 스크롤 색상을 변경할 수 있다.

상단/상단바/측면/하단/스크롤 영역을 쇼핑몰 상에서 숨기거나 다른 페이지로 보여질 수 있도록 설정가능 하다. 상단바는 쇼핑몰 상단에 카테고리, 브랜드, 지역 등을 통합 노출 할 수 있는 기능이다.

7.3.3 전체 페이지

그림 7-10과 같이 전체페이지는 쇼핑몰의 모든 페이지를 한눈에 확인할 수 있으며, 각 페이지의 HTML 편집 또는 레이아웃/폰트/배경을 설정할 수 있는 메뉴이다.

그림 7-10 전체페이지

· 새 페이지 만들기 : 새로운 페이지를 만들 수 있다.
· 삭제 : 선택한 페이지를 삭제할 수 있다. 단 기본 페이지는 삭제되지 않고 새로 만든 페이지만 삭제할 수 있다.
· HTML 편집 : 선택한 페이지의 HTML 소스를 편집할 수 있다.
· 주소복사 : 선택한 페이지의 주소를 복사할 수 있다.
· 레이아웃/폰트/배경 : 선택한 페이지의 레이아웃 설정을 변경할 수 있다.
· 선택파일 : 메인화면에서 선택한 파일의 경로를 보여준다.

7.3.4 새 페이지 만들기

새 페이지 만들기는 쇼핑몰의 기본 페이지 외에 페이지를 만들 때 사용한다. 그림 7-11과 같이 만들 페이지의 형태를 선택한 후 이름을 입력하고 중복확인을 체크한다.

그림 7-11 새 페이지 만들기

① 디렉토리 : 새로 만드는 페이지의 경로를 선택하는 메뉴
② newfile : 파일 이름을 입력하는 메뉴
③ 중복확인 : 파일이름이 중복되어 있는지 확인하는 버튼. 확인을 하지 않으면 만들 수 없다.
④ 페이지 설명 : 해당 페이지 설명을 입력하는 메뉴
⑤ 사이즈 : 전체와 본문의 레이아웃 사이즈를 변경할 수 있다. 전체와 본문을 1000px 500px 로 변경할 경우 화면이 반으로 분할됨을 확인할 수 있다.
⑥ 정렬 : 화면을 가운데/좌측으로 정렬할 수 있다. 좌측정렬시 여백 없이 좌측으로 붙는 것을 확인할 수 있다.
⑦ 폰트 : 쇼핑몰에서 사용하는 폰트를 선택할 수 있다.
⑧ 색상 : 쇼핑몰의 스크롤의 색상을 변경할 수 있다.
⑨ 배경색 : 배경색을 변경할 수 있으며, 배경색 대신 이미지를 넣을 수도 있다.

7.3.5 HTML 소스 편집하기(EYE EDITOR)

그림 7-12와 같이 해당 페이지를 HTML 소스를 이용하여 소스를 편집할 수 있다. 우선 수정하고자 하는 페이지를 클릭한다. EYE DESIGN에서는 해당 페이지가 파란색 글씨로 표시되는데, 여기에서 마우스 오른쪽 버튼을 클릭하면 팝업이 뜨는 것을 확인할 수 있으며 HTML소스 편집하기를 클릭하면 된다.

HTML 소스편집 화면에서는 다음과 같은 메뉴를 사용할 수 있다.

① 편집하고 있는 파일의 위치
② 파일의 경로
③ 해당 페이지의 원본소스
④ 해당페이지의 주소를 클립보드에 복사
⑤ 소스를 수정하여 저장하였던 내용을 호출. 최근 5회까지 저장
⑥ 소스를 편집 창

해당 페이지의 HTML소스를 편집할 경우 EYE EDITOR를 이용해서 좀 더 편하게 작업할 수도 있다. 단, EYE EDITOR는 무료몰에서는 지원되지 않는다. HTML소스 편집하기는 해당 페이지의 소스만 확인 할 수 있다. 해당 페이지의 원본 소스를 확인할 수 있

으며 최근 작업했던 파일들은 백업된다. 다른 디렉토리에 있는 파일들을 불러와 동시에 작업할 수도 있으며 서버에 있는 디렉토리와 파일들을 확인할 수 있다.

그림 7-12 HTML 소스 편집하기

7.3.6 PC 버튼 퀵디자인

그림 7-13과 같이 PC와 Facebook 쇼핑몰 화면의 모든 버튼을 변경할 수 있으며 이미지 URL을 통하여 버튼과 연결된 URL을 확인할 수 있다. 변경할 버튼을 클릭하면 새로운 버튼 이미지를 업로드 할 수 있다.

그림 7-13 PC 버튼 디자인

7.3.7 이미지/플래시/동영상 넣기

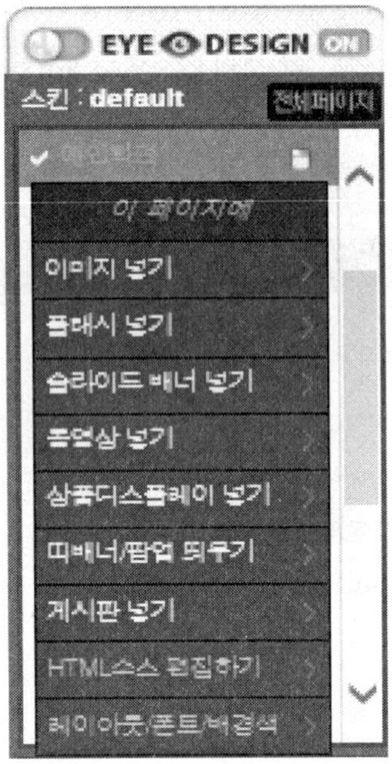

그림 7-14 이미지 메뉴

1) 이미지 넣기

추가하고자 하는 페이지로 접속하면 파란색글씨로 해당 페이지의 이름이 나오는 데, 여기에서 마우스 오른쪽 버튼을 클릭하고 이미지 넣기를 클릭한 후 이미지 삽입과 링크를 그림 7-15와 같이 확인할 수 있다.

이미지 수정을 위해서는 변경할 이미지에 마우스를 오버하면 회색점이 생기면서 편집을 할 수 있다. 변경할 이미지의 링크 주소를 입력하고 확인을 누르면 해당 이미지로 변경되어 나타난다. 만약 이미지의 위치를 변경하고 싶다면 변경할 이미지에 마우스를 클릭하고 HTML 소스보기를 선택한다. 현재 이미지에 대한 HTML 소스에서 이미지와 링크의 소스를 잘라낸 후 원하는 위치로 이동하여 저장하면 이미지가 변경된 것을 확인할 수 있다.

그림 7-15 이미지 넣기

· 이미지 삽입 메뉴

① 해당페이지의 HTML소스를 확인할 수 있는 메뉴

② PC의 이미지를 찾을 수 있는 메뉴와 PC에서 불러온 이미지

③ 레이블을 입력하는 창. 레이블은 마우스를 이미지에 오버하면 나오는 풍선 글이다.

④ 이미지를 클릭했을때 연결되는 페이지의 URL을 입력할 수 있다. 입력할 때에는 http://를 포함하여 입력해야 한다.

⑤ 링크된 페이지를 새 창에서 열기 혹은 현재창에서 열기 선택

⑥ 자주 사용하는 페이지를 선택할 수 있는 메뉴.

⑦ 이미지를 어디에 삽입할지 선택하는 메뉴. 상단과 하단만 선택이 가능하며, 세부조정은 HTML에서 변경해야 한다.

· 플래시 넣기

EYE DESIGN을 이용하여 쉽게 플래시를 만들고 노출 할 수 있다. EYE DESIGN에서는 해당 페이지가 파란색 글씨로 표시 되는데, 여기에서 마우스 오른쪽 버튼을 클릭하면 플래시 넣기 메뉴를 확인할 수 있으며 그림 7-16과 같이 플래시를 삽입할 수 있다.

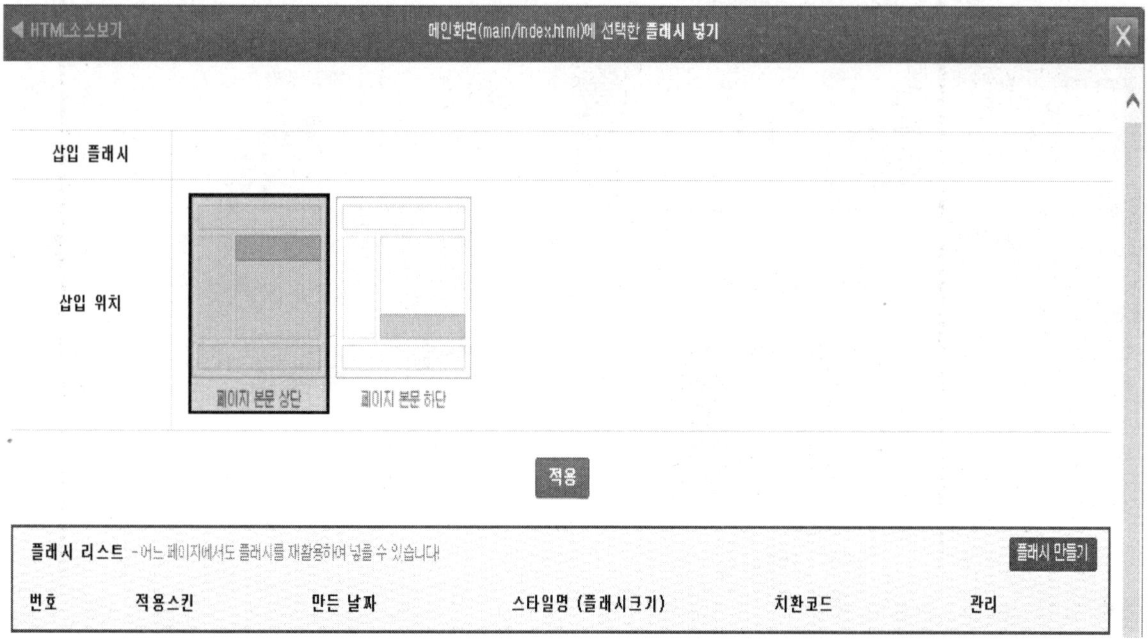

그림 7-16 플래시 넣기

① 해당페이지의 HTML소스를 확인할 수 있는 메뉴
② 플래시를 만든 리스트.
③ 플래시 번호를 보여주며, 체크박스에 체크를 하고, 하단에 삭제를 클릭하면 삭제
④ 플래시 적용 스킨과 플래시를 만든 날짜를 확인
⑤ 플래시 적용 스타일과 크기를 확인
⑥ 플래시의 치환코드, HTML 소스 원하는 위치에 입력하면 된다.
⑦ 노출할 플래시를 선택하는 메뉴/플래시를 수정
⑧ ⑦에서 플래시를 선택하면 선택된 플래시 이미지가 보이게 된다.
⑨ 삽입 플래시의 스타일
⑩ 삽입위치를 설정하는 메뉴. 상단과 하단만 설정이 가능하며, HTML에서 위치를 조정할 수 있다.
⑪ 페이지에 실제 노출할 수 있는 적용 버튼/그림 7-17과 같은 플래시 만들기 메뉴

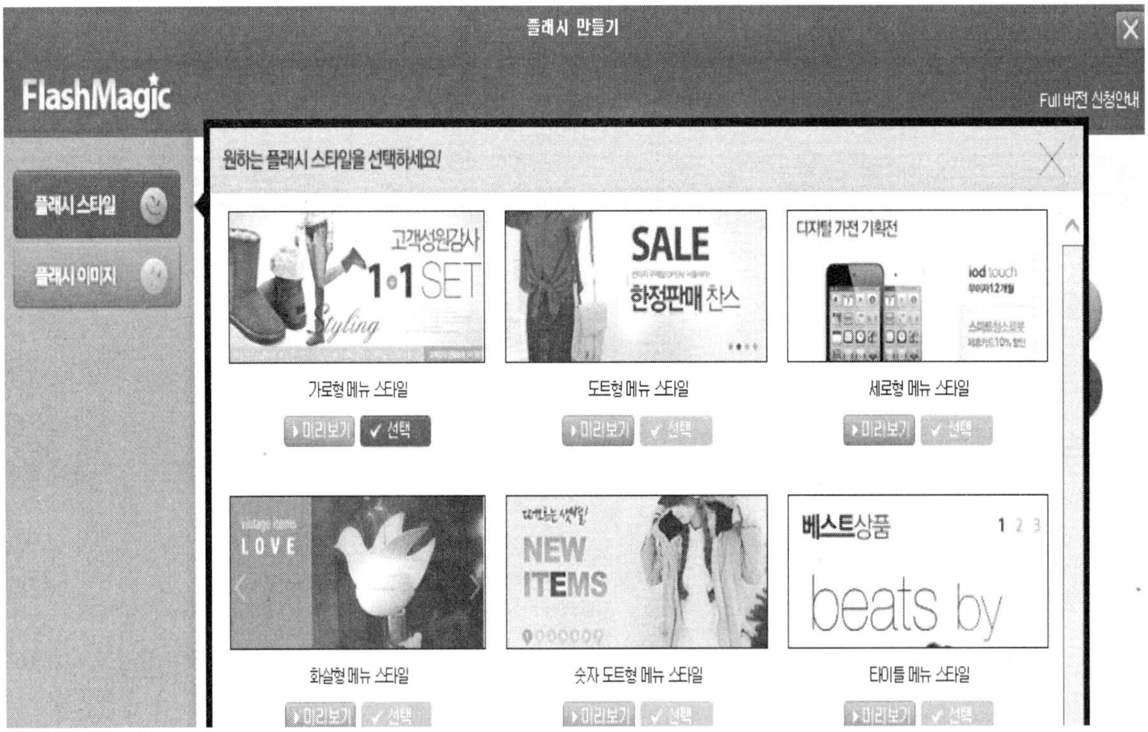

그림 7-17 플래시 만들기

· 플래시 만들기 메뉴

① 플래시 액션을 설정하는 메뉴. 메뉴영역에서 마우스를 오버해도 다음 이미지로 넘어가 클릭해야만 다음 이미지로 넘어가게 할 지 선택하는 메뉴
② 플래시 효과를 선택하는 메뉴
③ 만들고 있는 플래시를 미리 볼 수 있는 메뉴
④ 플래시를 생성하는 메뉴. 플래시 생성 작업을 완료하고, 플래시 생성버튼을 클릭하면 된다.
⑤ 올릴 이미지의 사이즈를 설정하는 메뉴. 비주얼 이미지의 크기를 설정하면 되며, 이미지 사이즈는 동일해야 한다.
⑥ 화면에 들어갔을 때 보여 지는 메뉴 이미지
⑦ 마우스를 오버했을 때 보여 지는 메뉴 이미지
⑧ 비주얼 이미지를 입력하는 메뉴 ⑤에서 설정한 사이즈로 올려야 한다.
⑨ 해당 이미지를 클릭했을 때 ⑩에서 링크건 페이지를 새 창으로 열건지, 현재창에서 열건지 선택하는 메뉴
⑩ 연결한 URL을 입력하는 메뉴로서 http:// 도 입력 한다.
⑪ 메뉴를 추가하거나 삭제할 수 있다.

· 플래시 위치 조정 과정

① EYE DESIGN을 ON하고 해당 플래시 영역을 클릭
② "플래시 영역의 HTML소스보기"를 클릭
③ 치환코드의 위치를 이동
④ 플래시의 위치 변경 확인

· 동영상 만들기 메뉴

① 해당페이지의 HTML소스를 확인할 수 있는 메뉴
② 동영상 리스트를 보여준다. ⑩ 동영상 만들기를 통해서 만들 수 있다.
③ 동영상 번호를 보여주며, 체크박스에 체크를 하고, 하단에 연결해제를 클릭하면 리스트에서 삭제할 수 있다.
④ 동영상을 확인/동영상을 만든(업로드)한 날짜를 확인
⑤ 동영상의 타이틀과 재생시간을 확인/동영상의 링크 URL을 확인

⑥ 노출할 동영상 선택하는 메뉴/삽입할 동영상을 보여준다.

⑦ 삽입할 동영상의 사이즈를 입력할 수 있다.

⑧ 동영상을 삽입할 위치를 선택할 수 있다. 상단과 하단만 설정이 가능하며, HTML에서 위치를 조정할 수 있다.

⑨ 페이지에 실제 노출할 수 있는 적용 버튼

⑩ 동영상을 만들(업로드) 수 있는 메뉴

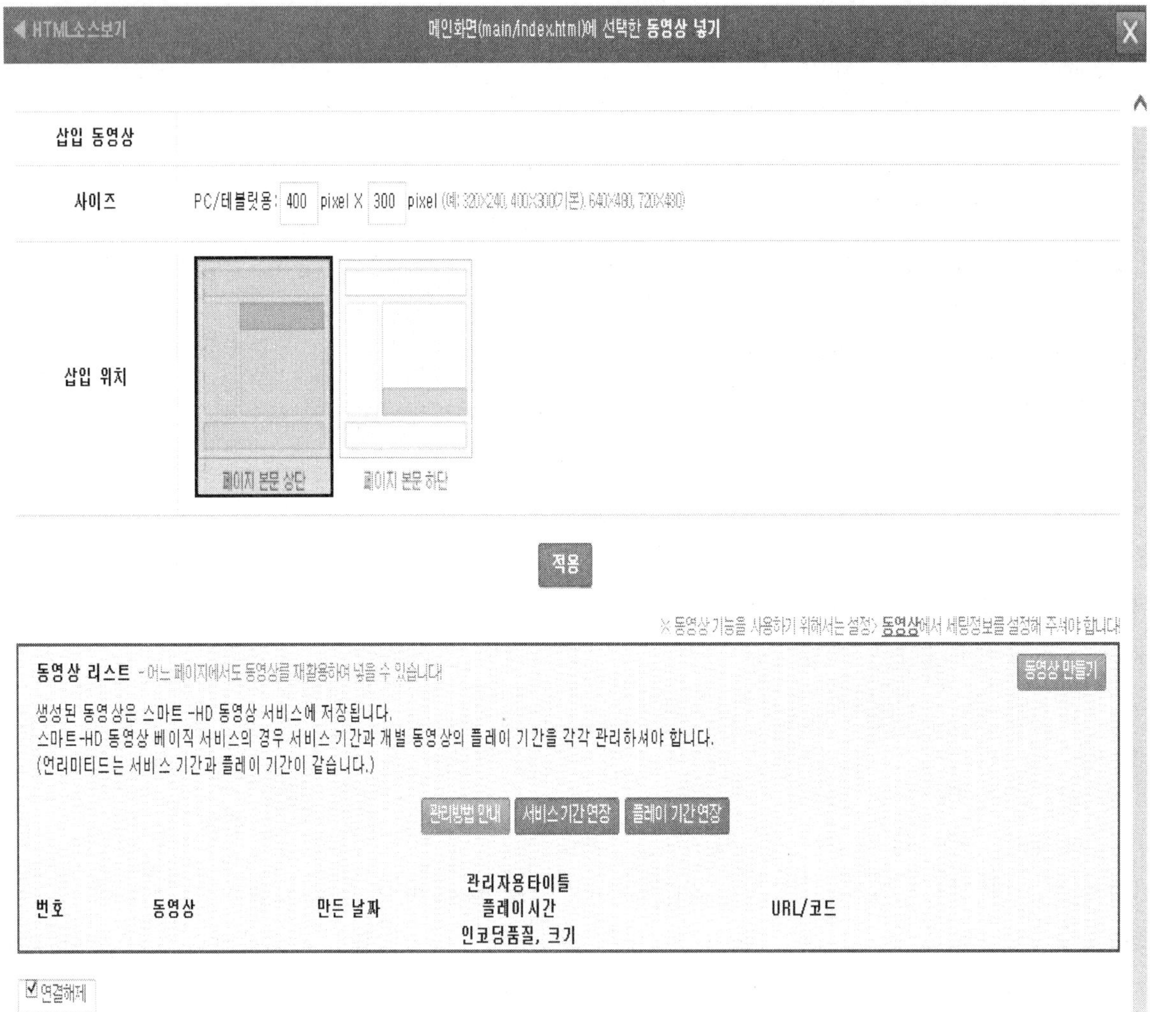

그림 7-18 동영상 넣기

7.3.8 슬라이드 배너 넣기

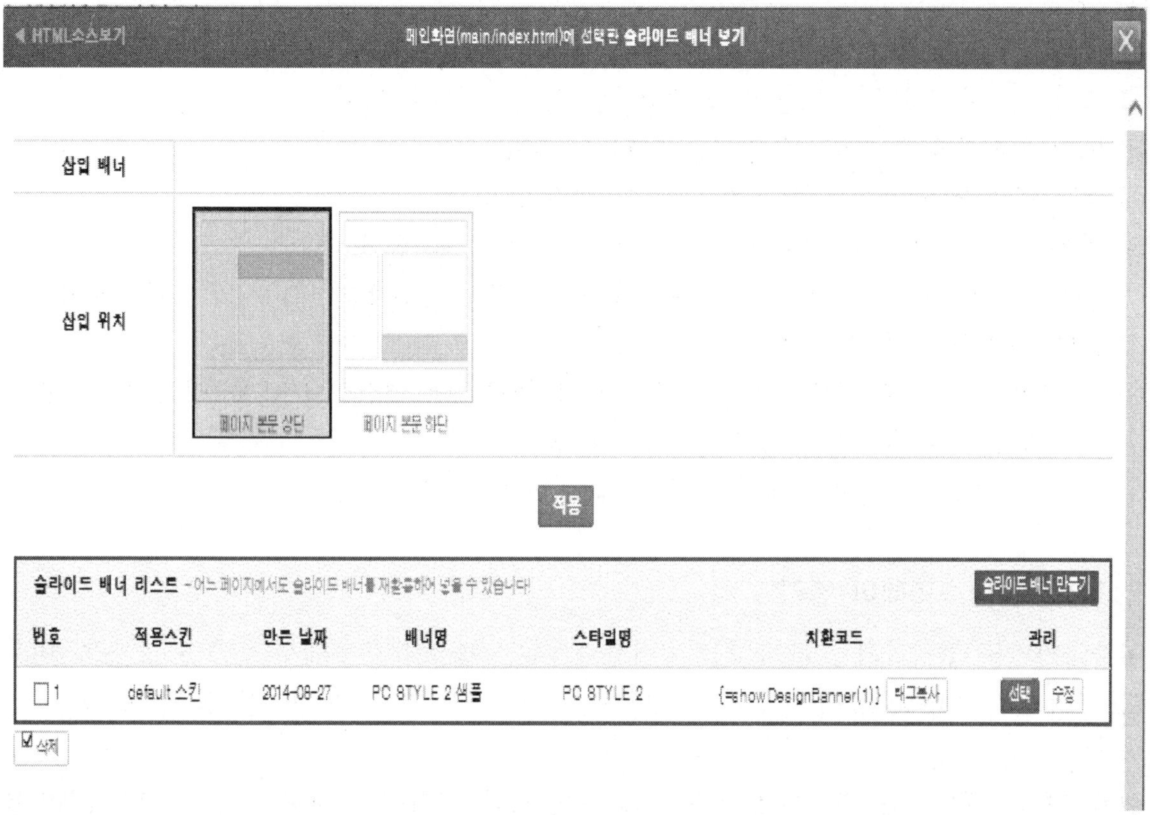

그림 7-19 슬라이드 배너 넣기

추가하고자하는 페이지 이름에서 마우스 오른쪽 버튼을 클릭하여 슬라이드 넣기를 클릭하면 그림 7-19와 같이 슬라이드 배너를 넣을 수 있다. 삽입 위치를 선택한 후 슬라이드 배너 만들기를 클릭하여 새로운 플래시를 제작할 수 있다. 화면에서 슬라이드 배너의 스타일/전체 사이즈와 배경색, 배경이미지를 설정할 수 있다. 또한 삽입 이미지의 여백과 마우스 오버시 효과 등을 적용할 수 있다.

슬라이드 배너를 수정하기 위해선 해당 슬라이드에 마우스를 클릭하여 편집화면에서 적용한다. 슬라이드 배너 변경화면이 뜨면 변경할 내용을 수정하여 적용하면 된다. 슬라이드의 위치변경은 앞서 이미지의 위치 변경과 마찬가지로 HTML 소스보기를 클릭하여 슬라이드의 치환 코드를 원하는 위치로 이동하고 저장하면 된다.

· 슬라이드 만들기

① 제작할 슬라이드 배너의 이름을 입력/제작할 슬라이드 배너의 스타일을 선택할

② 만들고 있는 슬라이드 배너를 미리 볼 수 있다.

③ 슬라이드 배너의 사이즈(높이)와 배경 색상을 선택할 수 있다.

④ 배경 이미지를 업로드하고 위치를 정할 수 있다.

⑤ 추가할 이미지(⑧)를 위와 이미지간의 여백을 설정할 수 있다.

⑥ 마우스를 오버했을 때 추가할 이미지(⑧)에 효과를 줄 수 있다.

⑦ 추가할 이미지(⑧)의 사이즈를 설정할 수 있다. - 추가할 이미지와 같은 사이즈로 설정해야 이미지 외곽이 없다.

⑧ 추가할 이미지를 업로드하고 이미지를 클릭했을 때 연결할 URL을 입력할 수 있다.
- 우측의 + 를 클릭하여 이미지를 추가할 수 있다.

⑨ 슬라이드 배너에 이미지 네비게이션을 추가할 수 있다

7.3.9 상품디스플레이 넣기

상품이미지를 추가하기 위해서는 추가하고자 하는 페이지 이름에서 마우스 오른쪽 버튼을 클릭하여 상품디스플레이 넣기를 클릭하면 그림 7-20과 같은 그림을 볼 수 있다.

상품 위치와 삽입 옵션을 선택한 후 상품 만들기를 클릭하여 새로운 상품 디스플레이를 제작해야 한다. 상품디스플레이 화면에서 스타일, 노출 갯수, 이미지 꾸미기, 상품 정보, 상품 등을 선택한 후에 적용을 클릭하고 삽입 위치를 다시 한 번 적용하면 된다.
상품디스플레이를 수정하기 위해선 마우스를 해당 상품이미지에 오버하면 녹색 점선이 생기고 이때 클릭하면 수정할 수 있다.

상품 디스플레이 수정은 진열스타일/진열 개수/이미지 사이즈/이미지 꾸미기/ 상품 정보의 추가, 삭제/ 상품 노출의 자동 여부 등을 설정한다.
상품 디스플레이 위치 변경은 앞서 이미지 위치 변경과 마찬가지로 HTML 편집을 통해 원하는 위치로 변경할 수 있다.

그림 7-20 상품디스플레이 넣기

· 상품 디스플레이 넣기 메뉴

① 해당페이지의 HTML소스를 확인할 수 있는 메뉴.

② 상품디스플레이를 만든 리스트- ⑭ 상품디스플레이 만들기를 통해서 만들 수 있다.

③ 상품디스플레이 번호를 보여주며, 체크박스에 체크를 하시고, 하단에 삭제를 클릭하면 삭제할 수 있다.

④ 상품디스플레이의 스타일 - ⑨수정으로 들어가서 다른 스타일로 변경할 수 있다.

⑤ 상품디스플레이를 만든 날짜를 보여준다.

⑥ 관리용 코맨트, 타이틀, 상품수를 보여준다. ⑨수정으로 들어가서 변경할 수 있다.

⑦ 상품디스플레이의 치환코드다. HTML 소스 원하는 위치에 입력하면 상품디스플레이가 보여지게 된다.

⑧ 노출할 디스플레이를 선택하는 메뉴. - ⑧에서 선택하고, ⑪에서 위치를 선택하고, ⑫에서 옵션을 선택한 후에 ⑬ 에서 적용을 클릭하면 페이지에 노출된다.

⑨ 상품디스플레이 정보를 수정할 수 있다. 상품 디스플레이 만들기와 같은 페이지이다.

⑩ 상품디스플레이를 복사할 수 있는 메뉴.

⑪ 삽입위치를 설정하는 메뉴. 상단과 하단만 설정이 가능하며, 정밀한 위치 조정은 HTML에서 하실 수 있다.

⑫ 페이지를 정렬 등을 설정하는 메뉴. - 하나만 설정하면 모든 상품디스플레이에 동시 설정되기 때문에 메인페이지에서는 권장하지 않는다.

⑬ 페이지에 실제 노출할 수 있는 적용 버튼이다.

⑭ 상품디스플레이 만들기 메뉴.

⑮ 상품디스플레이는 상품이미지와, 상품동영상으로 구분되는데, 해당 리스트를 볼 수 있는 메뉴 - 상품디스플레이 상품동영상노출用을 클릭하면, ⑭에서도 상품디스플레이 상품동영상用만들기 메뉴가 나오게 된다.

· 상품디스플레이 만들기

1) 스타일을 설정할 수 있는 메뉴로서 4가지 형태를 제공한다.

2) 관리상 편의를 위한 입력하는 메뉴 - 상품디스플레이시 노출되지는 않는다.

3) 상품을 몇개 노출할지 선택할 수 있는 메뉴.

4) 이미지 크기를 설정하는 메뉴 - 상품등록페이지에서 설정한 사이즈가 표시.

5) 이미지 꾸미기를 하실 수 있는 메뉴.

6) 상품이미지 밑에 노출되는 상품명, 가격 등의 정보를 노출 설정하는 메뉴 - + 를 클릭하면 항목을 추가할 수 있으며, -를 클릭하면 항목을 삭제할 수 있다. 마우스로 잡아서 위/아래로 순서도 조정할 수 있다.

7) 상품의 노출방식을 선택하는 메뉴.

① 상품노출방식을 선택하는 메뉴 - 체크를 해제하면 ⑦의 수동방식으로 노출된다.

② 노출할 카테고리를 설정/노출할 브랜드를 설정할 수 있다.

③ 상태별 노출을 설정할 수 있다. 체크하지 않으면 체크하지 않은 상태의 상품은 노출되지 않는다.

④ 이미지 영역에 동영상을 노출할지 이미지를 노출할지 선택할 수 있다.

⑤ 설명영역에 동영상이 있는 제품만 노출/어떤 정렬 위주로 노출할지 선택

⑥ 정렬되는 기준의 날짜를 선택/수동방식으로 변경. ①의 체크가 해제 된다.
⑦ 수동으로 상품을 선택하여 노출할 수 있다. ①에서 체크를 해제해야 한다.
8) 적용을 클릭하면 위에 설정한 정보가 저장 된다. 목록을 클릭하면 저장하지 않고, 리스트페이지로 빠져 나오게 된다.

7.3.10 띠배너/팝업 띄우기

띠배너와 팝업 띄우기를 원하는 페이지 이름에서 띠배너/팝업 띄우기를 클릭하면 그림 7-21과 같은 그림을 볼 수 있다.

그림 7-21 띠배너/팝업 띄우기

팝업 띄우기가 뜨면 새로운 팝업을 만들기를 위해서 띠배너/팝업 만들기를 클릭한다. 팝업의 스타일, 상태, 위치, 내용 등을 입력하고 적용을 클릭한다. 팝업은 윈도우 팝업과 레이어 팝업 중에서 선택할 수 있다. 새로 만든 팝업이 목록에 보이면 이를 선택하고 적용한다.
띠배너/팝업 내용을 변경하기 위해선 변경하고자하는 팝업과 띠 배너를 선택한다. 팝업을 노출하지 않으려면 팝업 영역을 없앰에 체크하고 적용을 클릭한다.

· 띠 배너/팝업 넣기
① 해당페이지의 HTML소스를 확인할 수 있는 메뉴.
② 팝업을 만든 리스트를 보여준다. ⑪ 팝업 만들기를 통해서 만들 수 있다.
③ 팝업번호를 보여주며, 체크박스에 체크를 하고, 삭제를 클릭하면 삭제할 수 있다.
④ 팝업의 스타일을 보여 준다. / 팝업을 만든 날짜를 확인할 수 있다.
⑤ 관리용 코멘트, 타이틀, 진행 상태를 보여준다.
⑥ 팝업의 치환코드 - HTML 소스 원하는 위치에 입력하시면 팝업이 띄어지게 된다.
⑦ 노출할 팝업을 선택하는 메뉴 - ⑧에서 선택하고, ⑪에서 적용을 클릭하면 페이지에 노출된다.
⑧ 플래시를 수정/팝업을 복사할 수 있는 메뉴
⑨ ⑦에서 선택된 팝업의 이미지.
⑩ 페이지에 실제 노출할 수 있는 적용 버튼.
⑪ 팝업 만들기 메뉴

· 팝업 만들기
① 팝업의 기본정보를 입력
- 타이틀: 팝업의 타이틀을 입력
- 관리 코멘트 : 팝업 관리에 필요한 코멘트를 입력
- 유형: 팝업의 유형을 선택할 수 있다.
a. 윈도우 팝업 : 일반적인 팝업 - 팝업차단 기능 이용 시에는 팝업을 볼 수 없다.
b. 레이어 팝업 : 레이어 형태로 팝업이 뜨기 때문에 팝업차단을 회피할 수 있다.
c. 띠배너 : 사이트 상단에 띠 형태로 노출.
- 상태: 기간별 팝업 진행 여부를 설정

- 페이지별 노출 조건 : 쇼핑몰 페이지에 따른 팝업 노출 여부를 설정할 수 있다.
- 페이지 위치 : 팝업이 뜰 위치를 설정할 수 있다.

② 하단 정보될 정보를 설정할 수 있다.
③ 본문에 노출할 컨텐츠를 입력 - 팝업 스타일을 선택하면 이미지, 텍스트를 비롯한 다양한 스타일로 팝업을 노출할 수 있다.

7.3.11 게시판 넣기

추가하고자 하는 페이지 이름에서 마우스 오른쪽 버튼을 클릭하여 게시판 넣기를 클릭하면 그림 7-22와 같은 그림을 볼 수 있다.
게시판의 삽입위치와 스타일을 선택하고 노출할 게시판을 선택한다. 게시물의 노출개수 / 노출 항목 등을 설정하고 적용을 클릭한다. 게시판의 위치 변경은 HTML 소스보기를 통하여 해당 소스의 위치를 변경하면 된다.

· 게시판 넣기

① 게시판의 삽입 위치를 선택할 수 있다. 상단과 하단만 삽입이 가능하며, 위치 조정을 삽입 후에 HTML소스에서 변경할 수 있다.
② 게시판의 스타일을 선택 / 노출할 게시판을 선택
③ 게시판의 타이틀을 설정하는 메뉴. 에디터를 이용, 텍스트나 이미지로 등록이 가능

④ 게시물의 노출 개수를 조절 / 노출할 항목을 설정 / 게시물의 출력항목을 정렬
⑤ 노출될 제목의 글자 수를 설정 / 게시글의 노출항목 정렬과 노출 날짜를 설정

· 공지사항 위치 이동 및 사이즈 조절

1) EYE DESIGN을 ON 상태로 변경한 후에 해당 게시판을 - [게시판 변경]창이 뜨면 HTML 소스보기를 클릭
2) 게시판의 HTML소스의 위치를 변경하고, 사이즈를 조정하려면 아래와 같이 TABLE 테그를 이용하여 사이즈를 조정

그림 7-22 게시판 넣기

7.3.12 디자인 환경(Mobile)

모바일 퀵(Quick) 디자인을 사용하여 모바일 쇼핑몰을 쉽게 수정할 수 있다. EYE DESIGN을 사용하여 모바일 디자인 수정은 PC 환경과 동일하며 그림 7-23과 같이 모바일 디자인 환경을 볼 수 있다.

테마로 세팅하기를 선택하면 원하는 색상으로 쉽고 빠르게 디자인할 수 있으며 직접 세팅하기를 사용하면 각 영역별로 색상을 적용할 수 있어 자신만의 쇼핑몰 디자인을 완성할 수 있다.

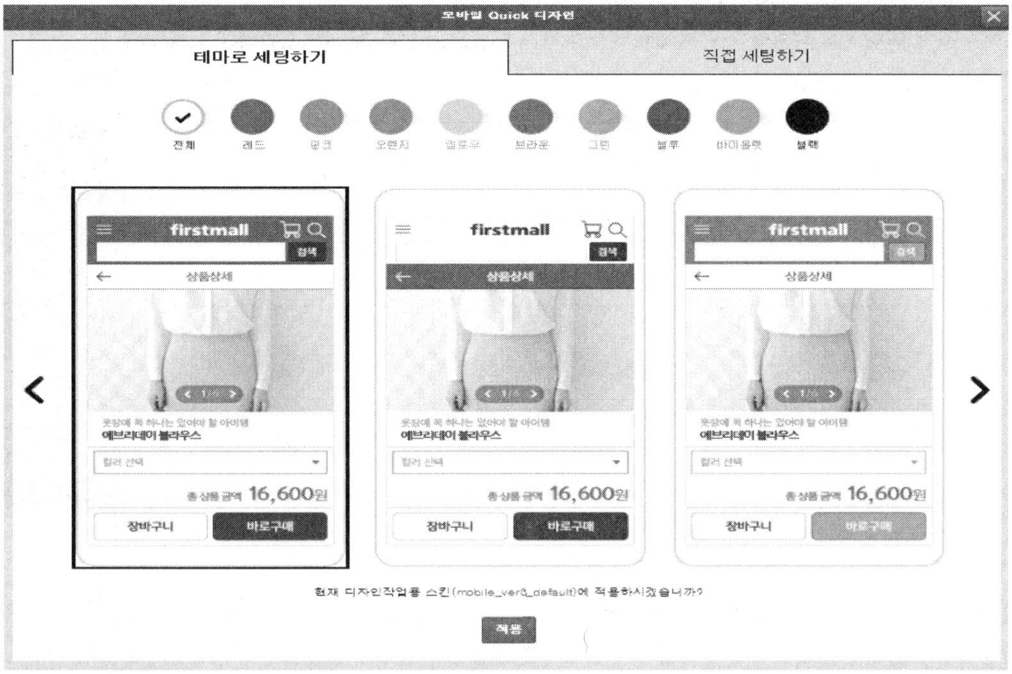

그림 7-23 모바일 디자인 환경

7.3.13 모바일 상단바

모바일 상단 바를 설정하면 메인페이지를 여러 개 만들어서 운영할 수 있다.

■ 메인상단바란? : 메인 상단바란 메인페이지 상단에 바(bar)형태로 노출되는 영역이다. 메인 상단바 영역에 다양한 메뉴 명을 노출함으로써 고객에게 더 많은 상품 정보를 보여줄 수 있다.

1) EYE DESIGN에서 마우스 오른쪽 버튼을 클릭하여 '레이아웃/폰트/배경색'을 클릭하고, 그림 7-24와 같이 메인 상단 바의 페이지 사용에 체크한다.
2) EYE DESIGN을 ON으로 변경하고 상단 영역을 클릭한다.
3) 상단에 노출할 탭 스타일과 이미지를 추가한다.
4) 추가된 페이지에 EYE DESIGN을 이용하여 이미지/상품디스플레이 등을 추가하여 페이지를 꾸미면 된다.

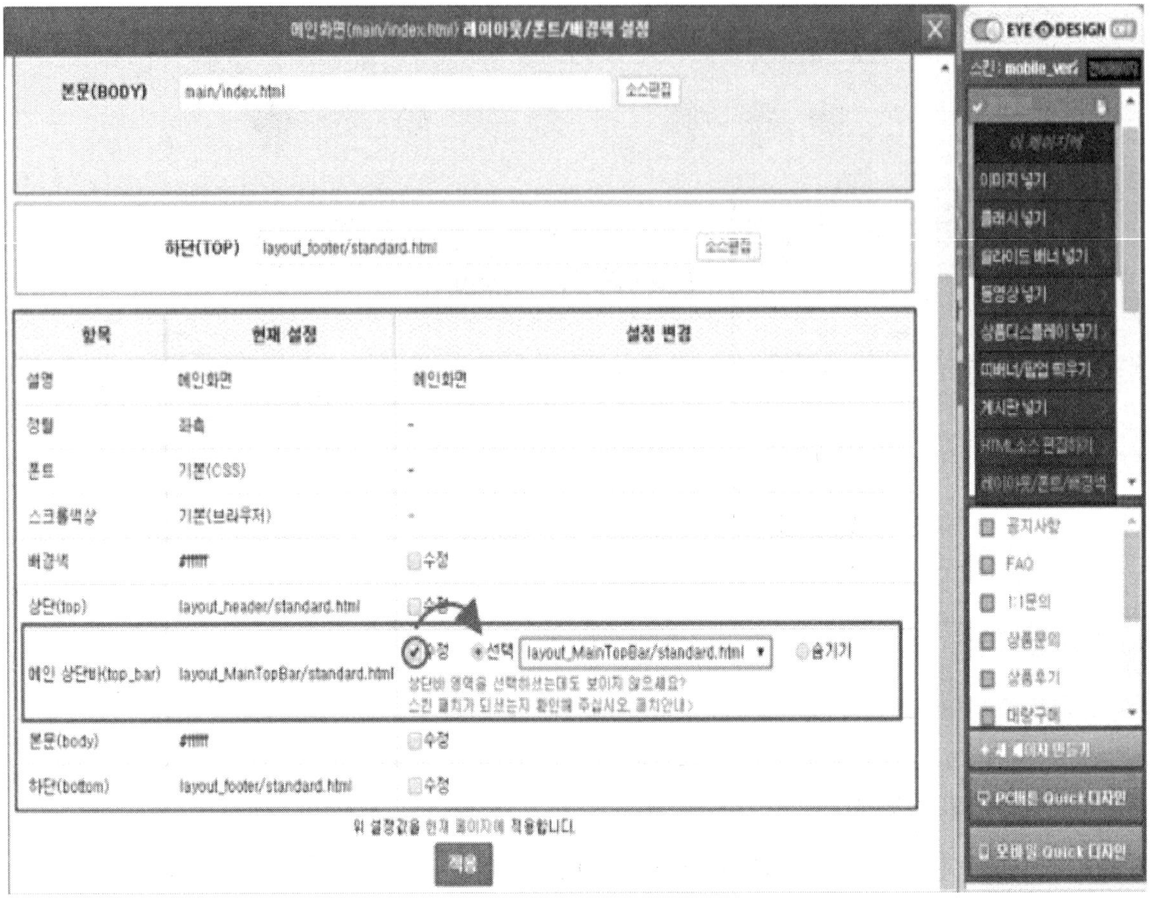

그림 7-24 메인 상단바

8. 쇼핑몰 운영/마케팅

8.1 주문

그림 8-1과 같이 소비자의 주문관련 현황을 확인하고 처리할 수 있는 기능이다.

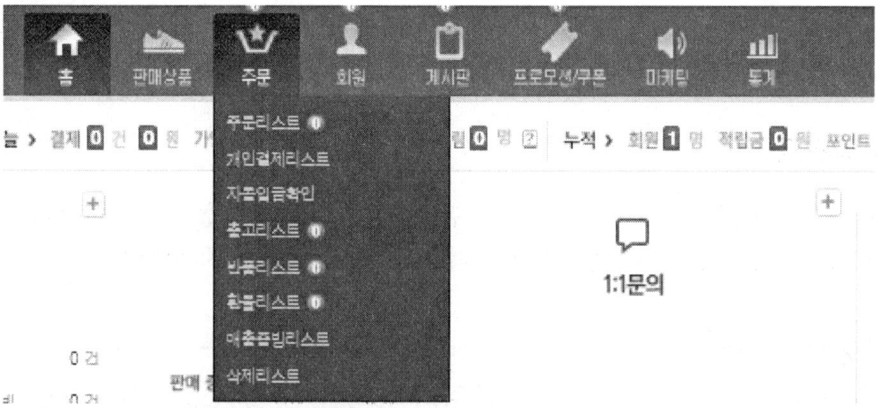

그림 8-1 주문 메뉴

· 주문 리스트 : 고객의 주문한 상품과 결제여부를 한 눈에 확인할 수 있으며, 보낼 수 있는 상품을 출고처리 할 수 있다.

· 개일 결제 리스트 : 개인결제 대상에 대하여 실제 주문 완료 여부를 확인할 수 있다.
※ 개인결제란? 개별 고객에게 맞춰 결제금액이 조정된 1:1맞춤 주문이다.

· 출고 리스트(실물,쿠폰) : 주문 상품을 보낼 때마다 기록된 정확한 출고내역(보낸 상품별 수량, 보낸 곳, 보낸 일시, 적립혜택)을 확인할 수 있으며, 배송추적과 배송완료 처리가 가능하다

· 반품 리스트 : 보내진 상품이 여러 사유로 반품 요청될 때 반품내역(반품 상품별 반품수량, 사유, 회수방법)을 확인할 수 있으며, 반품완료(회수완료) 처리가 가능하다.

· 환불 리스트 : 고객에게 돈을 되돌려 드려야 하는 경우(결제취소, 반품환불) 환불내역

(환불방법, 환불금액, 사유)을 확인할 수 있으면, 환불완료(돈을 되돌려 줌) 처리가 가능하다.

· 매출 증빙 리스트 : 매출증빙(매출전표, 세금계산서, 현금영수증) 신청내역을 확인 할 수 있으며, 발행을 처리하고 처리내역을 확인 할 수 있다.

· 삭제 리스트 : 결제가 되지 않아 무효 처리된 주문은 삭제하면, 삭제리스트에서 확인 할 수 있으며 삭제리스트에서 완전히 삭제할 수 있다.

8.1.1 주문리스트

그림 8-2와 같이 한 주문에 몇 개, 몇 종류의 상품 주문이 동시에 들어와도 제품 종류와 수량을 나누어 배송하고 관리할 수 있는 편리한 관리환경을 제공한다.

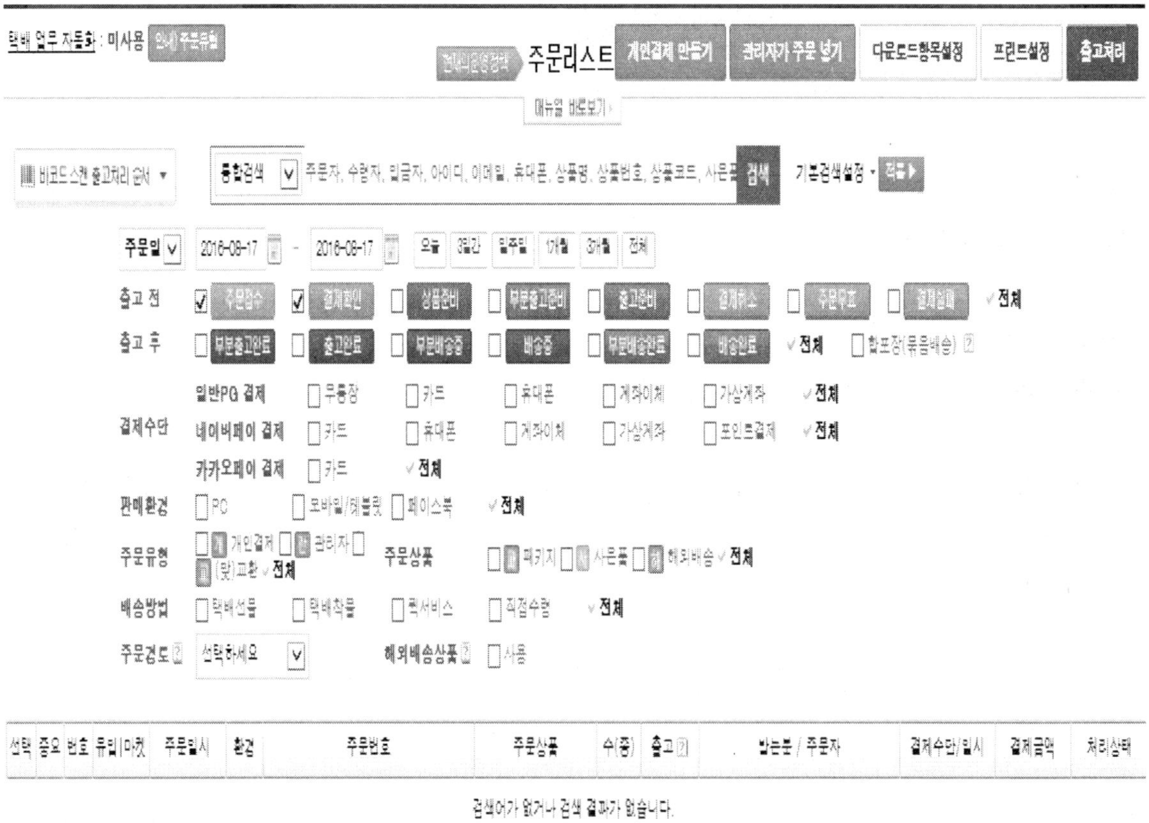

그림 8-2 주문리스트

· 출고 전 메뉴

① 주문접수 : 무통장, 가상계좌 등의 결제 수단으로 주문이 접수된 경우다. 실제로 입금이 된 상태는 아니다.

② 결제확인 : 결제가 완료된 상태이다. 카드결제, 실시간 계좌이체, 핸드 폰 결제는 주문과 동시에 결제를 하기 때문에 주문 접수 단계를 거치지 않는다.

③ 상품준비 : 판매자가 배송할 물건을 준비하는 과정이다.

④ 출고준비 : 배송할 물건을 포장하는 단계다.

⑤ 부분출고준비 : 한 주문에 여러 개의 상품이 있을 때, 일부 제품만 출고 준비로 넘기고 남은 상품들이다. 예를 들어 한 주문에 5개의 상품이 있는데, 3개의 상품만 출고 준비로 변경하는 경우, 나머지 2개의 제품은 부분출고준비로 상태가 변경 된다.

⑥ 결제취소 : 고객 또는 관리자가 결제를 취소한 상태다.

⑦ 주문무효 : 주문접수 상태의 주문을 고객 또는 관리자가 취소하거나, 일정 시간이 지나 자동으로 취소된 상태다.

⑧ 결제실패 : 고객이 결제를 하다가 실패한 주문이다. 주문 상세화면으로 들어가면 어떤 사유로 결제가 실패되었는지 확인할 수 있다.

· 출고 후 메뉴

① 출고완료 : 택배사에 배송상품을 넘긴 상태이다.

② 부분출고완료 : 한 주문에 여러 개의 상품이 있을 때, 일부 제품만 출고 완료로 넘기고 남은 상품들이다. 예를 들어 한 주문에 10개의 상품이 있는데, 7개의 상품만 출고 완료로 변경하는 경우, 나머지 3개의 제품은 부분출고완료로 상태가 변경 된다.

③배송 중 : 택배사에서 상품을 배송중인 상태다.

④ 배송완료 : 택배사에서 고객에게 물건을 전달한 상태다.

· 쿠폰 상품

쿠폰상품은 결제와 동시에 출고완료로 상태가 변경됩니다. 쿠폰의 사용여부를 체크할 때에는 출고리스트에서 처리하실 수 있다.

· 개인결제 만들기 : 그림 8-2의 주문리스트에서 개인결제 만들기를 클릭하면 그림 8-3과 같이 개인결제 주문을 만들 수 있다. 개인결제 주문은 쇼핑몰 Mypage-개인결

제 메뉴에서 고객이 직접 확인하고 주문할 수 있다.

그림 8-2 주문리스트 상단 메뉴

그림 8-3 개인 결제 만들기

· 관리자가 주문 넣기 : 관리자 주문을 넣어 줄 수 있다. 인터넷 쇼핑몰에서 주문이 어려운 고객에게 관리자가 대신 주문을 넣어줄 때 사용한다.
· 다운로드 항목설정 : 아래 그림과 같이 주문엑셀 다운로드 양식을 설정하거나 추가

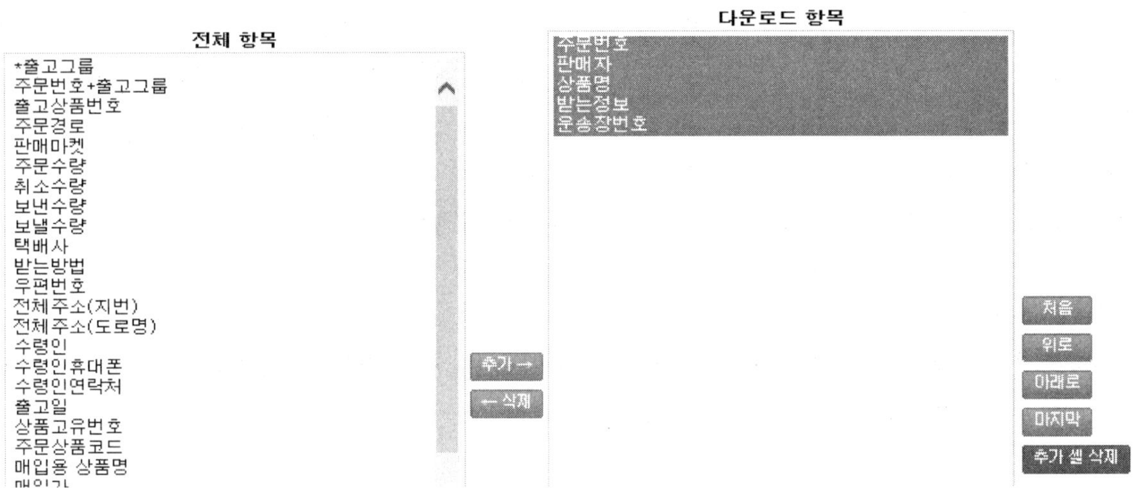

그림 8-4 다운로드 항목설정

· 프린트 설정 : 주문내역서 출력시 상품 코드/바코드 출력을 설정할 수 있다.

· 출고 처리 : 접수된 문건에 대해 출고 처리할 수 있다. 출고 처리는 주문일/출고일/배송완료일/구매확정일, 주문상태 등의 조건으로 주문을 검색할 수 있으며 상품별로 출고할 수량과 배송방법을 선택하여 출고할 수 있다. 한번에 주문을 출고할 때에는 일괄출고 처리를 이용하면 된다. 출고할 주문을 체크한 후에 보낼 수량과 받는 방법을 입력하고 일괄출고처리를 클릭하면 된다. 출고상태 변경은 출고된 주문건의 상태를 출고완료, 배송 중, 배송완료로 변경할 수 있다.

· 출고처리

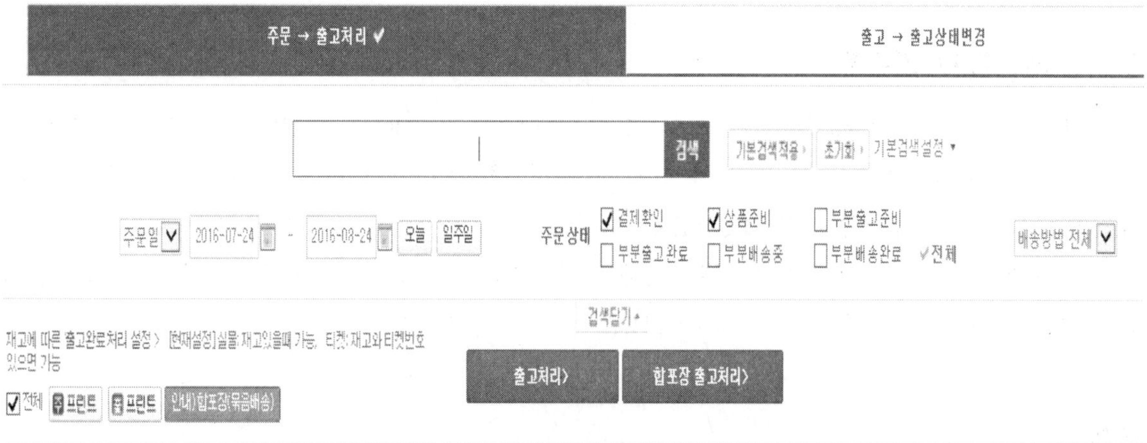

그림 8-5 출고처리

① 주문->출고처리: 결제 확인된 주문을 출고준비/출고완료 처리할 수 있다.
출고->출고상태변경: 출고된 주문건을 배송중/배송완료 등으로 변경할 수 있다.

② 주문을 검색할 수 있다.

③ 출고처리 검색 부분을 관리자별로 미리 설정하여 이용할 수 있다.

④ 주문일/입금일을 선택하여 검색할 수 있다. - 주문 상태 (결제확인, 상품준비 등)별로 검색할 수 있다. 배송방법 별로 검색할 수 있다.

⑤ 재고에 따른 출고 처리 여부를 선택할 수 있다. - 재고가 없어도 출고가 되어야 한다면, '출고처리 되는 모든 실물의 재고가 부족해도'를 선택하여야 한다.

⑥ 주문내역서/출고 내역서를 출력할 수 있다.

⑦ 출고할 수량을 입력할 수 있다. 일부수량만 입력하시면 부분 출고할 수 있다.

⑧ 바코드 스캐너로 검수할 때 이용한다.

⑨ 배송방법을 선택하고, 택배사와 송장번호를 입력할 수 있다.

⑩ 해당 주문건에 대한 출고처리를 할 수 있다.

⑪ 선택한 주문을 일괄 출고 처리할 수 있다.

⑫ 주문자, 받는 곳, 받는 분, 받는 분 휴대폰이 일치하는 주문일 경우에는 합포장 출고를 할 수 있다. - 합포장할 주문을 선택한 후에 '합포장 출고처리'를 클릭하면 된다. 합포장에 의해서 배송비를 환불할 경우게 발생할 때에는 '주문-환불리스트'에서 '환불신청(배송비)'를 이용하여 환불할 수 있다.

8.1.2 개인결제 리스트

부문리스트에서 개인결제 만들기를 할 수 있으나 무료몰에서는 지원되지 않는 기능이다. 만든 후에는 개인결제리스트에 추가된다. 고객이 My Page-개인결제 메뉴에서 주문을 하게 되면 정상적인 주문번호가 발급되며, 동시에 주문리스트에 추가된다.

My Page에서 주문을 하지 않은 개인결제는 주문번호가 없지만, 고객이 주문을 한 경우에는 주문번호가 생성되며, 주문리스트에서도 주문이 추가된다.

그림 8-6 개인결제 리스트

① 개인결제의 목록이 리스트로 나타난다.
② 고객이 개인결제에서 주문할 경우 주문번호가 생성
③ 만들어 놓은 개인결제의 상세내역을 열람할 수 있다.
④ 만들어 놓은 개인결제를 삭제할 수 있다.

8.1.3 자동입금 확인

무통장 자동입금 확인을 위해 서비스가 먼저 신청되어야 한다. 설정-> 무통장에서 신청을 할 수 있으며* 계좌도 설정할 수 있다.
※ 자동입금확인은 무통장으로 입금된 내역과 주문내역을 자동으로 매칭하여 자동으로 입금확인 되는 서비스이다.

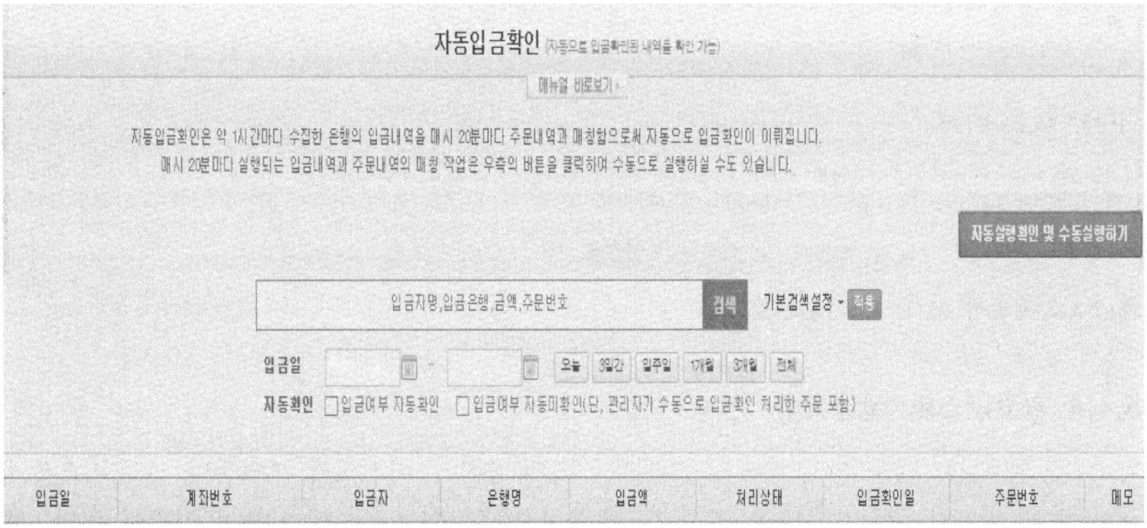

그림 8-7 자동입금확인

① 입금확인 수동실행을 할 수 있다.
② 주문을 조건에 맞춰 검색할 수 있다.
③ 주문을 검색할 수 있다.

가상계좌의 경우 결제대행사(PG)에서 일회용 계좌로 발급되지만, 무통장 자동입금의 경우 판매자의 실제계좌로 입금된 내역을 처리하기 때문에 PG수수료가 들어가지 않는 장점이 있다.

그림 8-8 무통장 설정

8.1.4 출고리스트-실물상품

출고리스트에서는 출고준비, 출고완료, 배송 중, 배송완료 리스트를 보여준다. 주문리스트에서는 주문 접수된 내역이 기준이 되지만, 출고리스트에서는 출고된 상품이 기준이 된다. 여러 종류와 개수의 제품이 한 주문으로 들어올 경우, 수량 별, 제 품 별로 나누어서 보낼 수 있는데, 이 때 출고된 제품을 묶어 출고 번호를 생성하게 된다. 즉 하나의 주문번호로 주문이 들어와도 출고를 2번에 나누어 처리 했다면, 출고번호는 2개가 생성된다. 출고 내역서를 출력할 때 출고번호, 상품코드, 바코드에 한 출력여부를 설정할 수 있다. 송장 번호를 입력/수정 할 수 있으며 입력 후에는 오른쪽 상단의 출고정보수정을 클릭해야 한다.

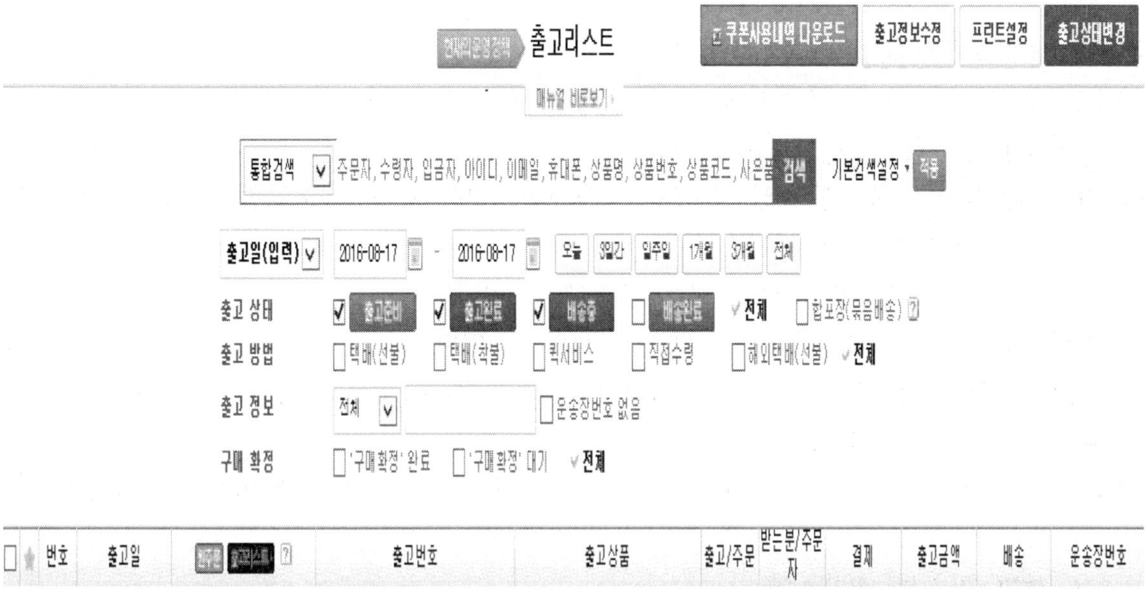

그림 8-9 출고리스트

① 출고정보수정" 아래 출고정보를 수정한 후에 저장할 수 있다. - 프린트설정: 주문/출고내역서에 출력항목을 설정할 수 있다.
② 조건에 따른 출고내역을 검색할 수 있다.
③ 출고 상태를 다음 단계(배송 중, 배송완료)로 진행할 수 있다.
④ 출고 단계를 전단계로 되돌릴 수 있다.
⑤ 출고내역서를 출력할 수 있다
⑥ 엑셀 다운 받을 항목을 설정할 수 있다.
⑦ 출고내역을 다운 받고, 업로드하여 정보를 업데이트할 수 있다.
⑧ 해당 출고건의 원주문을 확인 - 즉, 주문리스트의 해당 주문을 확인할 수 있다.
⑨ 해당 주문의 출고리스트를 확인할 수 있다. 즉, 해당 주문 번호로된 출고내역을 모두 확인할 수 있다.

출고리스트에서 출고번호를 클릭하면 출고 상세페이지 화면을 볼 수 있으며 출고상태/날짜를 변경하거나 변경된 출고정보를 저장할 수 있다. 주문의 상세 정보를 확인할 수 있는 기능이 있다.

① 출고리스트로 돌아갈 수 있다.
② [출고준비] 주문을 [상품준비]로 되돌릴 수 있다.
③ [출고완료] 주문을 [출고준비]로 되돌릴 수 있다.
④ [배송중] 주문을 [출고완료]로 되돌릴 수 있다.
⑤ 해당 페이지의 [출고정보]를 변경후, 저장하는 버튼이다. - 출고일, 운송장번호 등을 수정하고, 저장하는 버튼이다.
⑥ 주문을 [배송중/배송완료]로 상태를 변경할 수 있다.
⑦ 송장번호가 입력되어 있는 경우 배송 추적할 수 있다.
⑧ [구매확정]을 할 수 있다. - 관리자가 [구매확정]을 할 수 있다. 소비자는 쇼핑몰 My Page 에서 구매 확정할 수 있다.
⑨ [구매확정]한 로그 - 구매자 또는 판매자가 구매 확정한 일자를 확인할 수 있다.

8.1.4 출고 리스트-쿠폰상품

그림 8-10 출고 리스트

쿠폰 상품은 무료몰에서는 지원하지 않는다. 쿠폰 상품의 경우 결제완료와 동시에 출고완료 처리된다. 사용여부를 체크할 때에는 출고리스트에서 처리하면 된다. 쿠폰은 한번만 사용해도 배송완료로 상태가 변경된다. 쿠폰 상품 내역을 엑셀로 다운받을 수 있으며 쿠폰 판매 후 매장 별 정산시에 사용한다. 출고리스트에서 출고번호를 클릭하면 상세페이지로 접속할 수 있다. 쿠폰 상품의 출고 상세페이지에서는 쿠폰 사용내역 등을 확인할 수 있다. 쿠폰은 한번만 사용해도 배송완료로 상태가 변경된다. 쿠폰가치와 잔여금액/ 쿠폰 사용내역을 확인 할 수 있다.

· 출고리스트 메뉴
① 티켓의 사용내역을 엑셀로 다운 받을 수 있다.
② 티켓번호를 입력하시고 인증할 수 있다. - 티켓 값어치를 어떻게 설정했느냐에 따라 횟수 또는 금액을 입력하면 된다.

8.1.5 반품 리스트

반품리스트에서는 반품 신청, 반품 처리 중, 반품완료 상태를 나타낸다. 반품신청은 고객(또는 관리자)가 반품신청 했을 때 리스트에 나타난다. 반품신청은 배송완료 상태일 때에만 신청할 수 있다. 반품처리 중은 반품제품이 배송되고 있거나, 반품 배송되어 대기 중인 상태다. 반품완료는 반품내역을 확인하고 완료한 상태다.

반품과 환불은 별도로 진행된다. 따라서 반품이 완료되었다고 환불이 완료된 건 아니다. 환불은 환불리스트에서 처리하게 된다. 반품신청, 처리 중 상태를 삭제할 수 있다. 주문을 삭제하는 게 아니고, 반품 신청/처리 중 상태를 없애는 메뉴다. 반품의 종류와 수량, 사유 등을 확 인할 수 있다.

그림 8-11 반품리스트

· 반품리스트 메뉴

① 반품신청 내역을 확인할 수 있다.
② 반품 처리중 내역을 확인할 수 있다.
③ 반품 완료된 내역을 확인할 수 있다.
④ 반품신청, 반품 처리중 상태를 삭제 - 정상주문 상태로 변경 단, 반품/환불 완료된 건은 변경할 수 없다. 환불 상태는 ⑦에서 확인할 수 있다.
⑤ 반품 상세 페이지로 들어갈 수 있다.
⑥ 주문 상세 페이지로 들어갈 수 있다.
⑦ 환불상태를 확인할 수 있다.

8.1.6 환불리스트

환불리스트에서는 환불 신청, 환불 처리 중, 환불완료 상태를 나타낸다. 환불신청, 처리 중 상태를 삭제할 수 있다. 주문을 삭제하는게 아니고, 환불 신청/처리 중 상태를 없애는 메뉴이다. 환불의 종류/수량, 사유, 반품 상태 등을 확인할 수 있다.
환불 상세페이지에서는 환불 금액의 조정, 수단, 환불신청, 환불처리중, 환불 완료로 상태를 변경할 수도 있다.

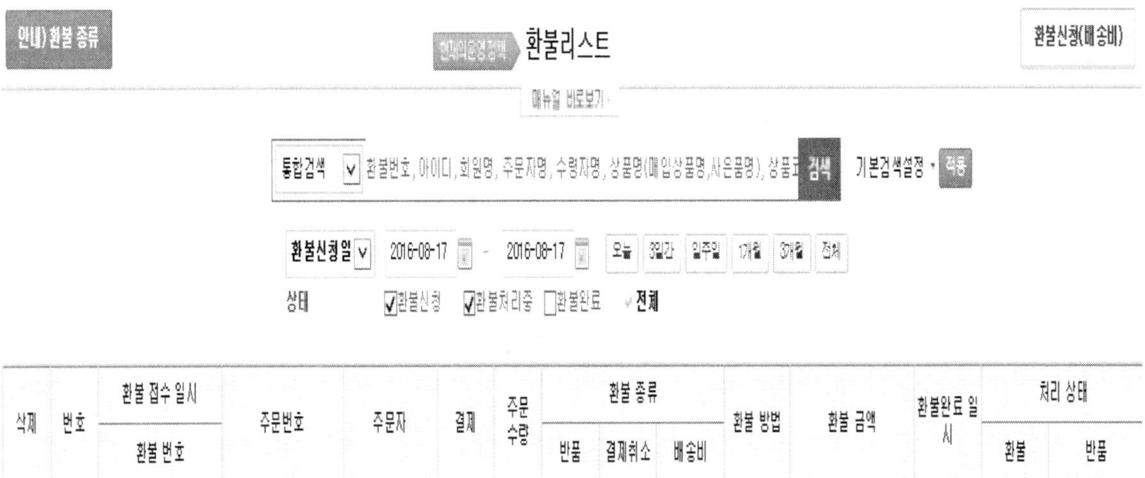

그림 8-12 환불리스트

· 환불리스트 메뉴

① 환불 신청 내역을 확인할 수 있다.
② 환불처리중 내역을 확인할 수 있다.
③ 환불완료 내역을 확인할 수 있다.
④ 환불신청, 환불처리중 상태를 삭제 - 이경우, 정상주문 상태로 변경된다. 단, 환불완료된 건은 변경할 수 없다.
⑤ 환불 상세 페이지로 들어갈 수 있다. - 환불 상세에서 상태를 환불처리중, 환불완료로 변경할 수 있다.
⑥ 주문상세 페이지로 들어갈 수 있다.
⑦ 배송비에 대한 환불을 접수할 수 있다. - 합포장 출고건이 있을 경우 활용할 수 있다.

8.1.7 매출증빙리스트

매출증빙 리스트는 고객이 주문 시에 신청한 각종 매출증빙 내역 또는 서류를 확인할 수 있다.

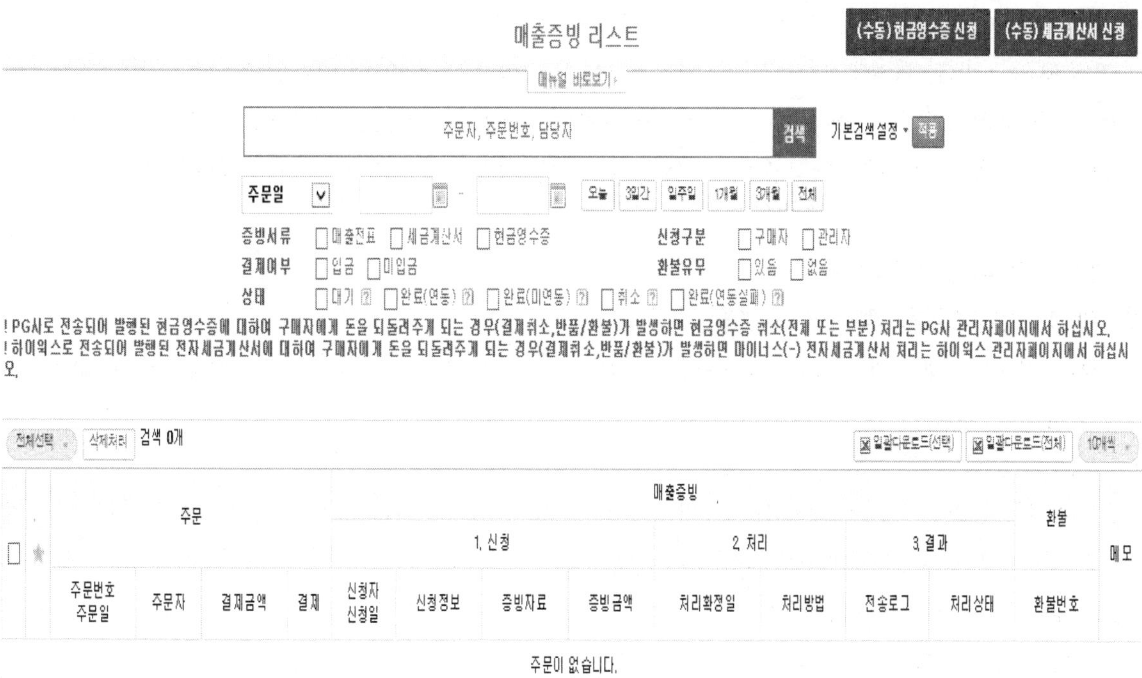

그림 8-13 매출 증빙 리스트

· 카드전표: 카드결제와 동시에 자동발행 된다. 카드결제 취소 시에 취소전표가 자동으로 발급 된다.
· 현금영수증: 계좌이체, 가상계좌, 무통장 주문시에 고객이 신청할 수 있다. PG사를 통해서 발급되며 주문(결제) 취소를 해도 현금영수증은 취소가 되지 않기 때문에, PG사 관리자 페이지에서 직접 취소 처리해야 한다.
· 세금계산서: 계좌이체, 가상계좌, 무통장 주문 시에 고객이 신청할 수 있다. 퍼스트몰에서 무료로 제공하는 HIWORKS에서 세금 계산서를 사용할 수 있다. 연동 처리하는 경우 HIWORKS에 정보가 저장되며, 무료로 발급해 줄 수 있다. 환불이 발생한 경우에는 HIWORKS 세금계산서에서 마이너스 계산서를 발급해 주어야 한다.

관리자가 직접 현금영수증/세금계산서를 신청해 줄 수 있지만 주문과는 관계없이 발행하는 메뉴이니 주의해야 한다. 카드결제인 경우 카드전표를, 현금영수증인 경우 현금영수증을 확인할 수 있다. 단, 세금계산서인 경우에는 HIWORKS 세금계산서 메뉴에서 확인해야 한다.

연동 처리, 미 연동처리, 취소 등 3가지로 나누어진다.
· 연동처리 : PG, HIWORKS 등과 연동해서 처리했음을 확인할 수 있다.
· 미 연동처리 : PG, HIWORKS 등과 연동해서 처리하지 않고, 별도로 발행의 경우,
· 취소 : 고객이 신청한 매출증빙 내용을 취소한 경우로서 고객과 합의 하여 처리.

· 매출증빙 리스트 메뉴
① 매출증빙 내역을 검색할 수 있는 메뉴
② 현금영수증/세금계산서를 을 수동 발급할 수 있는 버튼 - 주문 내역과는 관련 없는 현금영수증/세금계산서 발행
③ 매출증빙내역을 선택하여 삭제
④ 주문의 상태 - 카드매출전표, 현금영수증은 결제확인이 되면 바로 발급 된다. 세금계산서는 하이웍스와 연동처리를 하여 발행
⑤ 매출증빙 자료 신청자를 확인
⑥ 매출증빙 신청정보를 확인할 수 있다. 카드인 경우에는 매출전표가 무조건 발급되기 때문에 신청정보가 없다.

⑦ 카드전표, 현금영수증을 확인할 수 있다. 세금계산서는 안 보인다.

⑧ 증빙금액을 확인할 수 있다. 비과세 상품의 경우에는 부가세가 표시되지 않는다.

⑨ 발급된 날짜를 확인할 수 있다.

⑩ 처리방법을 보여 준다.

· 연동처리: PG, 하이웍스 등을 통해서 발급하는 경우이다.

· 카드 매출전표: 자동발급

· 현금영수증: 결제확인시 자동발급, 주문접수시에는 수동발급 가능

· 세금계산서: 연동처리 후 하이웍스에서 발급

· 미연동처리 : PG, 하이웍스 등을 거치지 않고 별도로 발급하는 경우에 클릭한다.

· 취소 : 세금계산서, 현금영수증의 발급을 하지 않는 경우다.

⑪ PG, 하이웍스 등으로 전송된 로그를 보여 준다.

⑫ 처리 상태를 보여 준다.

⑬ 환불된 경우 환불번호를 출력

⑭ 매출증빙을 발급하거나 취소한 경우 메모를 등록

※ 주의 : 매출전표는 카드 결제취소와 함께 취소전표가 발급되지만, 현금영수증의 경우 해당 PG 관리자페이지에서 취소를 해야 하며, 세금계산서는 하이웍스 세금계산서에서 마이너스 세금계산서를 발행하여 주어야 한다.

8.1.8 삭제리스트

주문리스트에서 결제실패한 주문과, 주문무효 주문을 삭제한 주문이 나타난다. 삭제리스트에서 완전히 삭제할 수 있으나, 삭제 후에는 복구할 수 없으므로 주의해야 한다.

· 삭제리스트 메뉴

① 삭제할 주문을 체크한 후에 "완전삭제"버튼을 클릭하면 주문서가 완전히 삭제된다. 삭제되면 복구할 수 없다.

② 주문내용을 확인할 수 있는 버튼

※ 주문서를 삭제하는 방법은 다음과 같다.

1) 주문접수된 주문을 주문리스트에서 선택후 주문무효화 한다.

2) 주문리스트 주문무효 항목에서 해당 주문을 선택하고 삭제버튼을 클릭한다.

3) 삭제리스트에 삭제한 주문이 쌓이는 것을 확인할 수 있다.

그림 8-14 삭제리스트

8.2 회원관리

쇼핑몰 회원의 정보를 확인하고 관리할 수 있다

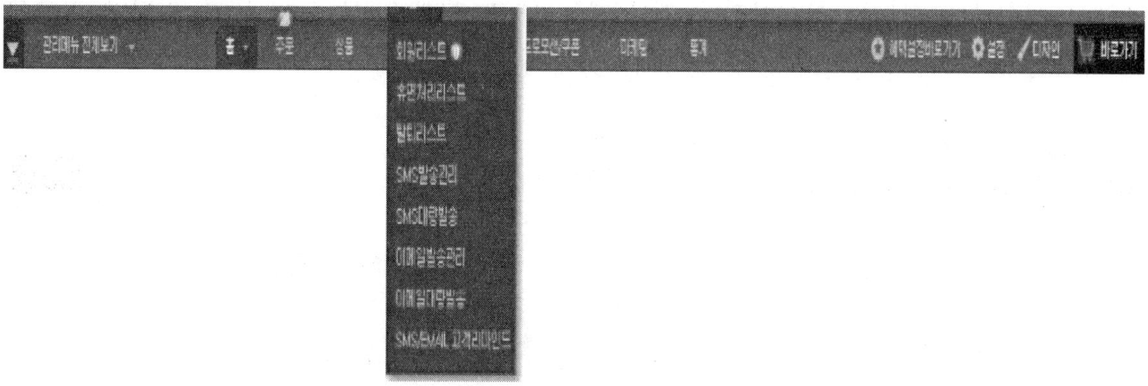

그림 8-15 회원관리

· 회원리스트 : 회원의 정보/활동 내역/혜택 현황을 한 눈에 확인할 수 있으며, 고객의 정보를 수정하고 적립금/포인트 등의 혜택을 추가 제공하거나 뺄 수 있다.
· 휴면처리리스트 : 1년 이상 로그인 하지 않아 휴면된 회원들의 내역을 확인한다.
· 탈퇴리스트 : 탈회한 회원의 현황과 사유를 확인할 수 있다. 탈퇴 사유를 분석하여 더 좋은 쇼핑몰을 만드는데 토대로 활용할 수 있다.
· SMS발송관리 : 고객에게 자동 발송될 SMS의 문구와 발송여부를 설정하고, 발송된 내역을 확인할 수 있다. 또한 잔여 SMS건수를 확인하고, 충전을 할 수 있다.
· SMS대량발송 : 1,000명 이상에게 SMS를 발송할 때 이용한다.
· 이메일발송관리 : 고객에게 자동 발송될 이메일의 문구와 발송여부를 설정할 있으며, 발송된 내역까지 확인할 수 있다.
· 이메일대량발송 : 회원에게 대량으로 메일을 보낼 수 있다. 일반적으로는 DM. 즉 상품 광고성 메일을 보내게 되며, 아주 저렴한 비용으로 효과적인 광고를 할 수 있는 방법이다.
· SMS/Email 고객 리마인드 : 만료될 쿠폰, 등급 변경, 소멸될 적립금, 리뷰 작성 유도 등의 리바인드 SMS와 이메일을 발송할 수 있다.

8.2.1 회원리스트

회원리스트에서는 모든 회원의 리스트와 기본 정보를 확인할 수 있다. 회원의 탈퇴, 이메일/SMS 발송, 적립금/포인트 지급을 일괄 처리 할 수 있다. 생일/기념을 맞은 회원을 검색해서 적립금/포인트를 지급하거나, SMS를 보내고, 활동/주문 등이 많은 회원만 검색해서 혜택을 지급하는 등, 다양하게 활용해 볼 수 있다.

그림 8-16 회원리스트

회원정보를 엑셀로 다운 받을 수 있으며 회원 정보는 고객의 개인 정보이기 때문에 엄격한 기준에 맞춰 관리가 되어야 한다. 회원정보를 엑셀로 받기 위해서는 보안키가 필요하며, 보안키는 http://www.firstmall.kr MY퍼스트몰에서 확인할 수 있다.

· 탈퇴 : 선택한 회원을 강제 탈퇴

· 이메일 수동발송 : 회원에게 이메일을 발송을 클릭하면 그림 8-17과 같이 이메일 발

송 화면으로 전환된다.

그림 8-17 이메일 수동 발송

1. 이메일의 잔여건수가 나타남 한달에 3,000건의 부여되며, 모두 이용시에는 대량이메일발송에서 발송해야 한다.
2. 보내는 사람의 이메일 주소를 입력한다.
3. 받는 사람의 이메일 주소를 직접 입력하여 보낼 수 있다. 콤마로 구분하여 여러 고객에게 발송할 수 있다.
4. 회원을 검색하여 발송할 수 있다. '회원검색'을 클릭하여 넣을 수도 있다.
5. 이메일의 제목을 입력한다.
6. 이메일의 내용을 입력한다.
7. 수신거부 기능을 이용할 수 있다. 링크를 복사한 후에 HTML모드에서 태그를 삽입하면 된다. '정보통신망이용 촉진 및 정보보호등의 관련 법률 및 시행령'에 따라 수신 거부

를 추가하여야 한다.

8. 이메일을 발송할 때에는 '정보통신망이용 촉진 및 정보보호 등에 관한 법 률 및 시행령'을 준수하는지 확인해야 한다. 위반시에는 과태 료가 부가될 수 있다.
9. 이메일을 발송한다.

· SMS 수동 발송 (그림 8-18)

그림 8-18 SNS 발송

1. 이메일의 잔여건수를 알 수 있다. 한달에 3,000건의 부여되며, 모두 이용시에는 대량이 메일발송에서 발송해야 한다.
2. 발신 이메일 주소를 입력한다.

3. 받는 사람의 이메일 주소를 직접 입력 할 수 있다. 콤마로 구분하여 여러 고객에게 발송할 수 있다.
4. 회원을 검색하여 발송할 수 있다. '회원검색'을 클릭하여 넣을 수 있다.
5. 이메일의 제목을 입력한다.
6. 이메일의 내용을 입력한다.
7. 수신거부 기능을 이용할 수 있다. 링크를 복사한 후에 HTML모드에서 태그를 삽입하면 된다. '정보통신망이용 촉진 및 정보보호 등의 관련 법률 및 시행령'에 따라 수신 거부를 추가해야 한다.
8. 이메일을 발송할 때에는 '정보통신망이용 촉진 및 정보보호 등에 관한 법률 및 시행령'을 준수하는지 확인해야 한다. 위반 시에는 과태료가 부가될 수 있다.
9. 이메일을 발송한다.

회원 상세페이지는 그림 8-19와 같이 회원의 기본/개인/활동 정보를 확인하고 처리해야 할 주문 등을 확인할 수 있다. 또한 회원의 포인트/적립금 등의 상세 내역을 확인하고 혜택을 지급할 수 있다.

그림 8-19 회원 상세 페이지

· 회원리스트 메뉴

① 쇼핑몰의 회원가입페이지로 이동하여 회원가입
② 가입일, 방문일 등 다양한 정보로 회원을 검색
③ 자주 이용하는 검색 옵션을 설정하여 이용
④ 항목설정 : 엑셀로 다운받을 항목을 설정할 수 있다.
다운로드 : 회원정보를 엑셀로 다운 받을 수 있다. 회원정보를 엑셀로 받기위해서는 보안키가 필요하며, 보안키는 http://www.firstmall.kr MY퍼스트몰에서 확인할 수 있다.
⑤ 회원리스트 정렬방법과 노출개수를 설정한다.
⑥ 회원의 주요정보를 간략하게 보여 준다.
⑦ 회원의 CRM정보를 확인할 수 있습니다.
⑧ 페이스북, 트위터, 싸이월드 등의 아이콘으로 어떤 SNS를 통해서 회원가입을 했는지 알 수 있다.
⑨ 1년동안 회원로그인을 하지 않은 고객은 휴면상태로 변경된다. 휴면상태에서는 고객의 개인정보를 확인할 수 없다.
⑩ 회원을 강제로 탈퇴
⑪ 이메일을 수동 발송
⑫ SMS를 수동 발송
⑬ 적립금/포인트를 지급 차감

8.2.2 휴먼처리리스트

그림 8-20 휴먼처리리스트

1년 이상 로그인 기록이 없는 회원은 자동으로 휴면 처리한다. 회원은 로그인 또는 이메일 인증을 통해서 휴면을 해제할 수 있다. 휴면 해제 방법은 설정-회원-PW변경/로그아웃/휴면/탈퇴/재가입 메뉴에서 할 수 있다.

· 휴면처리리스트 메뉴
① 휴면처리된 회원을 검색
② 휴면 및 휴면해제 날짜를 확인
③ 휴면/해제 해당 날짜의 휴면/해제 상태를 확인
④ 휴면된 아이디를 확인
⑤ 휴면 대상 회원에게 휴면고지를 SMS/이메일로 수동 발송

8.2.3 탈퇴리스트

탈퇴리스트에서는 탈퇴한 회원들의 리스트와 사유, 탈퇴일 등을 확인할 수 있다. 탈퇴 시에는 회원의 모든 정보가 삭제되며, 회원의 아이디와 활동 내역 등만 남게 된다.

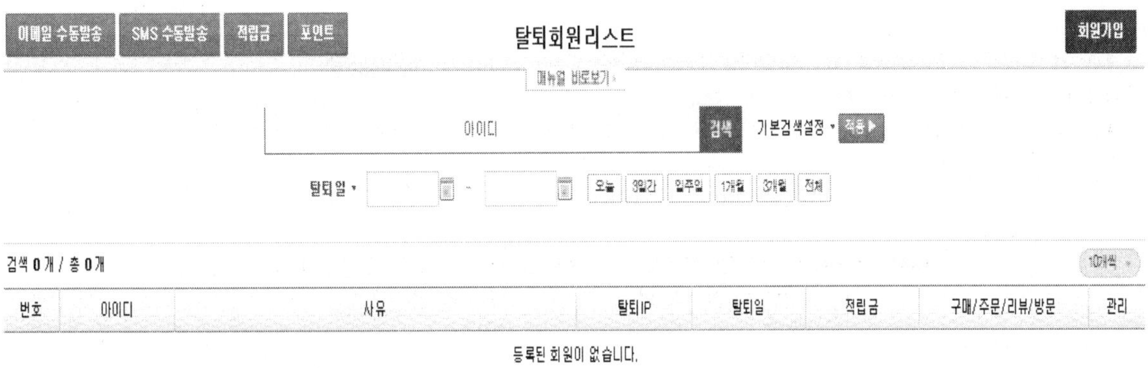

그림 8-21 탈퇴회원리스트

· 탈퇴회원리스트
① 쇼핑몰의 회원가입페이지로 이동하여 회원가입
② 회원 아이디를 검색
③ 기본검색적용 버튼을 설정할 수 있다. 자주 사용하는 검색옵션을 선택하는 메뉴
④ 리스트를 몇개씩 보여줄지 설정

⑤ 탈퇴 정보를 간략하게 보여 준다.

⑥ 탈퇴 회원의 상세 정보를 보여 준다.

8.2.4 SMS 발송관리

1) SMS 자동발송

SMS 발송관리를 처음 클릭하게 되면 그림 8-22와 같이 발송안내 메시지가 뜬다. SMS 발송하기 위해서는 MY퍼스트몰에서 해당 쇼핑몰의 '보안키'를 발급받은 후 동일한 '보안키'를 쇼핑몰관리환경에 입력(최초 1회)해 주어야 한다. 또한 SMS 발송하기 위해서는 MY퍼스트몰에서 발신번호 인증이 필요하다. 이유는 전기통신사업법 제 84조 의해 거짓으로 표시된 전화번호로 인한 이용자의 피해를 예방하고자 인증된 발신번호로만 SMS 을 보낼 수 있기 때문이다.

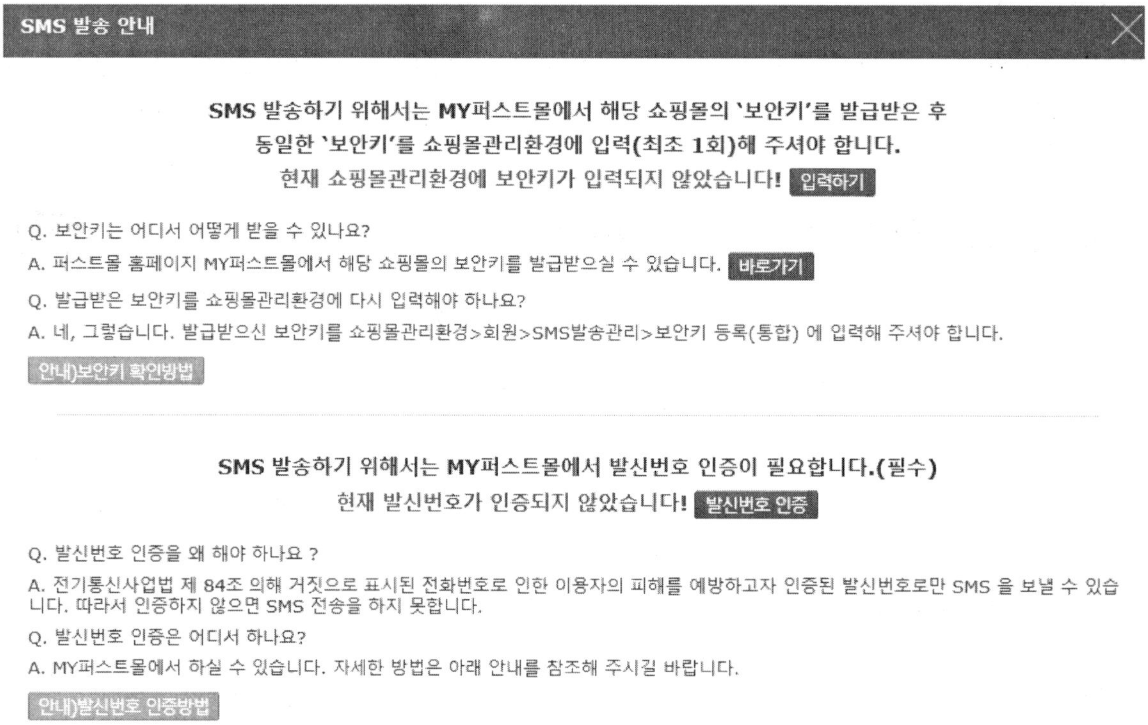

그림 8-22 SNS 발송을 위한 안내문

그림 8-23 SMS 발송관리

SMS자동발송은 고객이 쇼핑몰에서 회원가입, 주문 등의 액션을 했을 때 자동으로 발송되는 SMS를 말한다. 관리자가 문안을 변경하거나, 발송여부를 설정할 수 있다.

※ SMS는 90바이트(영어 90자, 한글 45자)까지 보낼 수 있으며, 90바이트가 넘는 경우에는 LMS로 발송된다.

※ LMS 1건은 SMS 3건에 해당하는 포인트가 차감된다. LMS 1건은 2,000바이트(영어 2,000자, 한글 1,000자)까지 보낼 수 있다.

SMS충전에서는 SMS를 추가로 충전하고, 잔여건수를 확인하고, 충전 내역을 확인할 수 있다. 결제금액이 커질수록 SMS 건당 비용은 낮아진다.

SMS발송내역에서는 SMS를 발송한 내역과 성공 여부를 확인할 수 있으며 상태를 클릭하면 상세 내역을 확인할 수 있다.

· SMS 자동발송 메뉴

① 발신자 번호 확인 - 발신번호 등록은 MY 퍼스트몰 메뉴에서 등록

② 관리자가 SMS를 수신할 때, 수신할 전화번호를 입력

③ 치환코드의 길이를 제한 - 메시지창에서 치환코드를 넣어서 90byte가 넘지 않아도, 실제 발송 시에 치환코드에 대입된 값이 90byte가 넘으면 LMS로 발송된다. SMS로 발송하면 치환코드의 길이를 제한하여야 한다.

④ 상황에 맞는 SMS를 설정

⑤ 문자가 발송되는 시간을 오전 8시 이후로 설정

⑥ 고객에게 문자를 발송하도록 설정

⑦ 관리자에게 문자를 발송하도록 설정

⑧ 문자가 소진되거나, 무통장자동입금확인 서비스 만기 되었거나, 굿스플로서비스가 소진되었을 때 문자를 받을 수 있도록 설정

⑨ 주문을 넣고, 입금을 하지 않은 고객에게 입금 요청 메시지를 보낸다.

⑩ 휴면 예정 고객에게 문자를 보내도록 설정

2) SMS 발송관리 - SMS 충전

그림 8-24 SMS 충전

SMS충전하거나, 충전내역을 확인할 수 있다. 충전 건수에 따른 비용은 그림 8-24와 같다. 기본 100건부터 시작하여 300,000만건이 가능하며 부가세는 별도로 지급해야 한다. 결제방법은 신용카드, 실시간계좌이체 그리고 무통장 입금 방법이 있다.

3) SMS 발송내역

그림 8-25 발송내역

발송된 SMS와 LMS의 발송내역을 확인할 수 있다. SMS는 80바이트(영어 80자, 한글 40자)까지 보낼 수 있으며, 80바이트가 넘는 경우에는 LMS로 발송된다. LMS 1건은 SMS 3건에 해당하는 포인트가 차감된다. LMS 1건은 2,000바이트(영어 2,000자, 한글 1,000자)까지 보낼 수 있다.

· 발송내역 메뉴

① 조건에 맞춰서 검색
② 유형에는 단문 메시지인 SMS와 장문 메시지인 LMS가 있다.
③ 관리자가 SMS발송을 시도한 시간
④ 통신사에서 고객에게 실제발송된 시간
⑤ 결과수신시간은 LMS인경우에만 확인할 수 있다.
⑥ 고객에게 발송된 내용을 확인할 수 있다.
⑦ 성공과 실패 여부를 확인할 수 있다. - LMS는 수신결과가 확인된 이후에 성공여부를 확인할 수 있으며, 결과가 확인 되기전 까지는 처리중 상태로 남아 있게 된다. LMS는

받은사람이 통신이 불가능한 상태에서는 확인할 수 없으며, 0시가 지나면 실패로 처리된다. 성공/실패를 클릭하면 상세내역을 확인할 수 있다.

4) 보안키 등록

보안키를 관리하는 메뉴다. 퍼스트몰에서 발송하는 SMS는 여기에서 보안키를 입력해야만 발송할 수 있다.

보안키란? SMS 발송을 위해 필요한 키(Key)이다.

· 보안키 확인방법

※ MY퍼스트몰에서 발급받은 해당 쇼핑몰의 보안키를 등록. (최초 1회)

※ 보안키가 입력되어 있어야 쇼핑몰에서 SMS가 발송된다.

※ SMS 발송의 보안을 강화하기 위해 정기적으로 보안키 변경을 적극 권장 한다.

※ 보안키 변경은 MY 퍼스트몰에서 할 수 있으며, 변경 후에는 반드시 재발급된 보안키로 다시 입력해 주어야 한다.

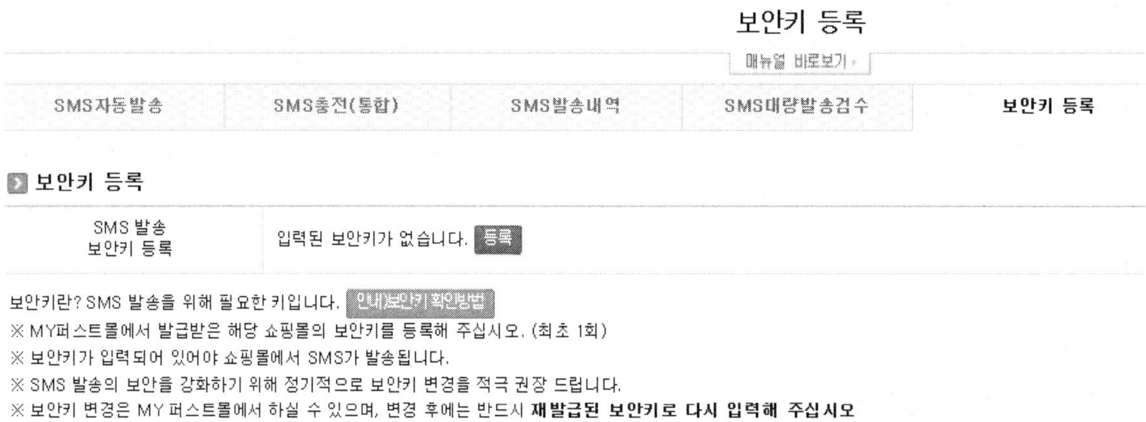

그림 8-26 보안키 등록

8.2.5 SMS 대량 발송

SMS 대량 발송을 위해서는 휴대폰이나 아이핀 인증을 실시한 후 가능하다. 대량으로 SMS를 보낼 때에는 대상 회원을 검색하여 엑셀로 다운받아 업로드 해야 한다. 1만 건 이상 발송 시에는 2일전에 업로드 하고 고객센터 1544-3270에서 사전협의 해야 한다.

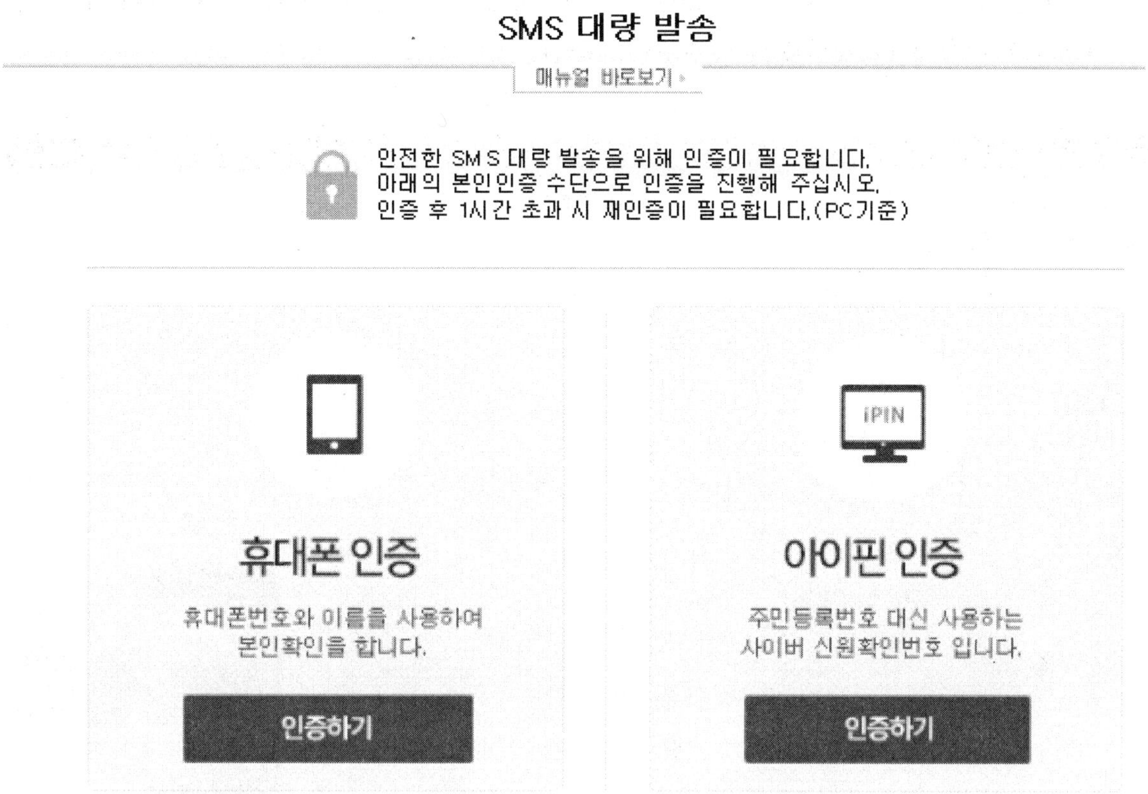

그림 8-27 본인 인증 화면

· SMS 대량발송 메뉴

① SMS의 잔여건수 - 대량발송전에 잔여건수를 확인

② 보내는 사람의 번호를 입력

③ 보낼 회원을 검색하고 엑셀로 다운

④ ③에서 다운 받음 보낼 회원을 확인하여 업로드 - +를 클릭하여 여러 파일을 동시에 업로드할 수 있다.

⑤ 문자내용을 입력 - 광고성 SMS의 경우에는 (광고), 수신거부 전화번호 등을 꼭 입력해야 한다.

⑥ 1만건 이하로 발송 시 발송시간을 예약

⑦ 1만건 초과 발송시에는 최소 2일전에 업로드하시고 고객센터 1544-3270 에서 사전협의하여 주어야 한다.

⑧ '정보통신망이용 촉진 및 정보보호등에 관한 법률 및 시행령'에 위반 사항이 없는지 최종확인하고 SMS를 발송한다.

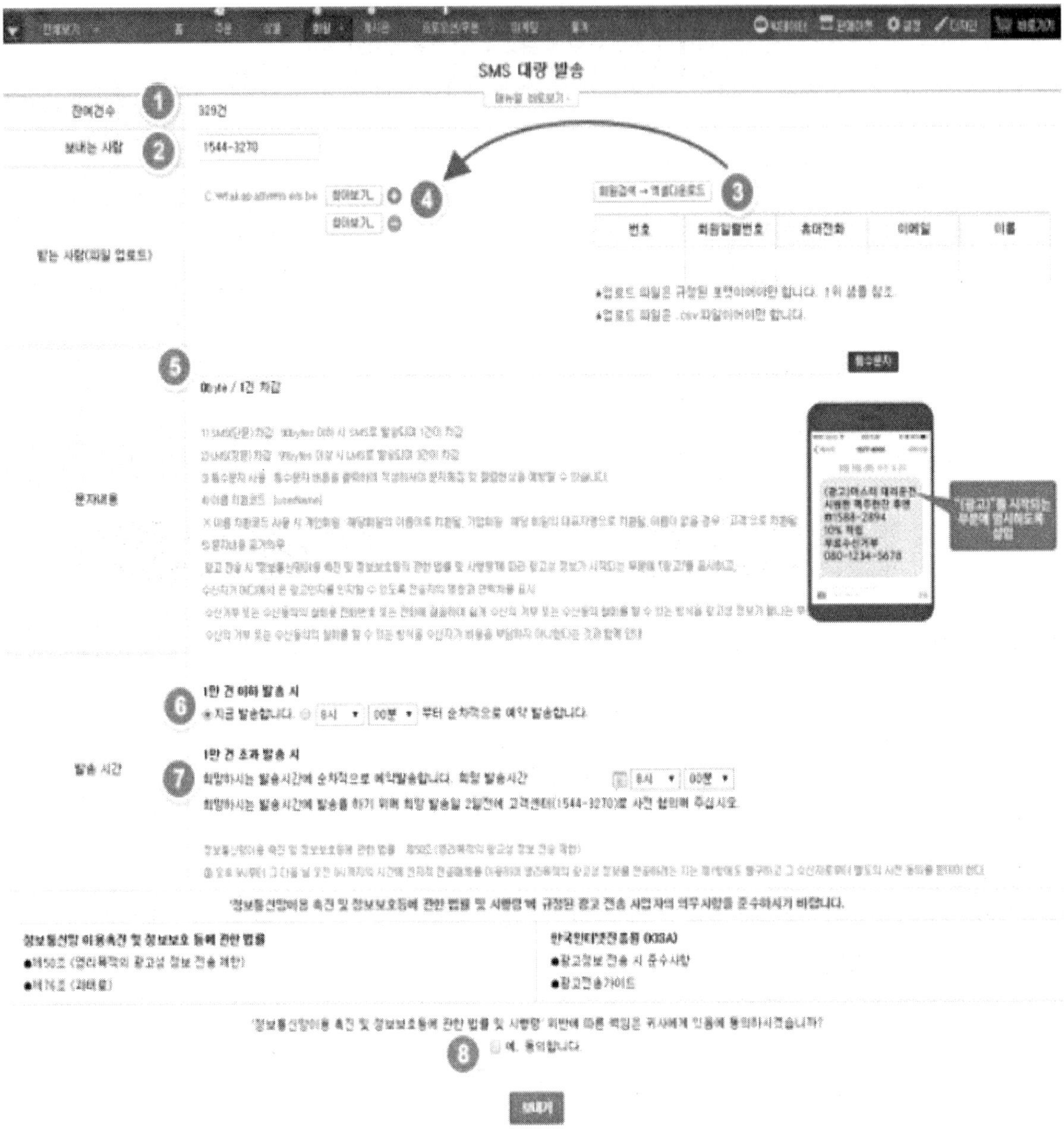

그림 8-28 SMS 대량발송

8.2.5 이메일발송관리

1) 이메일 자동발송

이메일 자동발송은 고객이 쇼핑몰에서 회원가입, 주문 등의 액션 을 했을 때 자동으로 발송되는 이메일을 말한다. 관리자가 디자인을 변경하거나, 발송여부를 설정할 수 있으며 발송된 내역을 확인할 수 있다.

그림 8-29 이메일 자동 발송

· 자동발송 메뉴

① 회원가입, 회원탈퇴 등 발송되는 이메일을 설정하는 메뉴

② 보내는 메일의 주소. [설정]-[02.일반정보]메뉴에서 사업자정보의 대표이메일에서 변경할 수 있다.

③ 발송대상을 선택
④ 발송메일의 제목을 입력
⑤ 발송메일 제목에 사용할 수 있는 치환코드 목록
⑥ 발송메일의 내용을 편집
⑦ 설정한 정보를 저장하는 버튼

2) 이메일 발송 내역

그림 8-30 발송내역

· 발송내역 메뉴
① 발송내역을 날짜 및 제목으로 검색
② 제목을 클릭하면 아래와 같이 발송내용을 확인

3) 이메일 대량 발송
이메일을 발송할 회원을 검색하여 작성한 이메일을 발송할 수 있다.
① 회원을 조건에 맞게 검색
② 어떠한 회원에게 이메일을 보낼지 선택
③ [전송]버튼을 클릭하면 보낼 메일이 세팅
④ 대량메일은 충전을 해야 이용 - 초기에는 1,000건이 보너스로 기본 세팅 되어있다.
⑤ 메일의 텟플릿을 관리할 수 있다.
⑥ 이메일을 직접 발송할 수 있다.
⑦ 이메일 발송된 내역을 확인할 수 있다.
⑧ 이메일 건수를 충전할 수 있다.

8.2.6 SMS/EMAIL 고객리마인드

고객에게 제품 구매를 유도할 수 있는 다양한 리마인드 SMS와 이메일 설정을 할 수 있다. 리바인드 서비스 비용은 한 건당 SMS 3건에 해당하는 포인트가 차감된다. SMS에 쇼핑몰의 주소가 함께 발송되는데, 길이가 너무 길다고 판단되는 경우 짧은 주소를 사용할 수 있다. 리마인드 서비스의 사용여부, 알람시간, 내용, 이메일의 제목, 리마인드 유입통계 등을 변경하거나 설정할 수 있다.

1) 고객 리마인드 설정 메뉴

① SMS에 URL(주소) 정보를 보낼 때, URL를 짧은 주소로 변환하여 보낼 수 있다.
② SMS에 들어갈 상품명 길이를 제한하여 보낼 수 있다.
③ 발송할 리마인드 SMS/이메일의 종류를 선택할 수 있다.
④ ③에서 선택한 리마인드 알림의 사용여부를 선택한다.
⑤ 리마인드를 발송할 조건을 설정/리마인드 SMS를 보낼 내용을 입력
⑥ 리마인드 이메일의 발송여부와 제목을 변경

그림 8-31 고객 리마인드

2) 리마인드 SMS 발송내역

발송된 리마인드 SMS에 대한 발송내역을 확인할 수 있다.

① 리마인드 별로 검색할 수 있다.

② 발송일 별로 검색할 수 있다.

③ SMS 제목으로 검색할 수 있다.

그림 8-32 리마인드 SMS 발송 내역

3) 리마인드 이메일 발송내역

발송된 리마인드 이메일에 대한 발송내역을 확인할 수 있다.

① 리마인드 별로 검색할 수 있다.

② 발송일 별로 검색할 수 있다.

③ 이메일 제목으로 검색할 수 있다.

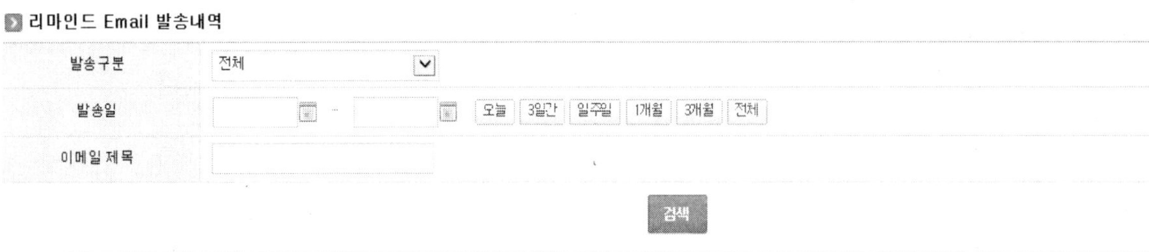

그림 8-33 리마인드 이메일 발송내역

4) 리마인드 유입통계

그림 8-34와 같이 리마인드 SMS/Email 을 보낸 후에 유입되는 통계를 확인할 수 있다.

그림 8-34 리마인드 유입통계

8.3 게시판

전체 게시판 리스트를 확인하고 관리할 수 있다.

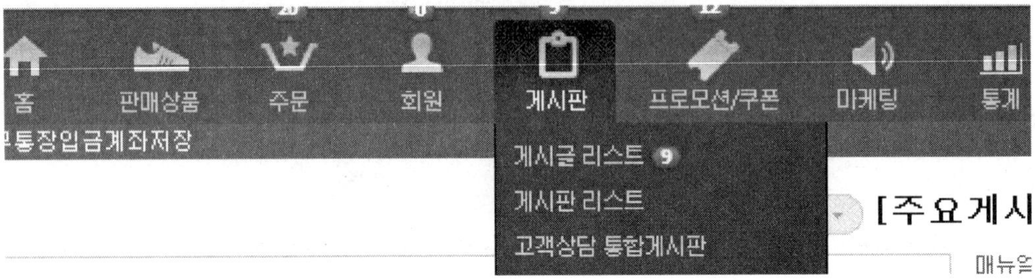

그림 8-35 게시판

1. 게시글 리스트 : 상품문의, 1:1문의, 상품후기, 공지사항 등 가장 핵심적인 게시판의 게시글을 한눈에 확인할 수 있다. 답변을 해야 할 게시글이 카운트되기 때문에 고객에게 빠르게 답변을 줄 수 있어 고객의 만족도를 높일 수 있다.
2. 게시판 리스트 : 모든 게시판의 권한과 상태 등을 확인할 수 있고 설정을 변경할 수 있으며, 게시글을 확인, 답글, 적립금 혜택을 제공할 수 있다. 또한 새로운 게시판을 생성하여 고객과 소통할 수 있다.
3. 고객상담 통합게시판 : 고객정보를 상담날짜, 상담자, 관련번호 등을 확인할 수 있다.

8.3.1 게시글 리스트

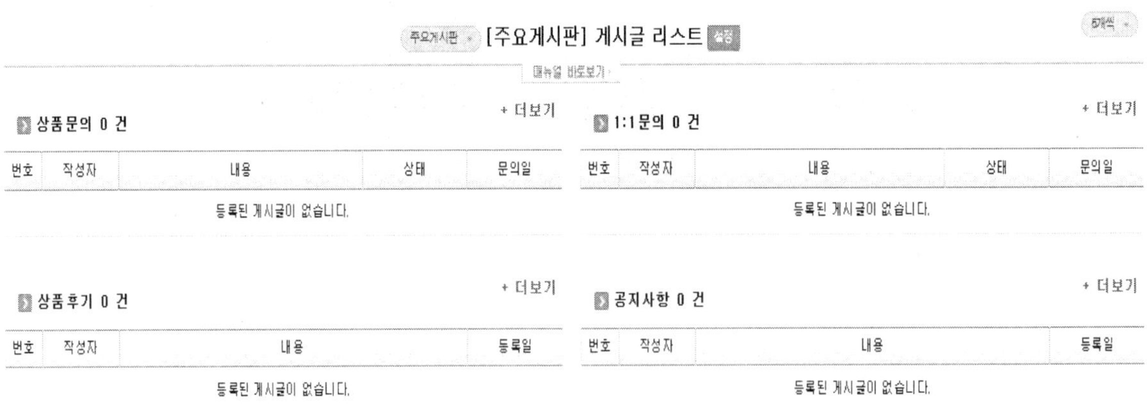

그림 8-36 게시글리스트

게시글 리스트는 쇼핑몰에서 관리자가 설정한 주요 게시판의 게시글을 한눈에 확인할 수 있다. 해당 게시글을 클릭하면 내용을 확인하고 답변을 할 수 있으며 노출할 게시판을 설정하고 다른 게시판으로 접속할 수 있다.

· 게시글 리스트 메뉴

① 보고자 하는 게시판을 선택

② 게시글 리스트에서 보여줄 게시판을 설정

③ 위에서 추가한 게시판의 최신글을 볼 수 있다.

④ 답변대기 글을 클릭하여 바로 답글을 남길 수 있다.

⑤ 더보기를 클릭하면 해당 게시판의 모든 글을 확인할 수 있는 페이지로 이동

8.3.2 게시판 리스트

새로운 게시판을 생성할 수 있으며 생성되어 있는 모든 게시판을 확인하고 해당 게시판의 속성을 변경할 수 있다.

그림 8-37 게시판 리스트

게시판리스트에서 게시판 생성/수정을 클릭하면 게시판을 생성하고 수정할 수 있다. 게시판의 생성은 게시판 이름과 아이디를 입력한다. 아이디는 영문과 숫자만 가능하다. 또한 게시판의 형태를 선택할 수 있다. 게시판에서 고객의 게시판 읽기/쓰기 권한을 설정할 수 있다. 또한 답글/댓글과 글평가/댓글평가 기능을 활성화할 수도 있다.

게시판에 동영상 기능을 사용할 수 있다. 고객이 동영상을 업로드할 때 동영상 품질과 화면 크기 등을 설정할 수 있다. (동영상을 이용하려면 '동영상 호스팅' 서비스를 받아야 한다. '설정-동영상' 매뉴에서 설정할 수 있다.)

· 게시판리스트 메뉴
① 새로운 게시판을 생성
② 게시판을 게시판 아이디, 게시판명, 스킨형식으로 검색
③ 게시판을 선택
④ 체크박스에서 선택한 게시판을 삭제
⑤ 기본게시판인지 추가게시판인지 확인할 수 있다. 기본게시판은 삭제할 수 없다.
⑥ 게시판명을 보여준다. 고객은 볼 수 없고, 관리자만 확인할 수 있다.
⑦ 게시판 아이디를 보여준다. 게시판의 아이디는 게시판 URL에 사용된다.
⑧ 게시판의 권한 및 기능을 간략하게 보여준다.
⑨ 어떤 스킨을 사용되었는지 확인할 수 있다.
⑩ 게시판의 현재 등록된 게시글수를 보여준다.
⑪ [사용자보기]를 클릭하면 고객이 보는 쇼핑몰의 게시판으로 이동된다.
⑫ [게시글보기]를 클릭하면 관리자 페이지내에서 현재 게시글을 보거나, 새로운 글을 등록하거나, 수정/답변/삭제 할 수 있는 페이지로 이동된다.
⑬ 게시판을 수정/복사/삭제

8.3.3. 게시판 생성

게시판 리스트]에서 게시판을 생성하거나 수정할 수 있다. [게시판생성]과 만들어진 게시판을 [수정]하는 페이지는 동일하다. 단, 기본 게시판 6개(공지사항, FAQ, 1:1문의, 상품문의, 상품후기, 대량구매)는 새로 생성한 게시판과 기능이 다르며, 삭제할 수 없다. 무료몰의 경우 기본게시판 외에 게시판을 추가 시에는 2,200원의 비용이 발생한다. 프리

미엄몰, 독립몰은 무료이다.

· 기본 메뉴

① 게시판의 고유 아이디를 입력한다. 생성된 게시판의 아이디는 변경할 수 없다. (수정 페이지에서는 비활성화 된다.)

② 게시판의 이름을 입력한다. 관리자가 확인할 수 있는 이름을 기재하면 된다. (고객에게는 노출되지 않는다.)

③ 게시판의 스킨을 선택할 수 있다. - 리스트형과 갤러리형 2가지가 지원 된다.

④ 게시판의 읽기 권한을 설정

⑤ 게시판의 쓰기 권한을 설정

⑥ 게시판의 답글 사용 유무와 작성권한을 설정

⑦ 게시판의 답글 사용 유무와 작성권한을 설정

※ 권한을 회원으로 설정할 경우 각 회원등급에도 체크를 해야 권한이 생긴다. 예를 들어 회원에만 체크하고, 괄호 안에 회원 등급에 체크가 되어 있지 않다면 읽기 또는 쓰기의 권한이 주어지지 않는다.

· 작성 메뉴

① 자동등록방지 문자를 설정할 수 있다. 자동등록방지 문자는 스팸성 글을 막을 수 있는 효과적인 방법이다. 이미지로 보이는 글자를 고객이 입력하여야 게시물이 등록된다.

② 작성자만 게시물을 볼 수 있도록 설정할 수 있다. 쇼핑몰 관리자와 작성자만 게시물을 확인할 수 있다.

③ 게시물 작성 시 파일을 첨부할 수 있는 옵션이다. 한 번에 올릴 수 있는 파일의 용량은 8MB까지 가능하다.

④ 게시물의 분류를 선택할 수 있는 메뉴이다. 마우스로 끌어서 위치를 조정할 수 있다.

⑤ PC/태블릿에서 고객이 게시글 작성 시 기본적으로 나오는 안내글을 작성할 수 있다.

⑥ 모바일/스마트폰에서 게시글 작성 시 나오는 안내글

⑦ 게시판에서 고객이 게시글을 등록할 때 동영상을 첨부할 수 있도록 설정

⑧ 게시될 동영상의 인코딩을 설정

⑨ 게시될 동영상의 사이즈를 설정

· 보기 메뉴

① 게시판에 글을 작성한 후에 작성자를 표시하는 방법을 설정
② 작성자 표시중에 가운데 글자가 * 로 나오도록 설정
③ 작성자 표시를 닉네임으로 했는데, 회원정보에 닉네임이 없는 경우 이름을 노출
④ 회원의 등급명을 텍스트형태로 표현할지 이미지로 표현할지 선택할 수 있다. 등급에 따른 이미지 등록은 [설정-회원-등급]에서 할 수 있다.
⑤ 게시글에서 작성자 표시를 텍스트 또는 이미지를 설정
⑥ 한페이지에 노출되는 게시글 수를 설정
⑦ 게시판에서 표시할 항목을 선택
⑧ 모바일/테블릿에서 작성한 글의 경우 아이콘을 표시
⑨ 등록된 글에 댓글이 있을 경우 댓글 수를 표시
⑩ 등록된 글에 이미지가 있는 경우 아이콘을 표시
⑪ 등록된 글에 첨부파일이 있는 경우 아이콘을 표시
⑫ 신규로 등록된 게시글에 아이콘을 표시
⑬ 조회수가 많은 게시글에 아이콘을 표시

8.3.4 고객 상담 통합게시판

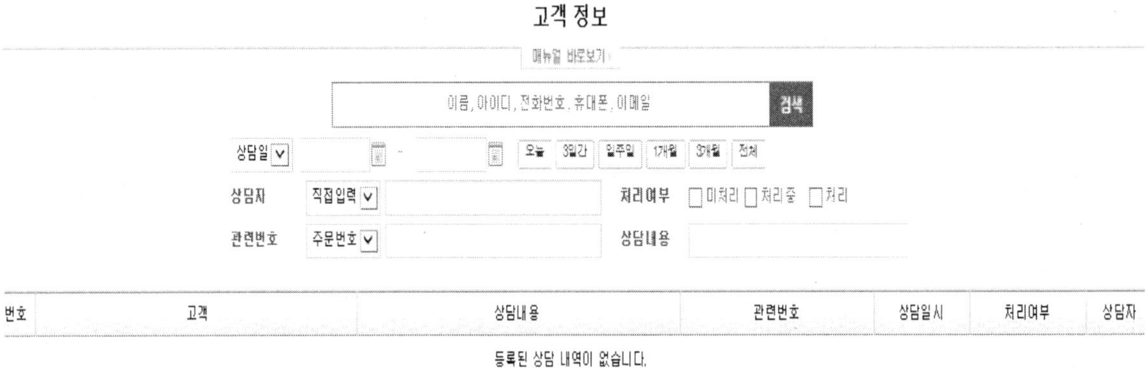

그림 8-38 고객 상담 통합게시판

그림 8-38과 같이 게시판 생성/수정에서 적용된 고객 상담과 관련한 게시판으로 상당날짜와 상담자 그리고 관련번호 등으로 관리되고 확인할 수 있다.

8.4 프로모션/쿠폰

그림 8-39는 프로모션/쿠폰 메뉴를 나타낸 것이다.

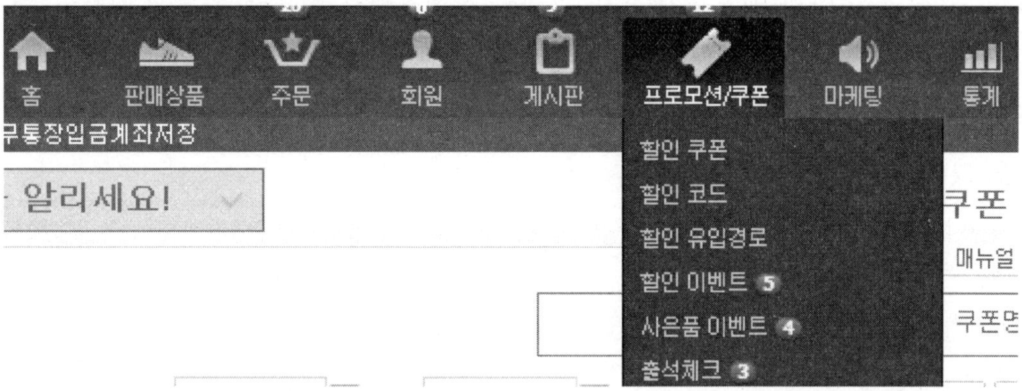

그림 8-39 프로모션/쿠폰 메뉴

· 할인 쿠폰 : 상품, 모바일, 기념일, 신규 회원 등 다양한 온/오프라인 쿠폰을 만들 수 있으며, 세밀한 설정을 통해서 상품별, 주문별, 기간별 맞춤 혜택을 할 수 있다.

· 할인 코드 : 프로모션 코드를 생성하여 회원, 비회원 구분 없이 다양한 이벤트를 진행할 수 있다. 선착순 프로모션 코드를 발행하여 게릴라성 이벤트를 진행한다면 접속률이 떨어지는 주말에도 많은 매출을 올릴 수 있다.

· 할인 유입경로 : 타 사이트와 제휴하여, 해당 사이트에서 쇼핑몰로 접속하는 경우에만 할인해 줄 수 있다.

· 할인 이벤트 : 테마 별, 브랜드 별, 카테고리 별, 상품 별, 시즌 별 등 다양한 할인 이벤트와 기획전을 만들 수 있다. 할인 이벤트를 진행하여 매출을 향상시키고, 재고는 감소시켜야 한다.

· 사은품 이벤트 : 일정금액 구매 시 구매 금액에 따른 사은품을 제공할 수 있을 뿐만 아니라, 고객이 쌓은 적립금과 포인트를 사은품으로 교환할 수 있는 이벤트를 진행할 수 있다.

· 출석체크 : 회원을 꾸준히 쇼핑몰로 유도하여 제품 구매를 유도하고, 단골 고객을 확보할 수 있다.

8.4.1 할인 쿠폰

다양한 온라인/인쇄 배포용 쿠폰을 만들어 고객의 쇼핑몰 유입과 제품구매를 유도할 수 있으며 그림 8-40은 쿠폰리스트 화면을 나타낸 것이다. 인쇄 배포용/온라인 배포용 쿠폰을 만들 수 있으며 인쇄 배포용 쿠폰을 고객이 쇼핑몰에서 인증한 건수와 사용한 건수 등을 확인할 수 있다. 직접 발급 쿠폰을 생성한 경우, 특정/전체 고객에게 쿠폰을 발급할 수 있으며 해당쿠폰의 혜택, 유효기간, 사용제한 사 항 등을 확인할 수 있다.

그림 8-40 쿠폰리스트

· 팝업/페이지로 쿠폰 제공 알리기

고객이 받을 수 있는 쿠폰혜택에 대해서 그림 8-41과 같이 다양한 이벤트의 팝업/페이지로 알림을 줄 수 있어, 구매 욕구를 높일 수 있다.

① 팝업형태로 제공하는 쿠폰은 8가지가 있다.

② 쇼핑몰 상에서 팝업을 제공할지 여부를 선택할 수 있다. 제공할 경우 해당 쿠폰 발급조건이 되는 고객이 쇼핑몰에 로그인 할 때 팝업으로 혜택을 알려주게 된다.

③/⑤ PC/Mobile의 팝업에 대한 디자인을 소스를 확인할 수 있다.

④/⑦ PC/Mobile 상에서 팝업이 어떤 형태로 보여 질지 확인할 수 있으며, 상단이미지를 EYE DESIGN을 이용하여 변경할 수 있다.

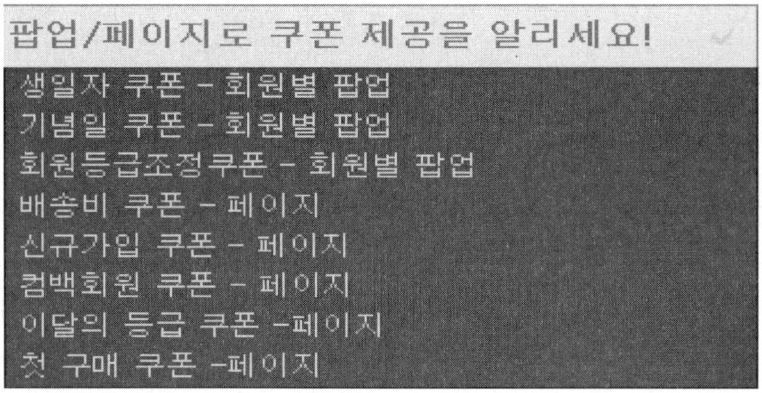

그림 8-41 팝업/페이지 쿠폰제공

· 온라인 배포용 쿠폰 만들기

그림 8-42와 같이 다양한 온라인 배포용 쿠폰을 만들어 고객의 쇼핑몰 유입과 제품 구매를 유도할 수 있다. 온라인 배포용 쿠폰은 온라인에서 사용할 수 있는 쿠폰과 매장에서 사용할 수 있는 쿠폰으로 나누어지며, 매장에서 사용 가능한 쿠폰은 독립몰과 홈페이지 샵에서만 이용할 수 있다.

그림 8-42 온라인 배포용 쿠폰만들기

쿠폰의 종류를 관리자가 직접 선택하여 발행할 수 있으며, 쿠폰의 종류에 관계없이 다중발급이 가능하다. 선택을 클릭하면 제작할 쿠폰의 종류를 선택할 수 있다.

· 상품 다운로드 쿠폰 : 고객이 상품 상세페이지에서 쿠폰을 직접 다운
· 생일자 쿠폰 : 생일자에게 자동 지급되며, 고객이 쇼핑몰 MyPage에서 직접 다운
· 기념일 쿠폰 : 지정한 기념일에 자동 발급되며, 고객이 쇼핑몰 MyPage에서 직접
· 배송비 쿠폰 : 지정된 회원그룹의 회원은 누구나 쇼핑몰 Mypage에서 직접 다운
· 회원등급 쿠폰 : 지정된 회원그룹으로 조정된 회원이 쇼핑몰 Mypage에서 직접
· 회원등급 쿠폰(배송비) : 지정된 회원그룹으로 조정된 회원이 쇼핑 몰 Mypage에서 직접 다운
· 신규회원가입 쿠폰 : 신규 회원에게 자동 발급된다.
· 신규회원가입 쿠폰(배송비) : 신규 회원에게 자동 발급된다.
· 직접 발급 쿠폰 : 쿠폰 생성 후에 관리자가 특정 또는 전체 고객에 게 직접 발급
· 이달의 컴백회원 쿠폰 : 구매내역이 있는 회원 중 쿠폰을 받은 달을 포함하여 설정한 기간 동안 구매 내역이 없는 회원이 Mypage에서 직접 다운 받을 수 있다.
· 이달의 컴백회원 쿠폰(배송입) : 구매내역이 있는 회원 중 쿠폰을 받은 달을 포함하여 설정한 기간 동안 구매 내역이 없는 회원이 Mypage에서 직접 다운 받을 수 있다.
· 첫 구매 쿠폰 : 신규가입 이후 XX일이 경과하였으나 구매활동이 없는 회원이 Mypage에서 직접 다운 받을 수 있다.
· 포인트 전환 쿠폰 : 고객이 가지고 있는 포인트를 쇼핑몰 MyPage 에서 쿠폰으로 전환할 수 있다.

■ 쿠폰정보

① 쿠폰의 이름을 입력

② 어떤 쿠폰인지 설명을 입력

③ 쿠폰의 사용했을때 할인 혜택을 설정 - 첫번째 옵션은 상품금액의 XX%을 할인해 주면 할인된 금액이 YY금액까지만 할인해 주는 옵션
ex) [상품판매가격의 30% 할인, 최대 500원]으로 설정했을때, 상품 금액이 1만원인 경우 3천원이 할인되어야 하지만, 최대금액 설정에 의해서 500만원만 할인된다.

④ 중복 다운로드 및 중복할인을 설정 - 옵션을 활성화 하는 경우, 쿠폰을 무제한 다운받을 수 있으며, 여러 개의 상품을 구매하는 경우 할인에 해당되는 모든 상품에 대해서

할인이 적용되며, 한 상품을 여러 개 구매하더라도 상품 수에 대해서 모두 할인이 된다.

- 여러 번 다운로드하여 사용 가능
- 상품 수량에 중복할인: A상품10,000원x10개
- (10%할인쿠폰x10개) = 90,000원
- 상품 종류에 중복할인: A상품10,000원x10개 - (10%할인쿠폰x10개)
  + B상품10,000원x10개 - (10%할인쿠폰x10개) = 180,000원

⑤ 쿠폰 사용 유효기간을 설정

⑥ 주문시에 다른 쿠폰이 이미 있다면, 현재 발행하는 쿠폰을 동시에 사용하게 할건지, 아니면 하나의 쿠폰만 사용하게 할 건지를 설정하는 옵션

⑦ 상품금액이 XXX원 이상이여만 쿠폰을 사용할 수 있도록 설정

⑧ 쿠폰을 사용할 수 있는 상품 또는 카테고리를 설정

⑨ 모바일에서만 사용할 수 있도록 설정

⑩ 무통장으로 결제할때만 사용할 수 있도록 제한

⑪ 유입경로 이벤트를 통해서 유입된 고객들에게 쿠폰사용을 제한

⑫ 쿠폰의 이미지를 선택

· 인쇄 배포용 쿠폰만들기

인쇄 배포용 쿠폰은 2가지 방식으로 만들 수 있다. 첫 번째는 할인 쿠폰으로서 고객이 쿠폰을 MyPage에서 등록하면 상품 구매 시 사용할 수 있다. 두 번째는 적립금 지급 쿠폰으로서 고객이 쿠폰을 MyPage에서 등록하면 적립금이 쌓이게 된다.

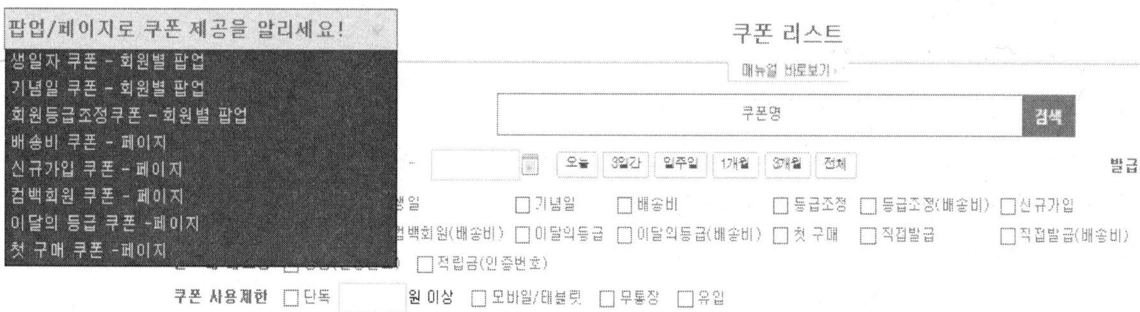

그림 8-43 인쇄배포용 쿠폰

쿠폰 제공 팝업/페이지는 고객이 쇼핑몰에 방문하여 회원 로그인을 했을 때, 자신이 받을 수 있는 쿠폰 혜택을 팝업/페이지 형태로 노출하여 고객에게 알릴 수 있는 기능이다.

· 쿠폰 제공 메뉴

① 한 회차에 쿠폰을 여러개 받았을 때, 한 ID에 몇개의 쿠폰을 사용하게 할지 설정

② 인증번호 인증 기간을 설정할 수 있다. 쇼핑몰에서 인증을 받아야 오프라인 쿠폰으로 할인을 받을 수 있다.

· 쿠폰 정보 메뉴

① 쿠폰의 이름을 입력

② 어떤 쿠폰인지 설명을 입력

③ 랜덤한 인증번호를 생성할 수를 설정

④ 동일 인증번호 1개를 자동 생성하여 쿠폰인증을 제한 없이 허용할지 선착순으로 허용할지 설정

⑤ 인증번호를 수동으로 작성하여 입력

⑥ 동일 인증번호 1개를 수동 생성하여 쿠폰인증을 제한없이 허용할지 선착순으로 허용할지 설정

⑦ 쿠폰의 사용했을 때 할인 혜택을 설정 - 첫번째 옵션은 상품금액의 XX%을 할인해 주되, 최대 YY원까지만 할인해 주는 옵션

ex) [상품판매가격의 30% 할인, 최대 500원]으로 설정했을때,

상품 금액이 1만원인 경우 3천원이 할인되어야 하지만, 최대금액 설정에 의해서 500만원만 할인

⑧ 쿠폰 사용기간을 설정

⑨ 다른 쿠폰과 동시 사용에 대한 설정

⑩ 주문금액이 XXXX원 이상이여만 쿠폰을 사용할 수 있도록 설정

⑪ 쿠폰을 사용할 수 있는 카테고리를 설정

⑫ 모바일에서만 사용할 수 있도록 설정

⑬ 무통장으로 결제할때만 사용할 수 있도록 제한

⑭ 유입경로 이벤트를 통해서 유입된 고객들에게 쿠폰사용을 제한

8.4.2 할인 코드

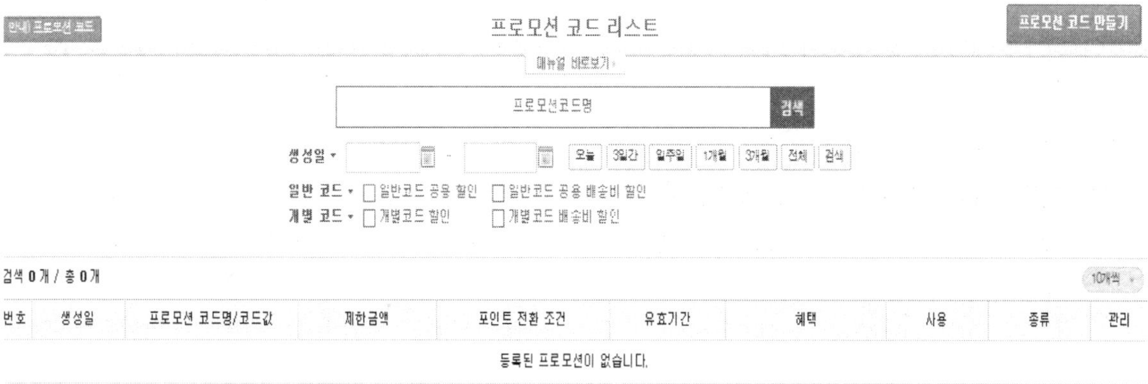

그림 8-44 프로모션 코드리스트

프로모션 코드는 고객이 주문 시에 코드를 입력함으로써 할인 혜택을 받을 수 있는 기능으로서 프로모션 코드는 쇼핑몰 상단에도 노출할 수 있고, 회원에게 메일로 발송할 수 있으며, 회원이 자신의 포인트를 프로모션 코드로 변환할 수도 있다. 프로모션코드 생성시 코드 사용여부와 개별코드인 경우 회원에게 코드를 발급할 수 있으며 사용한 내역을 확인할 수 있다.

프로모션 코드는 일반코드와 개별코드로 분류된다.
· 일반 코드 : 쇼핑몰 상단에 코드가 노출되어 쇼핑몰 방문자에게 혜택을 제공
· 개별코드(관리자지급) : 관리자가 전체/특정 회원에게 메일로 코드를 발급
· 개별코드(포인트전환) : 고객이 자신의 포인트를 My Page에서 코드로 변환하여 사용
※ 프로모션 코드는 코드를 알고 있는 사람이라면 누구라도 사용하여 할인을 받을 수 있다.

· 프로모션 코드 메뉴
① 프로모션 코드 사용여부를 선택할 수 있다. 리스트에 진행중인 프로모션코드가 있어도 "아니오"를 선택하면 노출되지 않는다.
② 프로모션 코드를 생성
③ 만들어진 프로모션코드를 검색
④ 발급건수/리스트 등과 사용여부를 확인

⑤ 프로모션 코드의 종류를 확인할 수 있으며, 개별코드의 경우 특정회원에게 발급할 수 있다.

⑥ 만들어진 프로모션코드를 수정 및 삭제할 수 있다. 단, 개별코드는 삭제할 수 없다.

· 프로모션 코드 만들기

프로모션 코드 종류 포인트 전환용 개별 코드는 설정 > 적립금/포인트/이머니에서 포인트 사용 시에만 생성 가능합니다.

종류	혜택	배포 방법	특징
◉ 일반 코드(공용)	할인 또는 배송비	공개	유효기간 내 동일 코드로 누구나 주문이 가능(중복 사용 허용), 단 주문당 1개의 코드만 사용
○ 개별 코드(1회성)	할인 또는 배송비	관리자 지급	유효기간 내 개별 코드로 단 한 번만 주문이 가능, 단 주문당 1개의 코드만 사용
○ 개별 코드(1회성)	할인 또는 배송비	포인트 전환	유효기간 내 개별 코드로 단 한 번만 주문이 가능, 단 주문당 1개의 코드만 사용

그림 8-45 프로모션 코드 만들기

· 프로모션 코드 종류 메뉴

① 일반코드 : 유효기간내 누구라도 주문시 사용할 수 있다. 일반코드를 생성하면 쇼핑몰 상단에 프로모션코드가 뜨게 된다.

② 개별코드 : 관리자가 특정 고객에게 직접 발급하는 코드 - 발급한 고객의 메일로 코드가 발송된다.

③ 개별코드 : 고객이 포인트를 코드로 전환하여 사용할 수 있다. 쇼핑몰 내 MyPage - 포인트 교환메뉴에서 교환할 수 있다

· 기본정보

① 프로모션코드의 이름을 입력 - 관리자만 확인할 수 있다.

② 프로모션코드의 간단할 설명을 입력 - 관리자만 확인할 수 있다.

③ 프로모션코드를 생성하는 방법으로 자동생성은 시스템에서 자동으로 생성이 되는 것을 말하며, 수동생성은 관리자가 임의로 입력하여 생성하는 것을 말한다. 개별코드의 경우에는 발급 받는 대상마다 다른 코드를 보내주어야 하기 때문에 엑셀로 등록할 수 있다.

④ 혜택을 설정할 수 있다. 상품의 수량 및 종류에 상관없이 할인하려면 [중복할인]에 체크해야 한다.

⑤ 프로모션코드의 유효기간을 설정할 수 있다. 유효기간이 끝나면 프로모션코드는 사용할 수 없다.

⑥ 프로모션코드를 사용가능한 주문 금액을 설정할 수 있다.

⑦ 선착순과, 회원만 사용 가능하도록 설정할 수 있다.

⑧ 쇼핑몰에서 보여지는 이미지 형태를 선택하거나, 업로드 할 수 있다.

8.4.3 할인 유입경로

그림 8-46 할인 유입 경로

유입경로할인은 특정사이트와 제휴하여 이벤트 할 때 사용할 수 있다. 특정사이트를 거쳐 쇼핑몰로 접속하는 경우에 할인 해 줄 수 있다.
새로운 이벤트를 생성한 후 생성된 유입경로할인 이벤트의 주요정보를 확인하고 수정/삭제할 수 있는 기능이 있다.

· 유입경로 메뉴

① 유입경로할인 이벤트를 만들 수 있다.

② 유입경로할인 이벤트를 생성일에 맞추어 검색

③ 생성된 유입경로할인 이벤트의 주요 정보를 확인

④ 유입경로할인 이벤트를 수정하거나 삭제

⑤ 유입경로 이벤트가 정상 작동하는지 테스트

· 유입경로 할인 만들기

① 유입경로 이벤트 제목을 입력

② 해당 이벤트의 설명글을 입력

③ 이벤트의 유입경로 URL을 입력

④ 유입경로 일치/포함 여부를 선택할 수 있으며, 다른 유입경로 이벤트의 URL과 중복되지 않는지 확인

⑤ 고객에게 제공할 할인 금액을 설정

⑥ 유입경로 이벤트의 할인 기간을 설정

⑦ 주문금액이 XX원 이상일 때 할인하도록 설정

⑧ 할인해 줄 상품과 카테고리를 설정

8.4.4 할인 이벤트

할인 이벤트는 일반 이벤트와 단독 이벤트로 나누어진다. 일반 이벤트는 시즌 별 할인 이벤트, 품목 별 할인 이벤트, 제고정리 이벤트, 기획전 등 다양한 용도로 프로모션을 진행할 수 있다.

그림 8-47 할인 이벤트

단독 이벤트는 하나의 상품만을 가지고 이벤트를 진행할 수 있다. 특정 상품을 특정 기간 또는 특정 요일만 이벤트를 진행한다. 고객을 유도하는 미끼 상품으로 활용될 수 있고, 고객 유입량이 떨어지는 주말에 활용하는 것도 좋은 활용법이 될 수도 있다.

· 이벤트 등록/수정 메뉴

① 이벤트가 모두 모여 있는 '전체 이벤트 페이지'를 설정 (할인이벤트, 사은품이벤트)
② [일반] 이벤트를 생성 - 일반이벤트는 여러개의 상품을 추가할인, 적립금/포인트 지급 등과 같은 혜택을 제공하는 이벤트를 말한다.
③ [단독] 이벤트를 생성 - 단독 이벤트는 단 한개의 상품을 대상으로 추가할인, 적립금/포인트 지급 등과 같은 혜택을 제공하는 이벤트를 말한다.
④ 이벤트를 검색 현재까지 만들어진 이벤트의 간략한 정보를 확인
⑤ 이벤트 페이지를 관리
⑥ 이벤트를 수정/복사/삭제

· 전체 이벤트 페이지

할인이벤트/사은품이벤트 리스트 왼쪽상단의 전체 이벤트 페이지 설정을 통해서 접속할 수 있다.

① 전체이벤트 페이지의 주소를 확인하고, 화면을 꾸밀 수 있다.
② 진행중인 이벤트와 종료된 이벤트의 노출 여부를 설정
③ 노출 배너의 사이즈를 설정 - 이벤트 배너는 일반/단독/사은품 이벤트 만들기에서 입력한다.
④ 노출 배너의 사이즈를 설정
⑤ 이벤트 배너의 효과를 설정
⑥ 배너 하단의 노출정보를 설정

그림 8-48 전체 이벤트 페이지 설정

· 이벤트 등록 - 일반

① 이벤트리스트로 돌아갈 수 있다.

② 이벤트의 주소를 복사하고, 이벤트페이지를 꾸미고, 작성한 이벤트를 저장할 수 있다. (주소복사와 화면에서 꾸미기는 이벤트를 저장한 후에 활성화 된다.)

③ 이벤트이름을 입력

④ 이벤트 기간을 설정 - 설정한 기간내에만 할인 이벤트를 진행

⑤ 이벤트를 노출여부를 선택

⑥ 이벤트페이지에 SNS 아이콘을 추가할 수 있다. 치환코드를 이벤트페이지 HTML소

스에 입력하면 된다.

⑦ 이벤트 대상 상품 상세페이지 하단에 이벤트 배너를 노출할 수 있다. 배너를 클릭하면 해당 이벤트페이지로 이동한다.

⑧ 이벤트를 모두 모아 놓은 전체 이벤트 페이지에 노출할 배너를 삽입할 수 있다.

⑨ 이벤트 대상 상품을 선택할 수 있다. 전체상품, 카테고리, 상품으로 선정할 수 있다.

그림 8-49 이벤트 등록 - 일반

⑩ 할인혜택을 설정할 수 있다. 할인은 3가지 옵션이 제공하면 어느 기준으로 할인되는

지 주의하여 사용해야 한다.

첫번째는 할인가에서 추가할인 되는 값이다.

(ex. 5,000원에서 10 % 할인은 4,500원)

두번째는 정가에서 할인되는 값이다.

(ex. 7,000원에서 10 % 할인은 6,300원)

세번째는 입력한 할인가X수량으로 할인된다.

⑪ 실물상품과 티켓상품의 할인적용여부를 선택

⑫ 할인에서 제외되는 상품을 선택

⑬ 이벤트 적용 상품의 할인 쿠폰과 할인 코드 사용을 제한할 수 있다.

· 이벤트 등록 - 단독

① 이벤트리스트로 돌아갈 수 있다.

② 이벤트의 주소를 복사하고, 이벤트페이지를 꾸미고, 작성한 이벤트를 저장할 수 있다. (주소복사와 화면에서 꾸미기는 이벤트를 저장한 후에 활성화 된다.)

③ 이벤트의 판매수량과 매출을 확인

④ 이벤트이름을 입력

⑤ 이벤트 기간을 설정 - 설정한 기간내에만 할인 이벤트를 진행

⑥ 이벤트를 노출여부를 선택

⑦ 이벤트페이지에 SNS 아이콘을 추가할 수 있다. 치환코드를 이벤트페이지 HTML소스에 입력하면 된다.

⑧ 이벤트 대상 상품 상세페이지 하단에 이벤트 배너를 노출할 수 있다. 배너를 클릭하면 해당 이벤트페이지로 이동한다.

⑨ 이벤트를 모두 모아 놓은 전체 이벤트 페이지에 노출할 배너를 삽입할 수 있다.

⑩ 할인혜택을 설정할 수 있다. 할인은 3가지 옵션이 제공되는데, 어느 기준으로 할인되는지 주의하여 사용하기 바란다.

첫번째는 할인가에서 추가할인 되는 값이다.

(ex. 5,000원에서 10% 할인은 4,500원)

두번째는 정가에서 할인되는 값이다.

(ex. 7,000원에서 10% 할인은 6,300원)

세번째는 입력한 할인가X수량으로 할인된다.

⑪ 이벤트 대상 상품을 선택할 수 있다.(단독이벤트는 하나의 상품만 선정할 수 있다.)
⑫ 이벤트 적용 상품의 할인 쿠폰과 할인 코드 사용을 제한할 수 있다.
⑬ 상품상세화면 화면 상단을 꾸밀 수 있다.

8.4.5 사은품 이벤트

사은품 이벤트는, 구매조건과 교환조건 사은품 이벤트로 나누어진다. 구매조건 사은품 이벤트는 주문 금액에 따라 사은품을 지급할 수 있다. 교환조건 사은품 이벤트는 고객이 가지고 있는 적립금을 사은품으로 교환 할 수 있다.

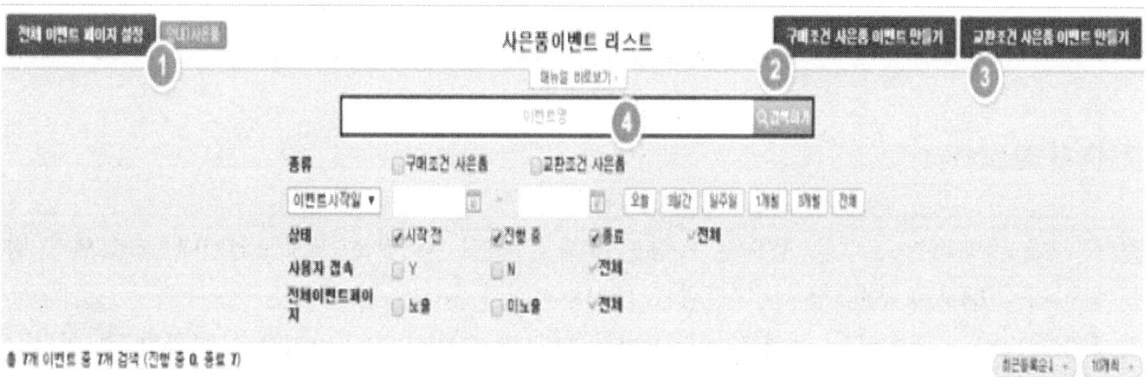

그림 8-50 사은품 이벤트

페이지 꾸미기를 클릭하면 이벤트 페이지로 접속할 수 있는데, 여기에서 EYE DESIGN의 이미지 넣기, 상품 디스플레이 넣기 등을 통해서 페이지를 꾸밀 수 있다 상품디스플레이 할 때에는 수동방식을 선택하면, 진행 중인 이벤트를 선택할 수 있으며, 이 경우 이벤트에 해당되는 상품만 나오기 때문에 쉽게 상품을 진열할 수 있다.

· 사은품 이벤트

① 이벤트가 모두 모여 있는 '전체 이벤트 페이지'를 설정할 수 있다. (할인이벤트, 사은품이벤트)
② 고객이 일정금액 이상의 상품을 구매할 때 제공하는 구매조건 사은품 이벤트를 만들 수 있다.
③ 고객이 가지고 있는 적립금을 사은품으로 교환조건 사은품 이벤트를 만들 수 있다.

④ 사은품 이벤트를 검색
⑤ 사은품이벤트를 수정 또는 삭제

8.4.6 출석체크

그림8-51 출석체크

출석 체크 이벤트는 고객을 꾸준히 쇼핑몰로 유입 시킬 수 있는 프로모션이다. 출석체크 방식에 따라 스탬프형, 댓글형, 로그인형으로 나누어진다.
출석체크 방법을 설정하는 방법은 스탬프형과 댓글형 그리고 로그인형으로 분류할 수 있다.

· 스탬프형: 회원이 출석체크 페이지에서 도장을 클릭하여야 출석체크 된다.
· 댓글형: 회원이 출석체크 페이지에서 댓글을 작성하여야 출석체크 된다.
· 로그인형: 회원이 쇼핑몰에 로그인 하면 자동으로 출석체크된다.

· 출석체크 메뉴
① 출석체크 이벤트를 새로 생성
② 출석체크 이벤트를 옵션별로 검색
③ 지금까지 만들어진 출석체크 이벤트의 간략한 정보를 확인
④ 출석체크 페이지 URL을 복사
⑤ 출석체크 이벤트를 수정/복사/삭제

· 출석체크 만들기

그림 8-52 출석체크 만들기

· 출석체크 만들기 메뉴

① 출석체크 이벤트의 이름을 입력

② 출석체크 이벤트 기간을 설정

③ 출석체크 이벤트 형식을 선택

- 스탬프형 출석체크 : [CHECK]를 클릭하면 출석 체크
- 댓글형 출석체크 : 댓글 달게 되면 출석 체크 된다.
- 로그인형 출석체크 : 쇼핑몰에 로그인 하면 자동 출석체크

④ 출석 체크 달성 조건을 설정

⑤ 이벤트 달성자에게 제공될 혜택을 설정

⑥ 출석체크시 메시지를 입력할 수 있다.

⑦ 체크 캘린더 이미지를 선택할 수 있다.

⑧ 출석체크 도장 이미지를 선택할 수 있다.

⑨ 출석체크로 들어갈 샘플 배너이미지를 다운받을 수 있다.

9. 판매마켓

· 판매마켓 신청 : 다중판매환경을 신청 및 연장하고, 내역을 확인
· 판매마켓 설정 : 다중판매 연동 정보를 입력하고, 판매마켓 별 가격설정
· 카테고리 매칭 : 카테고리와 다중 판매 솔루션(샵링커)에 있는 카테고리를 매칭

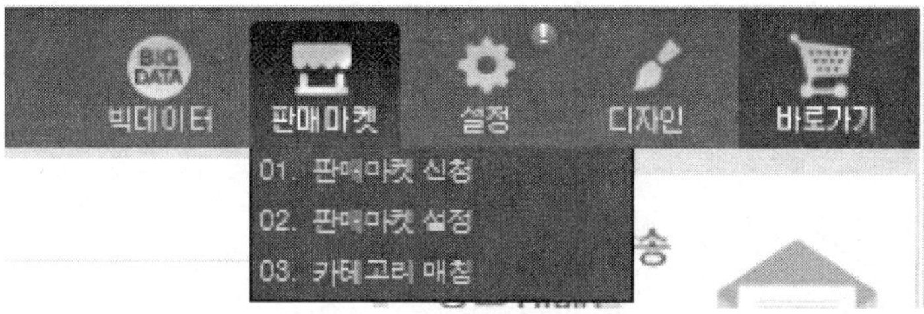

그림 9-1 판매마켓

다중판매 연동 정보를 입력하고, 판매마켓별 가격 설정 등을 할 수 있지만 신청하기 전에 다중판매 솔루션(샵링커) 서비스를 신청해야 한다.

참고1 : 상품 매칭 전에 카테고리 매칭을 먼저 해야 한다. 카테고리 매칭은 [판매마켓]-[판매마켓 카테고리 매칭]에서 할 수 있다.

참고2 : 결제취소는 해당 판매마켓에서 직접 처리해야 한다.

참고3 : 판매마켓 전송여부는 샵링커 관리자 페이지에서 확인할 수 있다. 가격 등의 정보가 변경되었을 경우 반영여부를 샵링커에서 확인해야 한다.

9.1 판매마켓 신청

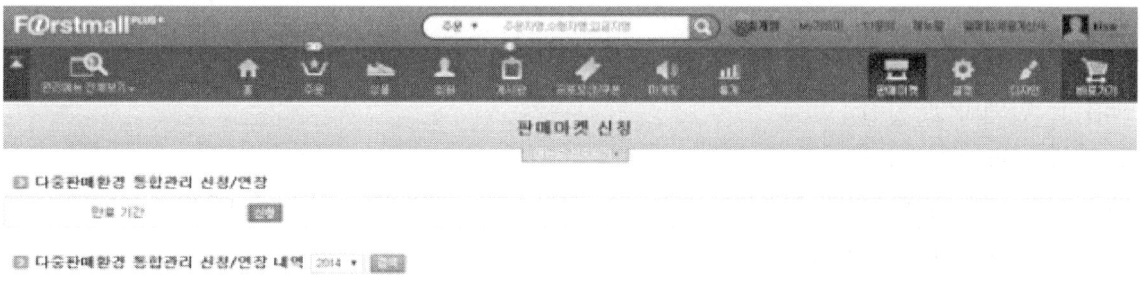

그림 9-2 판매마켓 신청

다중판매환경을 신청 및 연장하고, 내역을 확인할 수 있다. 단, 신청하시기 전에 다중 판매 솔루션(샵링커) 서비스를 신청해야 한다.
샵링커 신청 페이지: http://bit.ly/1dKABWs (그림 9-3)

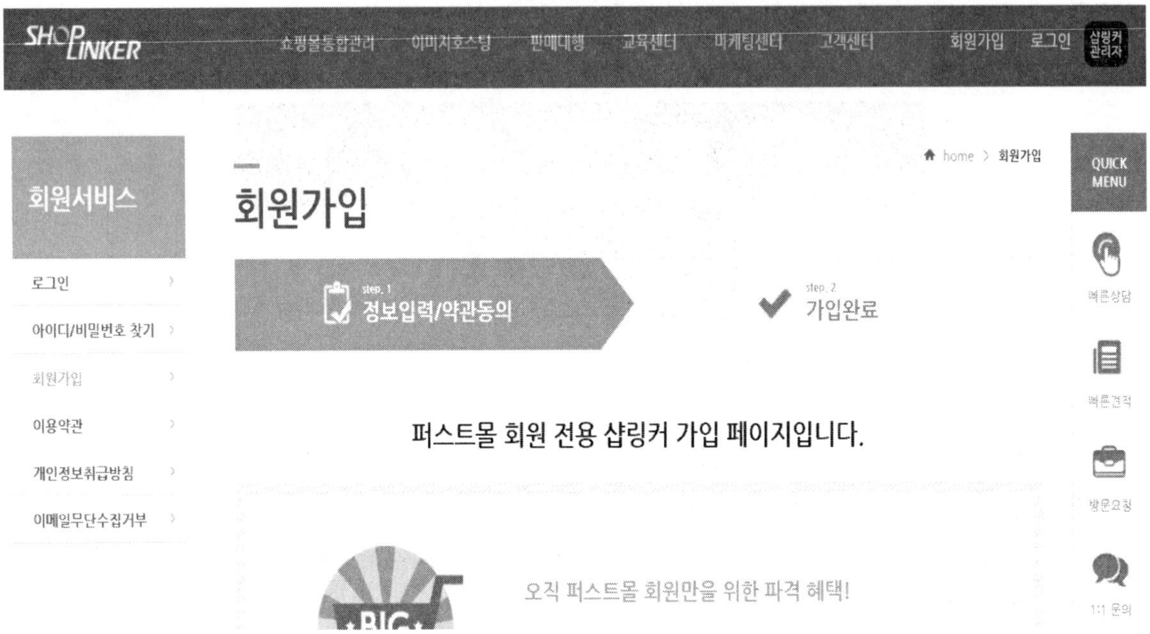

그림 9-3 샵링커 신청 홈페이지

※ 주의 : 쇼핑몰 안에 있는 상세설명 이미지는 쇼핑몰 이외의 사이트에서 노출되지 않기 때문에 이미지 호스팅을 받아야 한다. 단, 독립몰은 제한하지 않는다. 하지만, 트래픽 제한으로 사이트가 열리지 않을 수 있으니 이미지 호스팅을 받는 것이 좋다.
이미지호스팅 사이트는 https://imagehosting.gabia.com/service이다.

판매마켓을 설정하는 단계는 6단계를 걸쳐 진행된다.
step 1. 판매마켓 신청
step 2. 판매마켓 설정
step 3. 카테고리 매칭
step 4. 판매마켓 상품전송
step 5. 판매마켓 일괄전송

stop 6. 이미지 일괄전송

step 1은 샵링커와 쇼핑몰을 연동하기 위해서 다중팡매환경 통합관리 서비스를 신청하기 위해서 신청 버튼을 누르면 샵링크 회원가입 홈페이지로 전환된다. 회원가입 홈페이지에서 회원 기본 정보, 쇼핑몰 담당자 정보 그리고 가입경로와 이용약관 등을 설정해야 연동업체에서 계정을 받을 수 있다. 연동업체로부터 계정을 받으면 판매마켓 관리자를 설정해야 한다.

1. 퍼스트몰 관리자 로그인 > 판매마켓 > 02. 판매마켓 설정 클릭

연동업체로 상품정보를 일괄 전송된다. 최초 1회에만 일괄 전송 버튼을 클릭하며이후 자동으로 전송/수집 된다.

2. 퍼스트몰 관리자 로그인 > 판매마켓 > 03. 카테고리 매칭

카테고리 매칭이 되지 않은 상품은 판매마켓으로 전송되지 않는다.
또한 판매마켓 연동업체(샵링커) 관리 환경에서 판매할 마켓을 필히 설정해야 한다.

다중판매 이용시 필요한서비스는 개발비와 월 사용료 그리고 이미지 호스팅이 있다.

9.2 판매마켓 설정

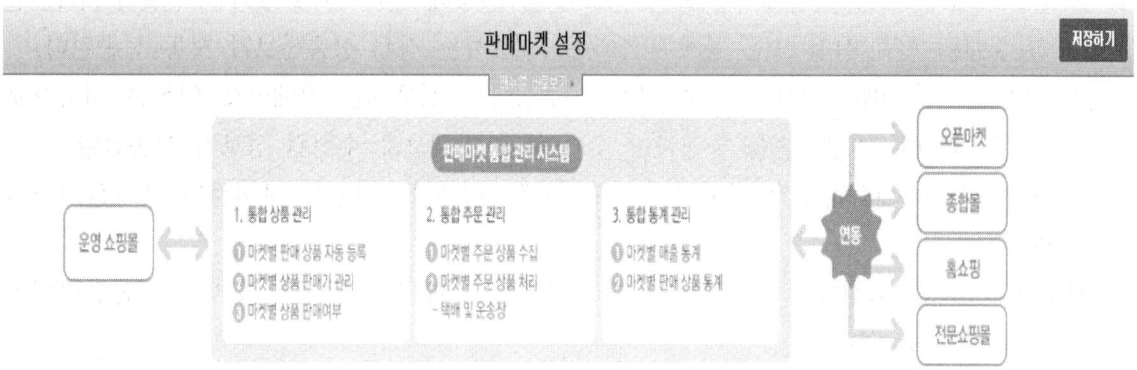

그림 9-4 판매마켓 설정과정

판매마켓 통합관리 시스템은 위 그림에서처럼 운영자의 쇼핑몰과 오픈마켓, 종합물, 홈쇼핑 그리고 전문쇼핑몰에 대해 통합 상품관리, 통합주문관리, 통합통계관리의 기능을 제공

한다. 판매마켓을 설정하는 과정은 다음과 같이 3단계로 이루어진다.

그림 9-5 판매마켓 설정 단계

step 1. 샵링커에서 받은 고객사 코드와 사용자아이디를 입력한다.

step 2. 일괄전송을 통해서 퍼스트몰에 있는 상품을 샵링커로 전송한다.

step 3. 마켓의 아이디와 가격조정 설정한다.

· 판매마켓 설정 메뉴

① '샵링커' 서비스를 신청하면 샵링커에서 '고객사 코드'와 '사용자아이디'를 발급 받을 수 있다. 이 정보를 입력해 주면 된다.

② 쇼핑몰에 있는 제품을 판매마켓(샵링커)에 일괄 전송해 준다. 최초 1회만 전송해 주면 된다. 이후에는 신규 상품 또는 등록된 상품을 수정하는 경우 상품정보가 자동 전송된다.

※ [상품리스트-실물배송]에서 엑셀로 상품을 수정하는 경우에는 판매마켓 연동은 자동으로 진행되지 않는다. 일괄전송을 클릭하여 주어야 각 마켓으로 수정된 정보가 전송된다.

③ 쇼핑몰에 있는 제품정보가 판매마켓(샵링커)에 전송되는 현황을 보여준다. 1시간에 2회 전송된다.

④ 제품의 가격을 조정해서 판매마켓(옥션, G마켓 등)에 전송할 때 일/백/천/만원단위로 절사 처리할 수 있다.

⑤ 전송할 마켓을 선택할 수 있으며 마켓아이디를 꼭 입력해야 한다.
(마켓 아이디는 판매마켓(G마켓, 옥션, 11번가 등)에 셀러로 등록해야 받을 수 있다.)

⑥ 마켓별로 가격을 조정할 수 있다.
+ 버튼을 이용하여 가격 조정항목을 추가할 수 있다.

추가된 항목은 상품 등록/수정 메뉴와 일괄업데이트 메뉴에서 선택하여 사용할 수 있다.(즉, 업데이트 시 마다 직접 입력하는 게 아니라 입력된 항목중에서 선택할 수 있다.)

9.3 카테고리 매칭

그림 9-6 카테고리 매칭

내 쇼핑몰과 판매마켓의 카테고리는 다를 수 있기 때문에 쇼핑몰에 있는 카테고리와 다중 판매솔루션(샵링커)에 있는 카테고리를 매칭 시켜주어야 한다.

step 1. 샵링커와 연결할 쇼핑몰의 카테고리를 선택하고 ' 매칭하기' 클릭!
step 2. 샵링커에서 확인한 '고객사코드'와 '사용자아이디'를 입력
step 3. 상품을 판매마켓에 전송하기
카테고리 매칭이 완료되었다면 상품 등록/수정시 상품별로 판매마켓을 설정해야 한다.

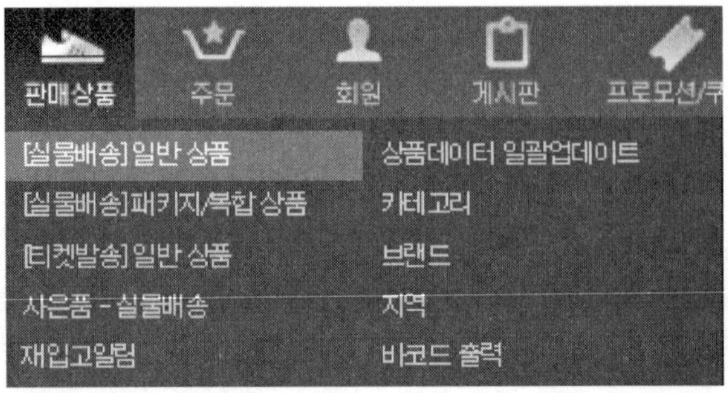

그림 9-7 판매상품 메뉴

판매상품 메뉴의 [실물배송]일반상품을 클릭하면 상품목록을 볼 수 있다. 상품목록에서 판매마켓으로 전송하고자 하는 상품을 클릭하여 상품의 판매정보에서 판매마켓 전송 항목을 볼 수 있다. 판매마켓별 상품정보 전송여부를 설정한 후 상품에 대한 판매마켓별 상품의 판매가격을 설정한다.

그림 9-8 판매정보

만약 판매마켓 별 일괄 업데이트를 하고자 한다면 판매상품 메뉴에서 상품데이터 그림 9-9와 같이 일괄업데이트를 클릭한다. 업데이트할 상품을 선택하고 조정할 판매마켓과 전송/가격을 설정한다. 마지막으로 업데이트하기 버튼을 클릭하면 된다.

이외에도 상품설명이미지를 이미지 호스팅으로 일괄 복사할 수 있다. 이미지 호스팅 일괄 업데이트를 위해서는 FTP 정보를 입력한 후 일괄 업데이트해야 한다.

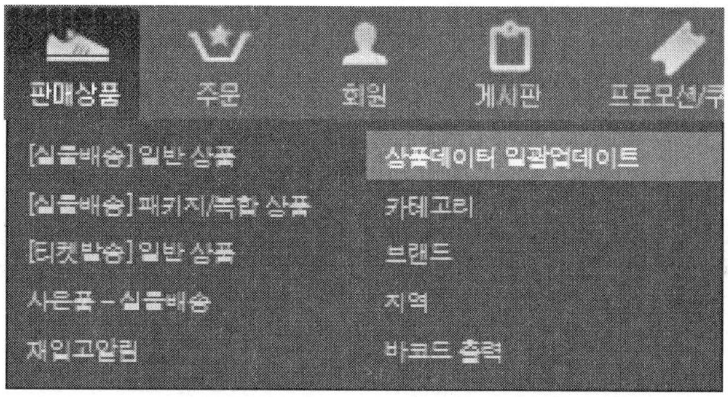

그림 9-9 상품 일괄 업데이트

· 카테고리 매칭 메뉴

① 아래에서 선택한 내 쇼핑몰의 카테고리를 판매마켓(샵링커)와 매칭

② 내 쇼핑몰의 카테고리를 검색

③ 내 쇼핑몰의 카테고리를 보여 준다.

④ 판매마켓(샵링커)와 매칭 했을 때 판매마켓(샵링커)의 카테고리를 보여준다.

⑤ 매칭되어 있는 카테고리를 다중으로 선택하여 매칭 해제할 수 있다.

⑥ 매칭되어 있는 카테고리를 개별 매칭 해제할 수 있다.

부록

1. 판매마켓 연동 방법
2. 통계
3. 빅데이터
4. 마케팅

1. 판매마켓 연동 방법

1단계: 판매마켓 신청 및 준비사항 (메뉴위치: 판매마켓-01. 판매마켓 신청)

※ 샵링커와 퍼스트몰을 연동하기 위해 '다중판매환경 통합관리 서비스'를 신청합니다.

판매마켓 신청

메뉴얼 바로보기

반드시 정독하셔야 하는 자주하시는 질문

다중판매환경 통합관리 신청/연장

만료 기간	신청

※주의 : 다중판매환경 통합관리 서비스는 연동 업체 계정이 있어야만 정상 동작됩니다.
연동 업체 계정이 없을 경우 별도 신청(판매마켓 > 판매마켓 설정)해 주십시오.

※ **필독**: 다중판매 이용시 준비사항

1. **샵링커**는 옥션/지마켓/11번가 등의 쇼핑몰에 상품/주문 정보 등을 연동하여 주는 서비스입니다.
샵링커를 신청해야만 다중판매서비스를 사용할 수 있습니다.
§ 샵링커 신청: http://bit.ly/1dKABWs

VAT포함

퍼스트몰 회원 혜택

버전	가입비(1회)	개발비(1회)	월 이용료
미니라이트	없음		99,000원
프리미엄	66만원	~~330만원~~ 면제	220,000원
스페셜 1	110만원		330,000원

2. **이미지호스팅**은 옥션/지마켓/11번가 등과 같은 판매마켓에 상품상세설명 이미지를 노출할 때 필요한 서비스 입니다.
1) 프리미엄/무료몰에서는 외부사이트에 이미지 노출이 제한 되기 때문에 이미지호스팅이 필요합니다.
2) 독립몰에서는 일 트래픽이 제한되어 있기 때문에 판매마켓에 상세설명 이미지 노출시에 트래픽 초과로 서비스가 제한 될 수 있습니다.
§ 이미지 호스팅 신청: https://imagehosting.gabia.com/service

판매마켓 연동 방법 1단계

2단계 : 판매마켓 설정 (메뉴위치: 판매마켓-02. 판매마켓 설정)

※ 퍼스트몰과 샵링커를 연동하고, 제품정보를 보낼 판매마켓을 선택할 수 있습니다.

STEP1: 샵링커에서 받은 '고객사코드'와 '사용자아이디'를 입력합니다.

STEP2: '**일괄전송**'을 클릭해서 퍼스트몰에 있는 상품을 샵링커로 전송합니다.
전송이 완료되지 않은 대기목록을 '**전송 대기 상품 검색**'에서 확인할 수 있습니다.

STEP3: 판매마켓의 아이디와 가격조정 설정을 합니다.

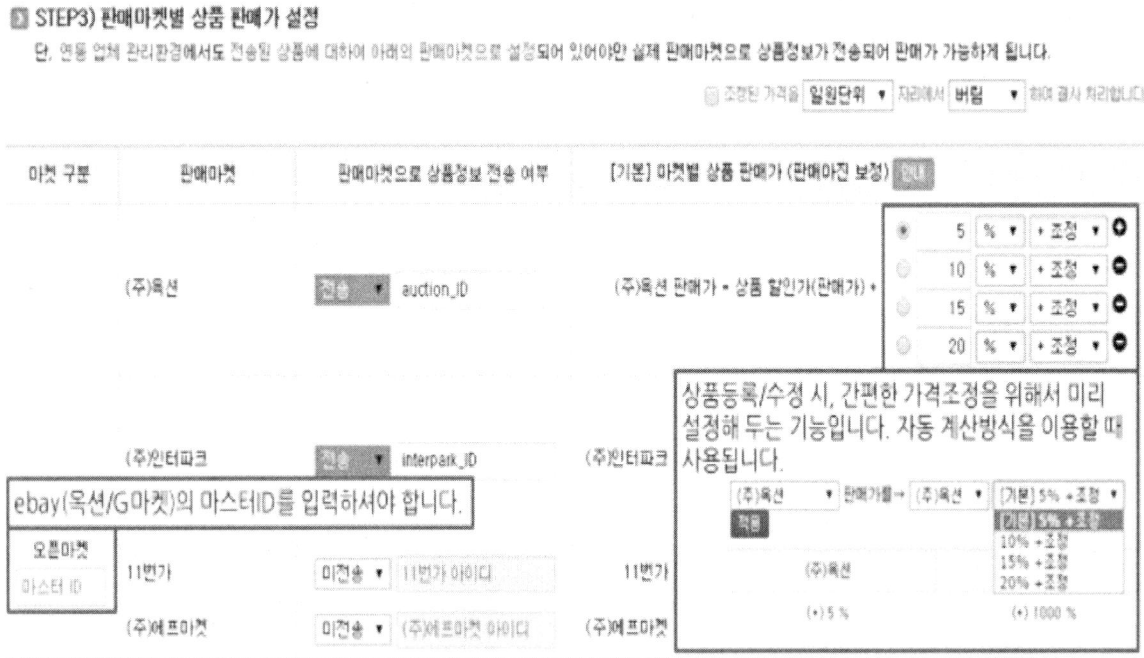

판매마켓 연동 방법 2단계

3단계: 판매마켓 카테고리 매칭 (메뉴위치: 판매마켓-03. 카테고리 매칭)

※ 퍼스트몰의 상품을 샵링커의 카테고리에 매칭되도록 설정합니다.

STEP1: 샵링커와 연결할 쇼핑몰의 카테고리를 선택하고 '**매칭하기**'를 클릭합니다.

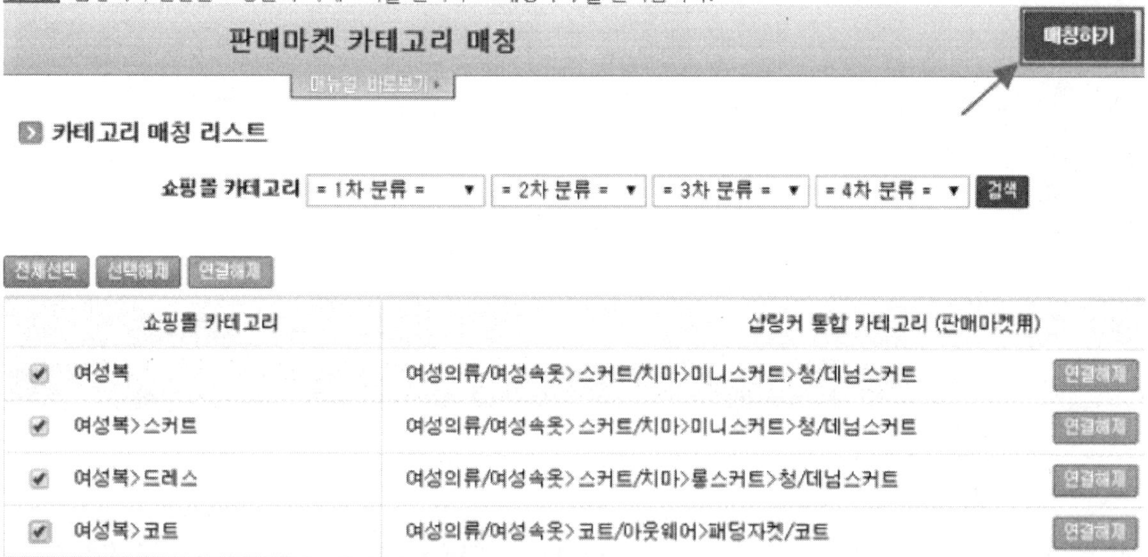

STEP2: 퍼스트몰의 카테고리와 샵링커의 카테고리를 연결합니다.

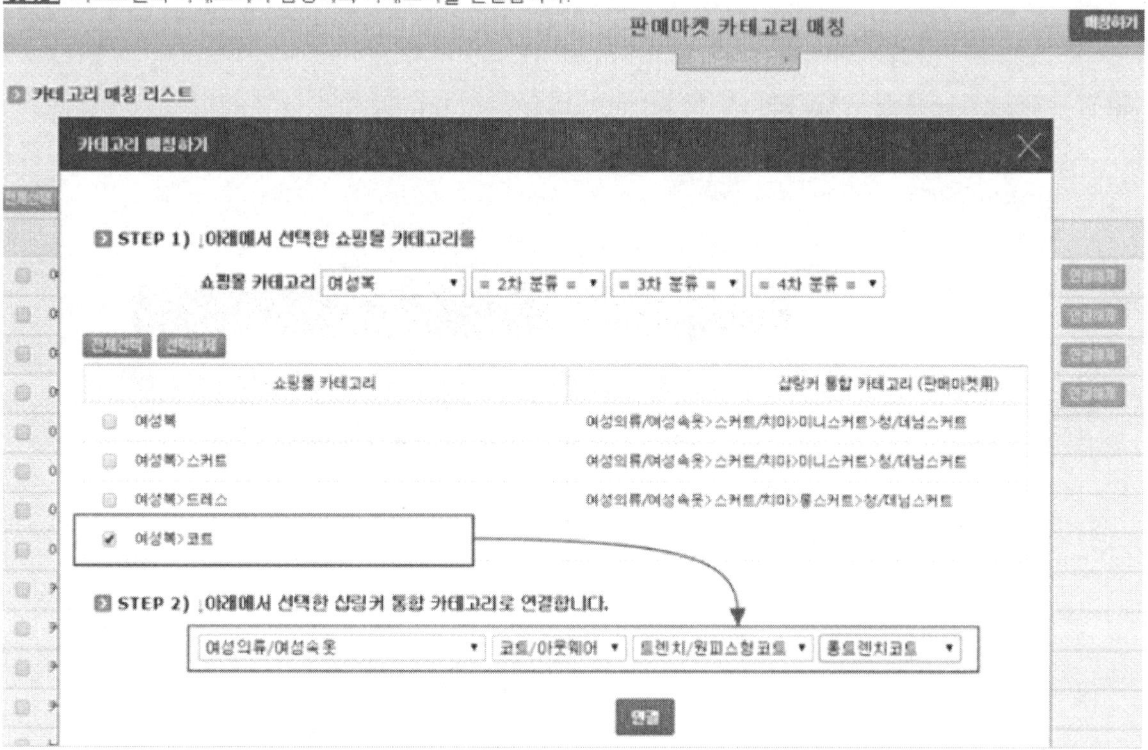

판매마켓 연동방법 3단계

4단계: 상품을 판매마켓에 전송하기 (메뉴위치: 상품-상품리스트-상품등록하기/수정)

※ 상품 등록/수정 시에 상품별로 판매마켓 설정하셔야 합니다.

STEP1: 상품별로 상품정보를 전송할 판매마켓을 선택합니다.

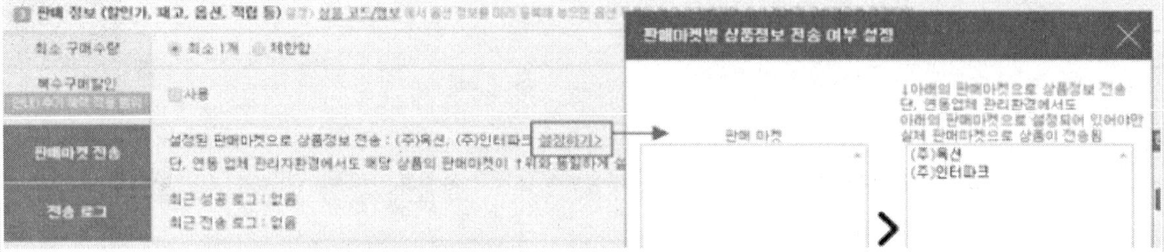

STEP2: 판매마켓별로 상품의 가격을 설정합니다.

STEP3: 상품 상세 이미지를 이미지호스팅으로 복사합니다.

상품의 이미지는 이미지호스팅으로 복사 되고, 상세 설명의 URL은 이미지호스팅의 URL로 변경됩니다.

퍼스트몰 서버에서는 상세설명 이미지가 삭제되지 않습니다.

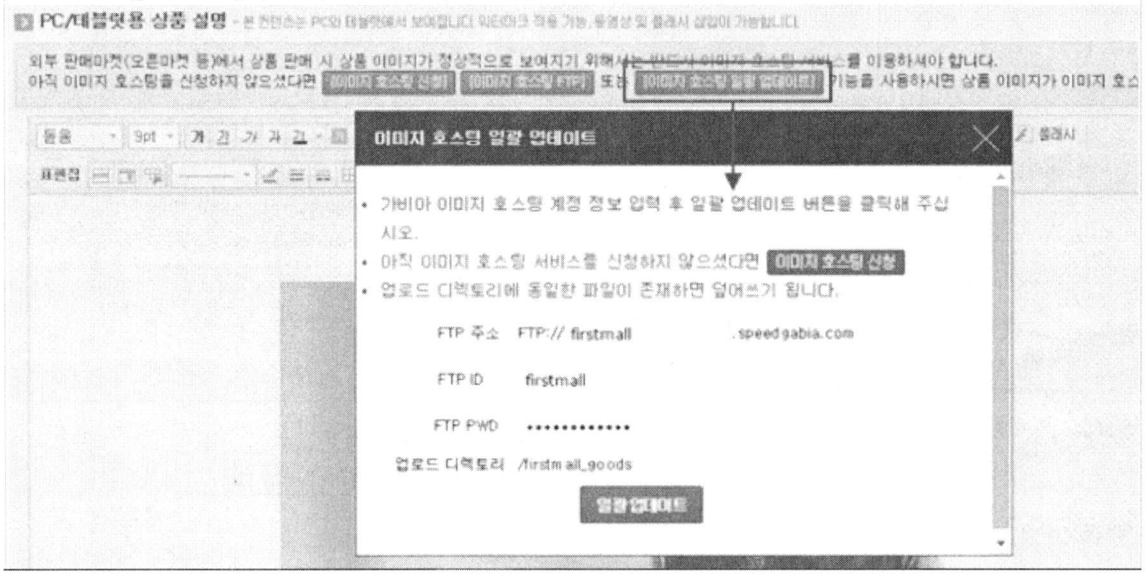

판매마켓 연동 4단계

5단계: 판매마켓 별 일괄 업데이트 (메뉴위치: 상품-상품데이터 일괄업데이트)

※ 판매마켓 별 상품 전송여부/판매가 조건을 일괄 수정할 수 있습니다.

1. 업데이트할 상품을 선택합니다.
2. 조정할 판매마켓과 전송/가격을 조정합니다.
3. 업데이트하기 버튼을 클릭합니다.

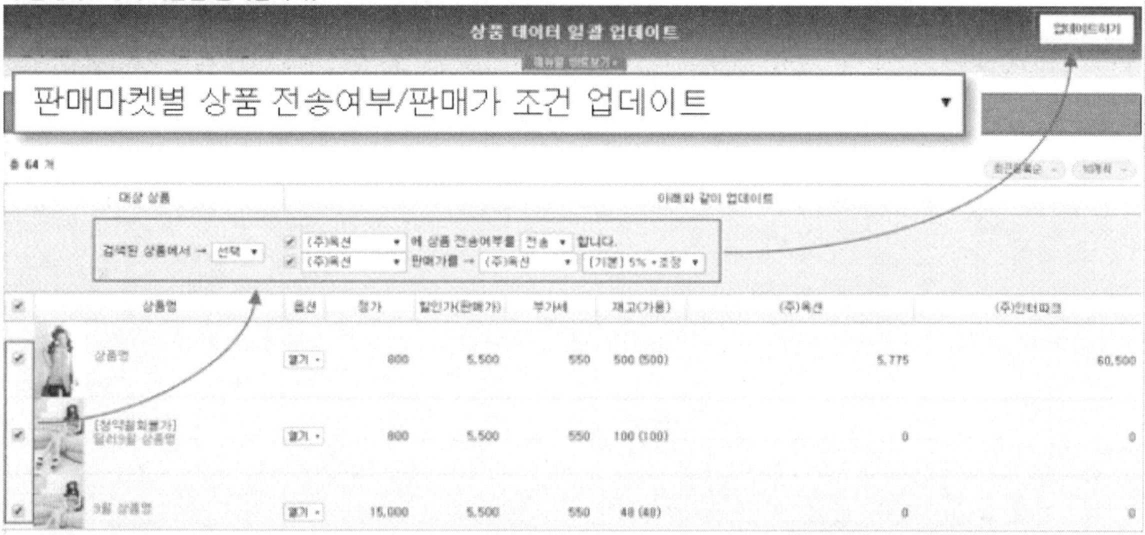

6단계: 이미지호스팅 일괄 업데이트 (메뉴위치: 상품-상품데이터 일괄업데이트)

※ 상품설명이미지를 이미지호스팅으로 일괄 복사 할 수 있습니다.
- 참고: 상세설명 이미지는 이미지호스팅으로 일괄 복사되고, 상세설명 이미지의 URL은 이미지 호스팅 URL로 변경됩니다. 단, 퍼스트몰 서버에서 상세설명 이미지가 삭제되지는 않습니다.

1. 업데이트할 상품을 선택합니다.
2. 업데이트하기를 클릭합니다.
3. 이미지호스팅의 FTP정보를 입력한 후 '일괄 업데이트'를 클릭합니다.

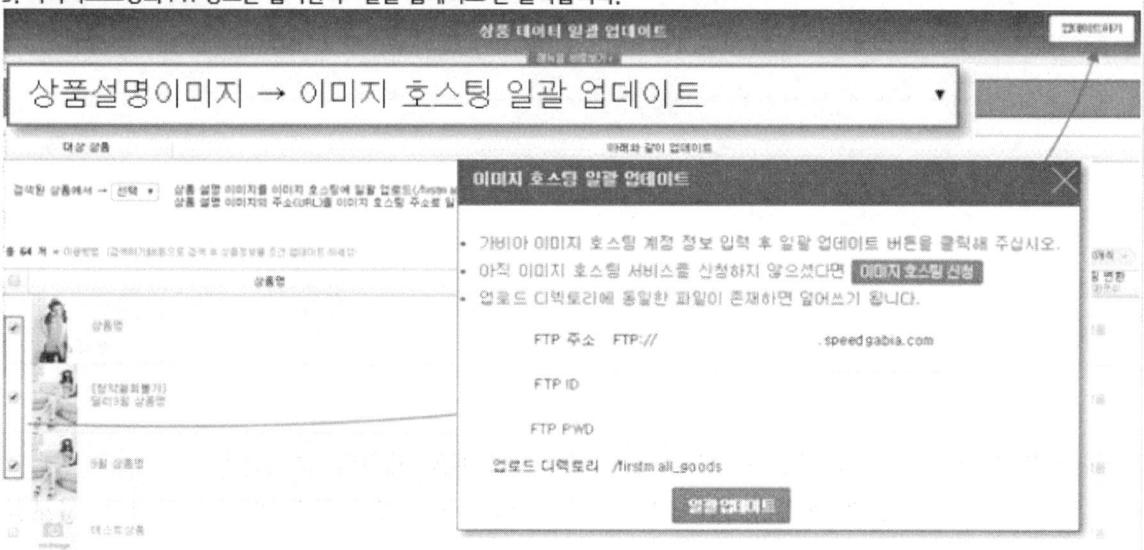

2. 통계

2.1 요약 통계

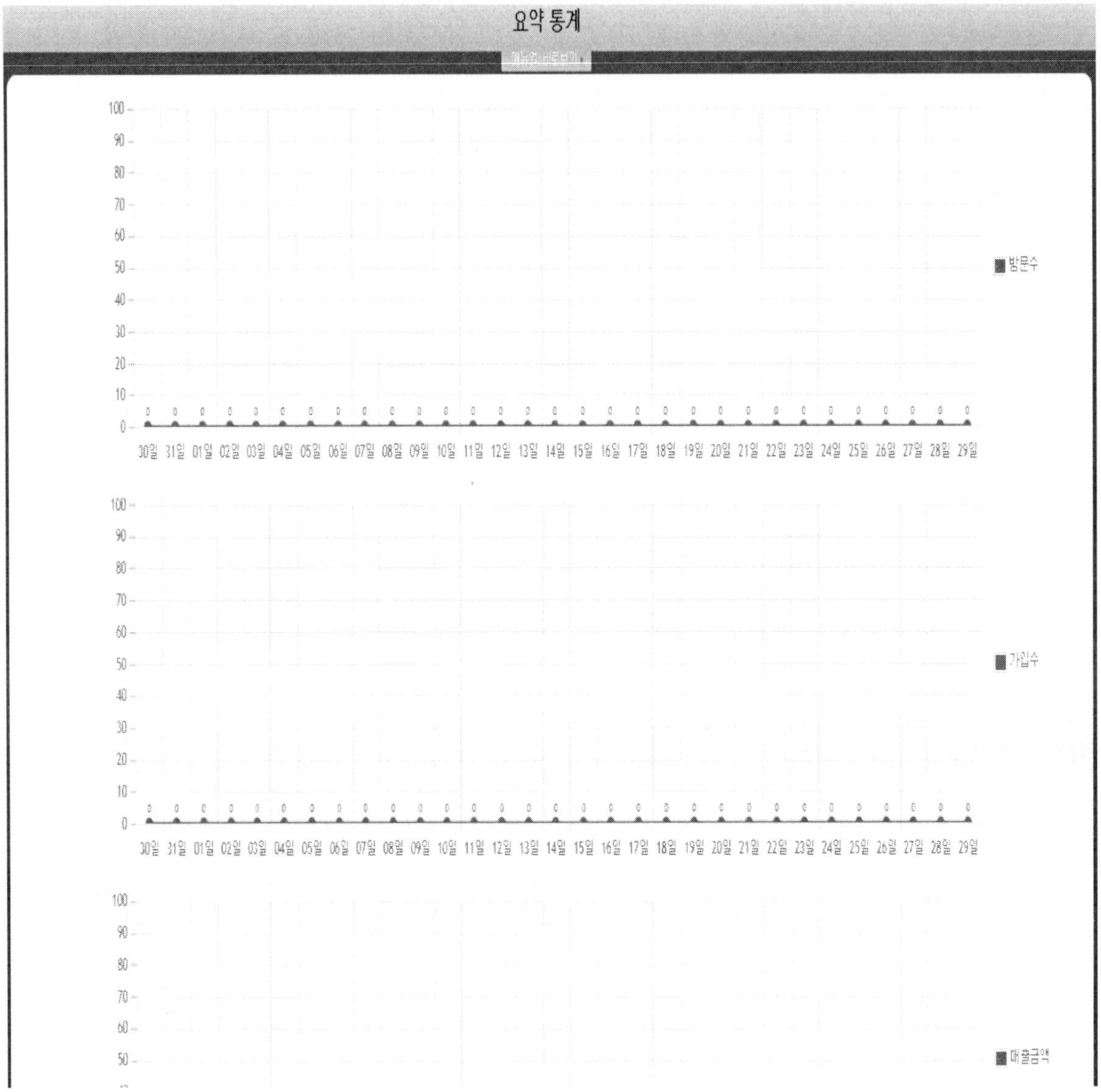

요약 통계에서는 방문수, 가입수, 매출 금액 등의 통계를 확인할 수 있다.

동일한 PC에서 하루에 여러번 방문해도 1회로 체크됨 - 단 해당 PC 에 쿠키로 정보를 남기는데 쿠키가 삭제되면 그날 처음 들어온 걸로 간주해서 방문자수가 증가한다.

1) 방문수, 가입수, 매출 금액의 추이를 그래프로 확인할 수 있다.
2) 방문자, 회원가입, 매출, 방문/회원가입/매출별 유입처, 상품/카테고리/브랜드 별 매출, 장바구니, 위시리스트, 검색어 등의 평균값을 요약 하여 보여 준다.

2.2 방문통계

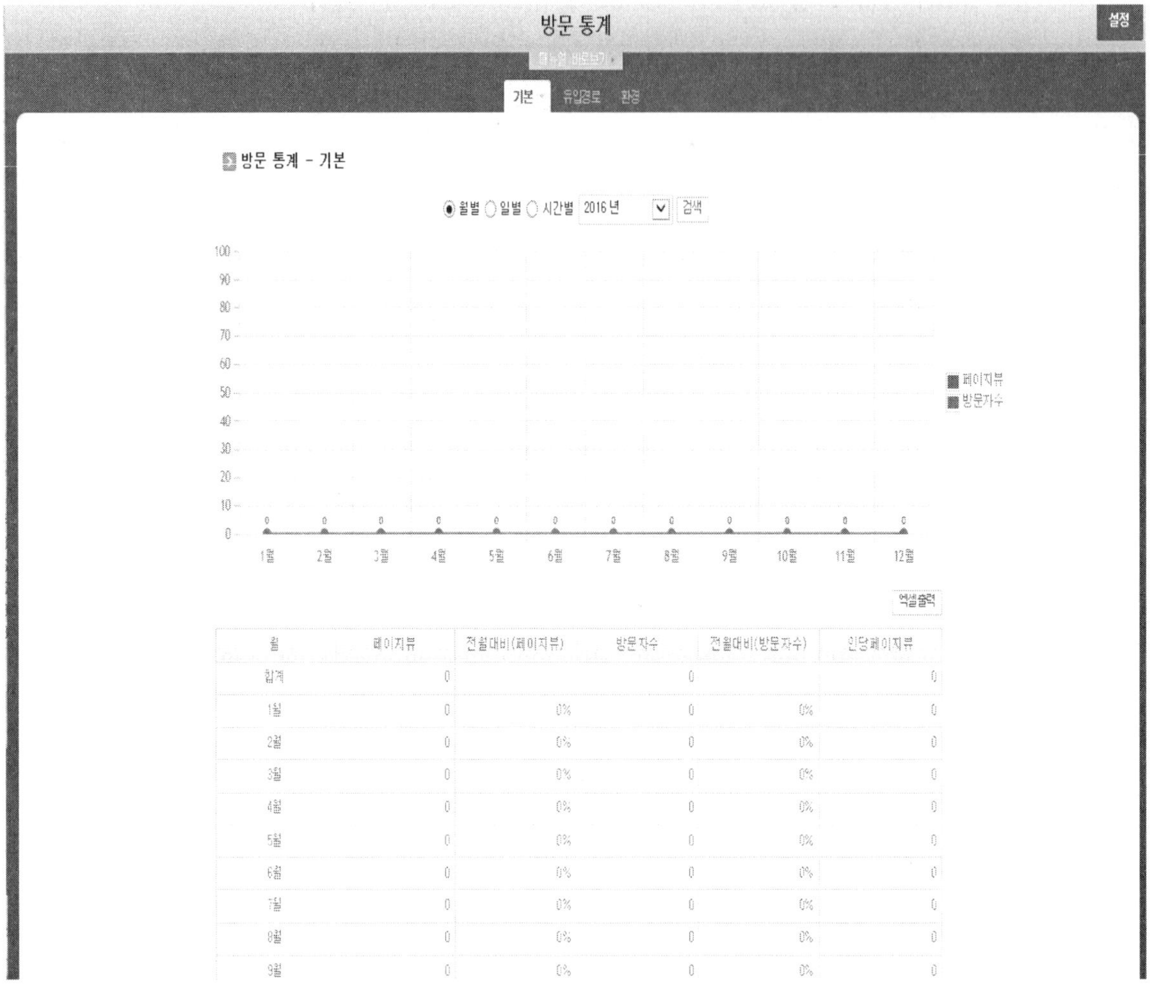

빙문 통계에서는 기본 방문 통계뿐만 아니라, 유입경로, 판매환경 별로 방문 통계를 보여 준다.

방문자 수는 1일 1PC 기준이다. 회원기준이 아니며, 동일한 PC에서 하루 동안 여러 번 방문해도 1회 체크되며 동일한 회원이 여러 PC에서 방문하면 PC 수만큼 체크된다.

기본 방문 통계는 월별/일별/시간별 페이지뷰와 방문자수를 그래프와 표로 보여 준다.

① 설정에서 제외해야할 IP를 추가할 수 있다.

② 데이터를 엑셀로 다운 받을 수 있다.

2.3 가입통계

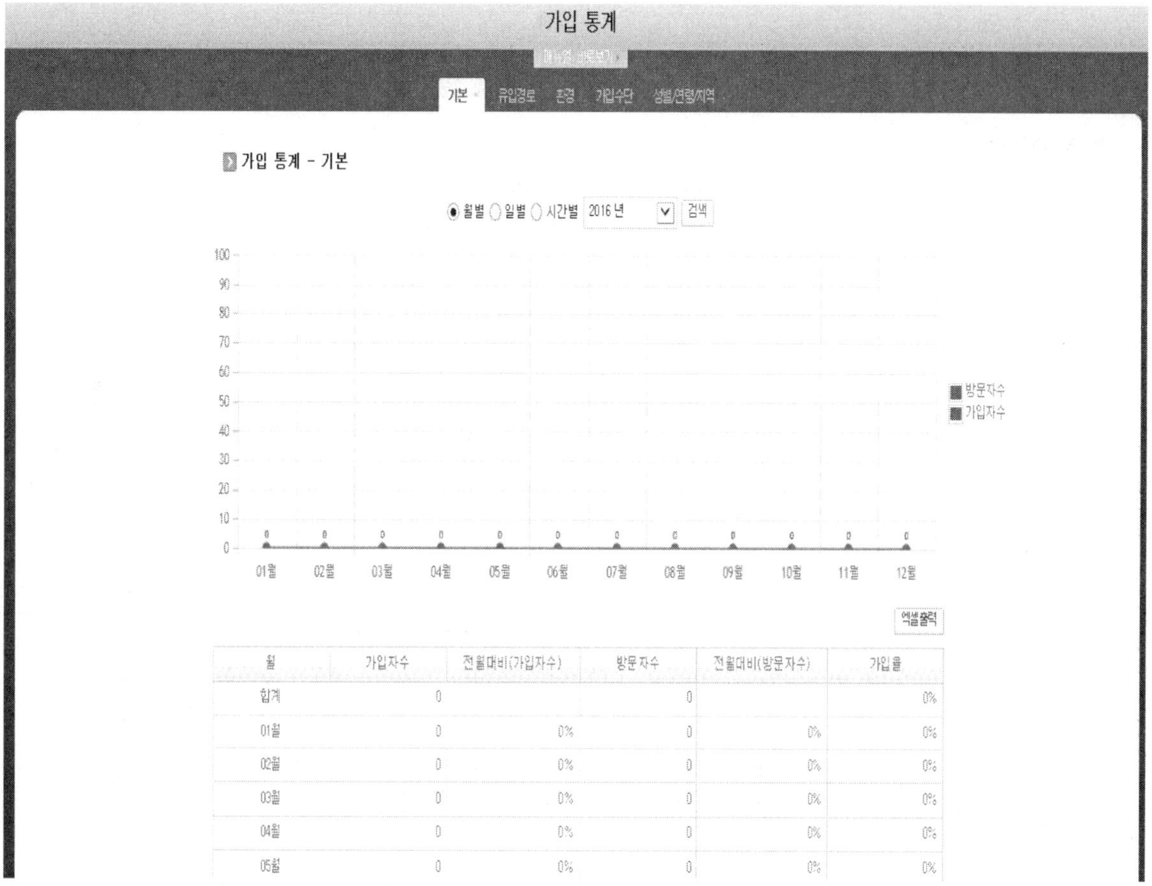

기본 가입 통계는 월별/일별/시간별 방문자수와 가입자 수를 그래프와 표로 보여 준다.
① 데이터를 엑셀로 다운 받을 수 있다.

2.4 구매통계

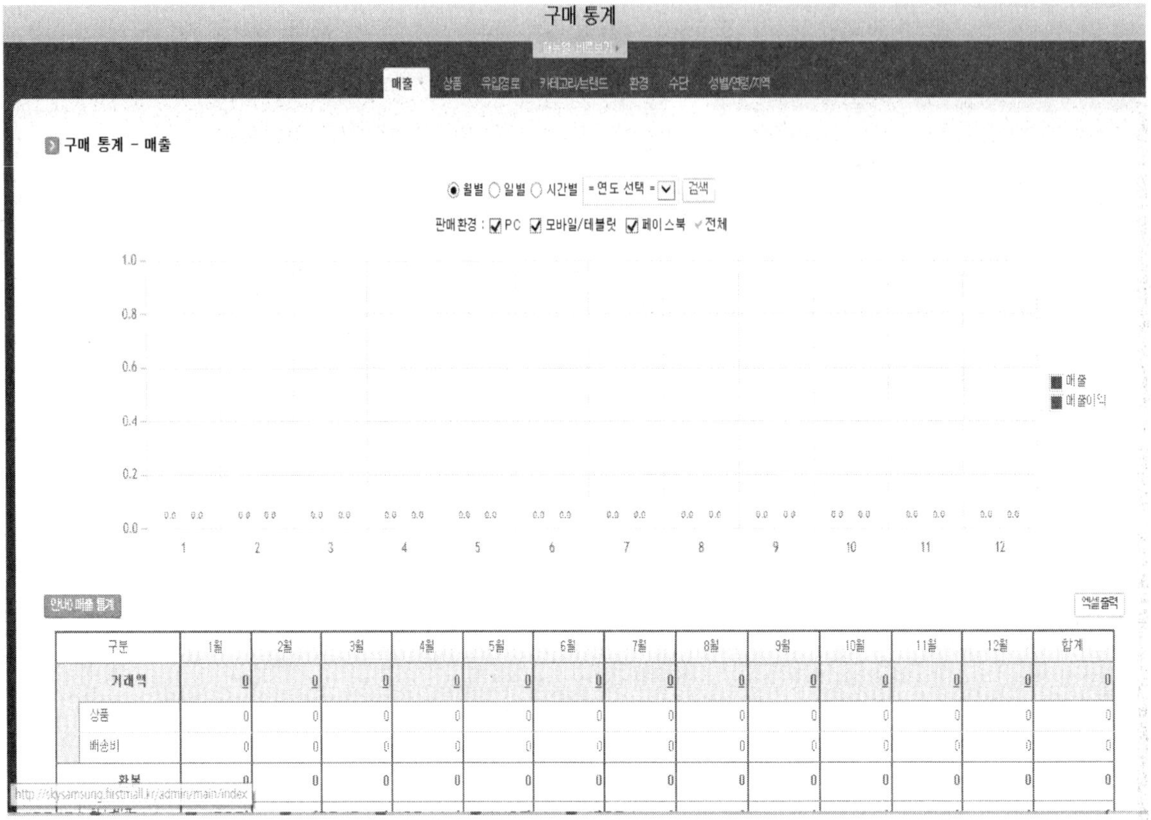

상품 통계에서는 고객이 어떤 상품을 구매 했는지 판내 수량과 판매 금액별로 보여 준다.

2.5 상품 통계

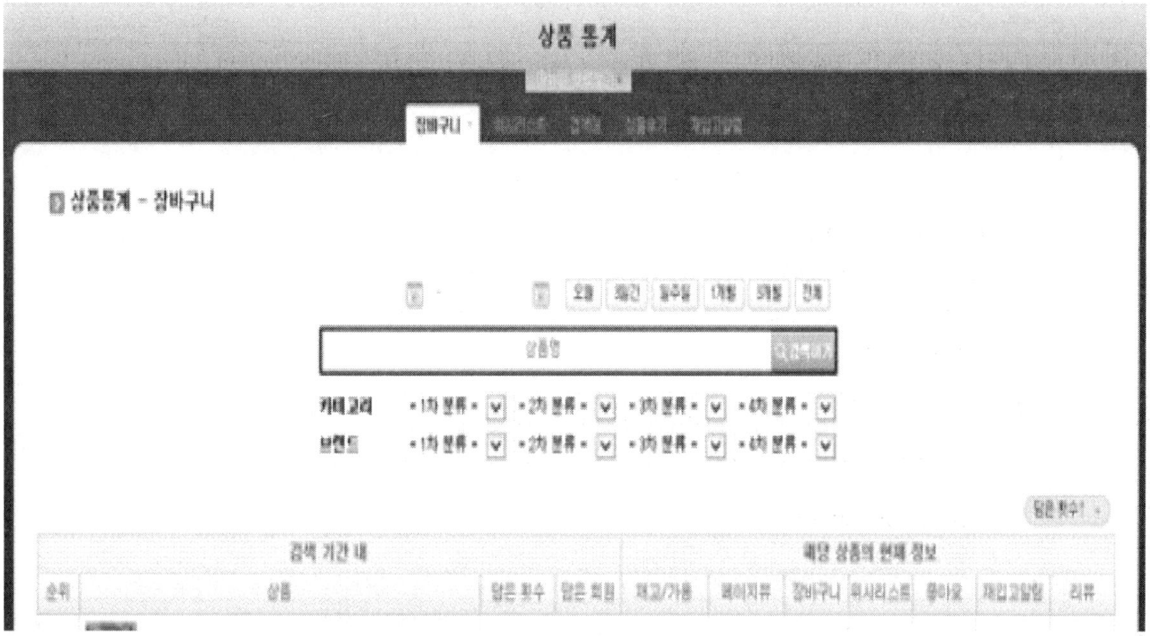

상품을 장바구니에 담은 횟수와 회원 순으로 보여준다.

2.6 구글 애널리틱스

구글이 제공하는 웹사이트 분석 도구로서, 방문객이 남긴 자료를 근거로 웹사이트 운영 및 방문 형태에 대한 정보를 분석한다.

1. 원클릭 설정으로 간편하게
 원하는 단계별 데이터 분석 설정을 원클릭으로 간편하게 시작
2. 활동을 실시간으로 측정 가능
 현재 접속자수가 몇 명이고, 어떤 경로를 통해 왔으며, 어떤 페이지를 보고 있는지 파악할 수 있다.
3. 가치 있는 데이터를 무료로 제공
 복잡하고 무의미한 데이터를 가치 있는 데이터로 일목요연하게 확인

쇼핑몰 관리자는 구글 애널리틱스를 바탕으로 다양한 기획전/이벤트/마케팅 전략에 활용할 수 있다.

3. 빅데이터

빅데이터를 통한 추천상품 조건을 설정할 수 있다.

① 조건을 선택할 수 있다.

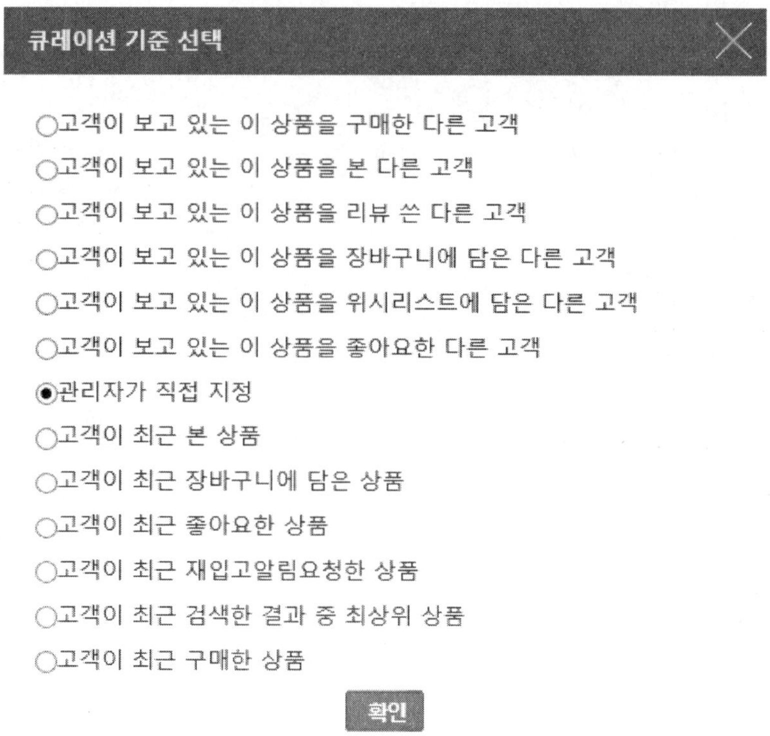

② 6가지 항목의 우선순위를 설정 - 마우스로 끌어서 순서를 조정

③ 설정된 조건을 확인

④ 상품을 노출할 조건을 변경

⑤ 설정한 조건의 결과를 테스트

⑥ 설정한 조건을 저장.

4. 마케팅

4.1 입점 마케팅

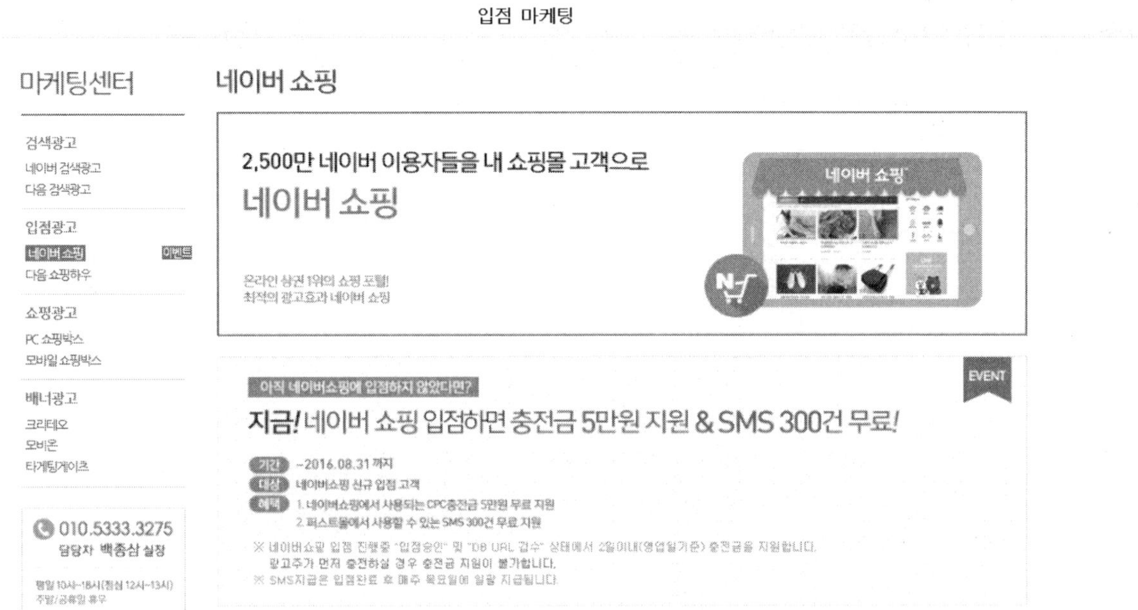

4.2 입점 마케팅 설정

네이버 공통인증 설정
사용여부
사용 사용안함
네이버 공통인증키
White List
http://
추가
CPC 네이버쇼핑 이용 쇼핑몰 : 공통인증 사용 필요
CPA 네이버쇼핑 이용 쇼핑몰 : 공통인증 사용 필요
네이버 페이 이용 쇼핑몰 : 공통인증 사용 필요
네이버 마일리지 이용 쇼핑몰 : 공통인증 사용 필요
입점마케팅 전달 데이터 통합 설정
상품 데이터 생성방식
전체 데이터 : 1일 1회 자동 생성
요약 데이터 : 실시간 생성
{product_name}
입점마케팅에 노출되는 상품명을 다르게 설정하기 원하시는 고객님은 아래 치환코드를 조합하여 입력하세요. 직접 입력도 가능합니다..
상품명
① 상품명 : {product_name}
② 대표카테고리 : {product_category}
③ 대표브랜드 : {product_brand}
④ 상품검색태그 : {product_tag}
아래 화면과 같이 등록된 브랜드 정보를 전달
아래 화면과 같이 등록된 브랜드 정보를 전달
브랜드
추가 정보
브랜드
대표 브랜드
연결된 브랜드
정보(제조일, 출시일)
정보값(최대 255bytes)
하더브러시
브랜드
하더브러시
15bytes
입점마케팅 채널로 전송되는 상품 가격을 설정하세요.
기본적으로 상품에 입력한 할인가(옵션이 있는 상품인 경우 기본옵션 기준)로 상품가격이 전송됩니다.
상품가격
① 할인가
② 추가 할인 : ↓아래 할인이 적용되는 상품일 경우
회원할인 적용 : 비회원가 회원가(일반등급 기준)
할인 유입경로 적용
※ 단, 아래의 URL로 할인 유입경로가 생성되어 있어야 함
※ 네이버 쇼핑 http://shopping.naver.com
※ 다음쇼핑 http://shopping.daum.net
할인 쿠폰 적용
※ 여러 개의 유효한 쿠폰이 있을 경우 할인금액이 가장 높은 쿠폰이 적용됨
모바일 할인 적용
※ 모바일 할인 설정 시 모바일 할인가격 추가 전달
= ③ 입점마케팅에 전달되는 상품가격
카드무이자할부
예) 국민3,삼성2~3,하나SK3,시티2~6 (모든 카드가 동일한 할부 지원시는 '모든카드 3개월')
전달 이미지 설정
Naver 네이버쇼핑 상품상세(기본) 상품상세(확대)
Daum 쇼핑하우 상품상세(기본) 상품상세(확대)
네이버 페이 설정
버전
상품 연동 2.0 / 주문연동 5.0
사용여부
사용 테스트 사용안함
상점 ID
상점인증키(가맹점인증키)
버튼인증키
상품연동URL
http://skysamsung.firstmall.kr/partner/navercheckout_item
예외 상품
1차 카테고리
2차 카테고리
3차 카테고리
4차 카테고리
네이버 페이 주문금액의 과세/비과세 유무는 '사업자 유형'에 따라 결정됩니다.
과세/비과세 안내
- 과세 : 개인사업자중 일반과세자, 법인사업자
- 비과세 : 개인사업자중 면세사업자 및 간이과세자
과세/비과세 처리에 대한 자세한 문의는 네이버 페이 고객센터(1588-3819)로 문의해 주세요.
신청 및 관리
※ 추가입력옵션을 이미지업로드 방식으로 구성한 일반상품은 네이버페이로 주문할 수 없습니다. (↓아래의 설명 이미지 참조)
※ 포장단위별로 개별 배송비가 설정된 상품은 아래와 같은 경우 네이버 페이로 주문할 수 없습니다.
1) 포장단위로 별로 기본배송비와 추가배송비가 다른 경우 (↓아래의 설명 이미지 참조)
2) 포장단위별로 기본배송비와 추가배송비가 같더라도 추가구성옵션을 설정한 경우 (↓아래의 설명 이미지 참조)
※ 배송그룹별 배송비가 20만원 초과시 네이버페이로 주문할 수 없습니다. ※ 티켓상품은 네이버페이로 주문할 수 없습니다.

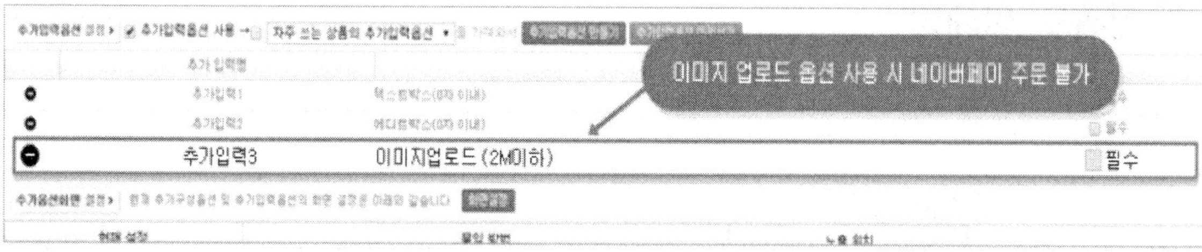
이미지 업로드 옵션 사용 시 네이버페이 주문 불가
추가입력3
이미지업로드(2M이하)
필수

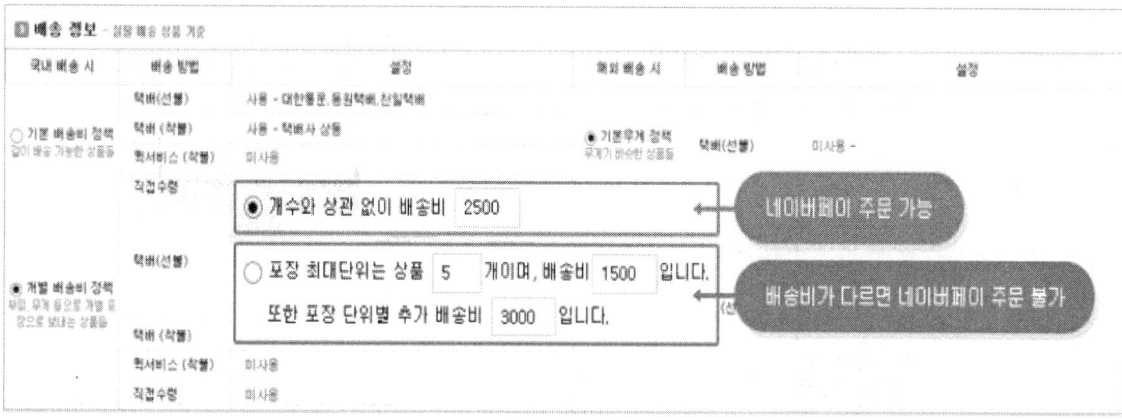
개수와 상관 없이 배송비 2500
네이버페이 주문 가능
포장 최대단위는 상품 5 개이며, 배송비 1500 입니다.
또한 포장 단위별 추가 배송비 3000 입니다.
배송비가 다르면 네이버페이 주문 불가

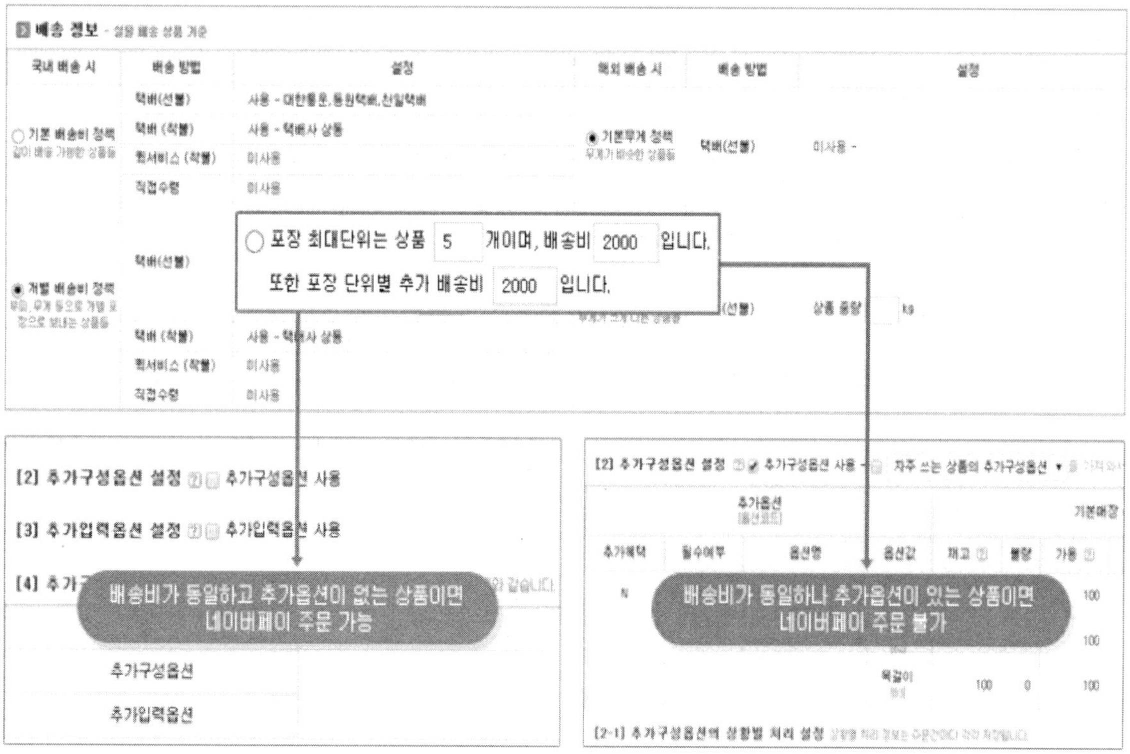
포장 최대단위는 상품 5 개이며, 배송비 2000 입니다.
또한 포장 단위별 추가 배송비 2000 입니다.
[2] 추가구성옵션 설정
추가구성옵션 사용
[3] 추가입력옵션 설정
추가입력옵션 사용
배송비가 동일하고 추가옵션이 없는 상품이면 네이버페이 주문 가능
추가구성옵션
추가입력옵션
배송비가 동일하나 추가옵션이 있는 상품이면 네이버페이 주문 불가

4.3 키워드 마케팅

키워드 마케팅
마케팅센터
네이버 검색광고
검색광고
네이버 검색광고
다음 검색광고
입점광고
네이버 쇼핑
이벤트
다음 쇼핑하우
쇼핑광고
PC 쇼핑박스
모바일 쇼핑박스
배너광고
크리테오
모비온
타게팅게이츠
010.5333.3275
담당자 백종삼 실장
국내 점유율 1위 포털 네이버
네이버 검색광고
성공하는 쇼핑몰 운영자의 필수!
온라인 광고의 시작은 네이버 검색광고
NAVER
검색
광고안내
클릭초이스
클릭초이스 플러스
브랜드검색
소개
국내 PC 검색 점유율 80%, 네이버 검색 창에서 광고주님의 쇼핑몰을 홍보 하세요.
네이버 검색광고는 잠재 고객이 네이버 검색창에 키워드를 입력했을 때, 광고주님의 사이트를 보여주는 광고 입니다.
국내 PC 검색 점유율 1위, 네이버에서 최고의 홍보효과를 누리세요.
2,500만 네이버 사용자를 내 쇼핑몰 잠재 고객으로!
이미 하루 2,500만명이 네이버를 방문하고, 2,000만명이 검색 서비스를 이용하고 있습니다.
광고주님의 사업아이템과 관련된 키워드 등록을 통해 해당 키워드를 검색하는 잠재 고객에게 광고주님의 사이트를 노출할 수 있습니다.

4.4 배너광고 마케팅

배너광고 마케팅
마케팅센터
검색광고
네이버 검색광고
다음 검색광고
입점광고
네이버 쇼핑
이벤트
다음 쇼핑하우
쇼핑광고
PC 쇼핑박스
모바일 쇼핑박스
배너광고
크리테오
모비온
타게팅게이츠
010.5333.3275
담당자 백종삼 실장
평일 10시~18시(점심 12시~13시)
주말/공휴일 휴무
크리테오
맞춤 배너, 뛰어난 ROI 혁신적인 리타겟팅
크리테오
크리테오의 정확한 리타겟팅으로 고객의 재방문을 유도하세요.
criteo
소개
광고방식
CPC(광고 클릭당 과금)방식
광고비용(VAT 별도)
키워드별 상이
광고영역
PC/모바일
쇼핑몰 방문자의 90%이상은 상품을 구매하지 않고, 사이트를 떠납니다.
크리테오는 웹사이트를 방문했던 잠재 고객을 대상으로 가장 관련성이 높은 상품을 보여주는 배너 광고 서비스를 제공합니다. 다이내믹 배너를 실시간으로 생성할 수 있는 크리테오의 첨단 기술을 통해 소비자가 재방문을 유도하고, 구매로 이어질 수 있도록 도와드립니다.
떠난 고객 다시 잡는 크리테오의 리타겟팅 기능

참고 문헌

1. www.gabia.com
2. http://manual.firstmal.kr
3. firstmall_manual.zip

팀프로젝트를 위한

쇼핑몰 구축과 운용

2016년 10월 26일 인쇄
2016년 10월 29일 발행
저 자 박 경 배 · 강 경 인 공저
펴낸이 오 성 걸
펴낸곳 **오성미디어**
주 소 132-916 서울시 도봉구 창 3동 491-1
전 화 02)997-0136
FAX 02)997-0137
등 록 2000. 5. 12 제 7-212 호

ISBN 978-89-6628-419-1 값16,000 원